Christian Feldmann

Träume werden wahr

Christian Feldmann

Träume werden wahr

Menschen im Gegenwind
unserer Zeit

Herder
Freiburg Basel Wien

Bildnachweis: S. 11: epd; S. 45: UPI;
S. 81, 238, 267, 309: KNA-Bild, Frankfurt;
S. 59: Peter Williams; S. 175: Ullstein-Bilderdienst;
S. 191: Foto Felicitas Timpe, München; S. 217: A. Wäschel, Wien;
S. 315: Johannes Puff; S. 333: Vario-press,
Ulrich Baumgarten/Bilderdienst Süddeutscher Verlag;
S. 364 Bilderdienst Süddeutscher Verlag

Umschlaggestaltung: Neil McBeath, Kornwestheim

Inhalt

Grenzgänger – oder:
Warum Träume notwendig sind

„Das kann doch nicht alles gewesen sein" – sang der Liedermacher Wolf Biermann, als er das in der DDR schon nicht mehr durfte.

> „Das kann doch nicht alles gewesen sein,
> das bißchen Sonntag und Kinderschrein,
> das muß doch noch irgendwohin gehn ...
> Die Überstunden, das bißchen Kies
> und abends in der Glotze das Paradies,
> darin kann ich doch keinen Sinn sehn ...
> Das kann doch nicht alles gewesen sein,
> da muß doch noch irgendwas kommen!, nein,
> da muß doch noch Leben ins Leben ..."

Da muß doch noch Leben ins Leben. Kinderträume, die man mit dem Erwachsenwerden verliert? Unrealistische Sehnsucht, die lebensuntüchtig macht? Illusionen, die den Wert alltäglicher Pflichterfüllung verraten und den Spaß an den kleinen Freiheiten verderben?

Oder wird das Dasein ohne solche Träume nicht banal, oberflächlich, eine halbe Sache?

Was bleibt letztlich vom Leben als banale Bedürfnisbefriedigung, wenn die bohrenden Fragen nach Sinn und Ziel, Schuld und Treue, Leid und Tod ausgeklammert werden, wenn nicht mehr nach einem dauerhaften Glück gesucht werden darf und nach einer Liebe ohne Enttäuschung?

„Du bist jetzt nicht allein auf der Welt mit deinem Suchen, Grübeln und Kämpfen" – tröstete ein anderer
junger Protestpoet seine Altersgenossen, die sich mit
ihren drängenden Fragen allein gelassen fühlten. In
den fünfziger Jahren, als in der Sowjetunion das freie
Denken noch verboten war, ermutigte Jewgéni Jewtúschenko die jungen Russen:

„Halt du nur durch, sieh dich um, höre.
Suche, suche, durchwandre die weite Welt.
Wahrheit ist gut, Glück ist schöner,
und dennoch – es gibt ohne Wahrheit kein Glück."

Träume sind lebensnotwendig, überlebenswichtig. Wir
dürfen uns das Träumen nicht verbieten lassen. Unverschämt sollten wir sein, uns nicht mit dem Vordergrün-
digen zufriedengeben, über das Vorgefundene hinaus
fragen, hinter die Kulissen schauen, uns nicht einsperren lassen ins Selbstverständliche. Wer träumt, hat eine
Chance, das eigene Leben zu leben und keine vorgefer-
tigte Kopie.

Aber es stimmt schon, was die schrecklich nüchternen
Realisten sagen: Man kann das Leben auch *ver*träumen.
Wie schön ist es, sich in Scheinwelten und Kunstpara-
diese zu flüchten! Am Ende hat man sich ein Luftschloß
gebaut und sein wirkliches Dasein verschlafen.

Träume müssen wahr werden.

*Hin*träumen, nicht *weg*träumen. Wir brauchen keine
Fantasiegebilde, die das Leben ersetzen oder verklei-
stern. Wir brauchen Träume, die es verändern.

„Warte nicht auf bessre Zeiten" – singt (wieder) Wolf
Biermann.

„Warte nicht mit deinem Mut . . ."

Es gibt schon viel zu viele Kultidole, die das Wegträumen aus der häßlichen Realität vorexerzieren. Aber es gibt auch die anderen, die Lebensbegleiter, die Mutmacher mit der aufregenden Botschaft: Es muß nicht so bleiben, das Kämpfen lohnt sich, du hast eine Chance. Die Weggefährten, die dazu verführen, das Leben schöner und die Welt menschlicher zu machen.

Menschen wie Gandhi, der unbeirrt an der Überzeugung festhielt, nur die ungeheure Kraft der Gewaltlosigkeit sei imstande, den endlosen Kreislauf von Haß und wieder Haß, von Gewalt und Gegengewalt zu durchbrechen.

Menschen wie Elie Wiesel, der seine Eltern und Geschwister im KZ Auschwitz verlor und dennoch nicht in Rachegedanken flüchtete, sondern gegen das Vergessen kämpft und für die Hoffnung auf eine gerechtere Welt: Reden, schreien, damit sich das Entsetzliche nicht wiederholt! „Ich habe überlebt, also muß ich etwas tun. Etwas anfangen mit diesem Leben, das ich wie ein Geschenk empfangen habe."

Menschen wie Ruth Pfau, die Lepraärztin in Pakistan, die sich über halsbrecherische Felspisten, tückische Gletscher, schwankende Hängebrücken wagt, um vom Aussatz zerfressene Kranke vor dem Tod und dem Ausgestoßensein zu retten – und das für die normalste Sache der Welt hält: Jeder Mensch habe doch eine Würde.

Menschen wie Abbé Pierre, der die Pariser Obdachlosen von der Straße holte und mit ihnen Häuser baute: Selbstbestimmte Arbeit statt Almosen.

Es sind *Grenzgänger*: Leute, die sich nicht einsperren lassen in Konfessionen und Denkkorsetts, die sich ihre

Fantasie nicht töten lassen vom gerade gültigen Trend. Menschen, souverän genug, nicht immer „in" sein zu müssen.

Grenzgänger: Menschen, die keine Berührungsängste kennen und keine Feindbilder nötig haben. Menschen, von denen man das freie Atmen und die Lust am Leben lernen kann.

Grenzgänger: Menschen, die neue Welten entdecken und nach den Sternen greifen – weil unser Leben ohne das Licht einer manchmal verrückten Hoffnung düster und trüb bleiben muß.

Gewaltlose sind stark

Mohandas Karamchand Gandhi
(1869 – 1948),
Rechtsanwalt, Politiker, Friedensfreund,
suchte nach einem Weg aus dem Teufelskreis
von Haß und Gewalt

„Die Welt hungert nicht nach Lehrbüchern.
Wonach sie sich sehnt und immer sehnen wird,
ist ehrliches Handeln"　　　　　GANDHI

Kurz vor Ausbruch des Ersten Weltkriegs bekommt das Regierungsoberhaupt des südafrikanischen Burenstaates Transvaal, General Jan Christiaan Smuts, Besuch von einem seltsamen Kauz. Ein hagerer, bebrillter Mann, unscheinbar und doch wieder auffallend durch seine riesengroßen Segelohren, die melancholisch auf die Oberlippe herabhängende Nase und das flotte Bärtchen, pflanzt sich vor ihm auf und erklärt mit fröhlichem Lächeln: „Ich bin nur gekommen, um Ihnen zu sagen, daß ich gegen Ihre Regierung kämpfen werde – und ich werde siegen!"

Der grimmige Burenkrieger sieht sich das Männchen eine Weile an, dann beschließt er, das Ganze für einen guten Scherz zu halten. Er lacht dröhnend und fragt seinen Besucher, wie er das denn anfangen wolle. Das Männchen lächelt immer noch und antwortet verschmitzt: „Mit Ihrer Hilfe, General!"

Der kleine David, der da mit einem unendlichen Selbstvertrauen dem Oberst Goliath gegenübertrat, war ein Rechtsanwalt aus Indien. Er war nach Südafrika gekommen, um die dortige Zweigstelle einer großen indischen Firma in einem Prozeß zu vertreten. Dabei wurde er auf die miserable Situation seiner indischen Landsleute aufmerksam, die auf den Tee- und Zuckerplantagen ausgebeutet wurden, unter Berufsverboten und Ausnahmegesetzen litten. Der kleine Rechtsanwalt entwickelte sich zum Kämpfer – und er hatte mit seinen ziemlich verrückten Methoden Erfolg. Sein Name: Mohandas Karamchand Gandhi.

Bestes Erfolgsbeispiel: General Smuts, der viele Jahre später als guter Verlierer lachend zugab, der kleine David habe recht behalten, und er sei sogar sein Freund geworden. Zu diesem Zeitpunkt waren die diskriminierenden Gesetze für Inder in Südafrika bereits alle abgeschafft.

Gandhis schrecklich unrealistische Visionen und sein naiv klingendes gesellschaftspolitisches Reformprogramm erregten keineswegs nur bei den burischen Herrenmenschen und bei den Briten Heiterkeit, die Südafrika damals noch dominierten. Es war ein indischer Historiker, der mit beißendem Hohn auf eine von Gandhis Reden über die Gewaltlosigkeit reagierte. Er möge ja viel von der Bibel und den heiligen Hindu-Schriften verstehen, gestand er ihm gönnerhaft zu, aber von der Geschichte habe er nicht die geringste Ahnung. Noch nie sei es einer Nation geglückt, sich ohne Gewalt aus fremder Unterdrückung zu befreien!

Gandhi – wie immer lächelnd – korrigierte ihn höflich, aber bestimmt: „*Sie* wissen nichts von Geschichte! Das erste, was Sie über Geschichte lernen müssen, ist: Nur weil etwas in der Vergangenheit noch nicht vorgekommen ist, heißt das noch lange nicht, daß es in der Zukunft nicht passieren kann."

Gandhi behielt auch diesmal recht: Am 15. August 1947 entließ Großbritannien die indische Nation in die Unabhängigkeit.

Am Anfang war er ein Versager

Heute wird Mohandas Karamchand Gandhi über alle nationalen und religiösen Schranken hinweg als Friedensheiliger verehrt, und man hat vergessen, auf wieviel spöttische Ablehnung er gestoßen ist. Vergessen auch, daß er seine Ideen keineswegs absolut setzte und seine „Experimente mit der Wahrheit", wie er gern sagte, unbefangen zur kritischen Diskussion freigab.

Ihm war immer bewußt geblieben, wieviel er hatte lernen müssen. Er war ein ganz durchschnittlicher Junge gewesen, ein guter, aber nicht glanzvoller Schüler, ein mäßig begeisterter Jurastudent – und im Beruf zunächst ein glatter Versager. Sein Großvater und sein Vater hatten zwar beide als Premierminister eine wichtige Rolle in indischen Kleinstaaten gespielt, aber in der Handelsstadt Porbandar, wo Mohandas Karamchand am 2. Oktober 1869 zur Welt kam, wußte man noch sehr gut, was der Name *Gandhi* bedeutet und was die Ahnen der Minister gewesen sein müssen: Krämer, Gemüsehändler.

„Auf der Schule hatte ich einige Schwierigkeiten mit dem Rechnen . . . Ich war sehr schüchtern und vermied jedwede Gesellschaft . . . Ich rannte buchstäblich von der Schule zurück, weil ich es nicht ertragen konnte, mit irgend jemand zu sprechen. Ich hatte Angst, man würde sich über mich lustig machen . . . Mehr noch, ich war ein Feigling. Mich verfolgte die Angst vor Dieben, Geistern und Schlangen. In der Nacht wagte ich mich nicht vor die Tür. Dunkelheit war für mich eine Bedrohung. Es war mir fast unmöglich, im Dunkeln zu schlafen, weil ich mir einbildete, Geister kämen aus der einen Richtung, Diebe aus einer anderen und Schlangen aus einer dritten."

So schildert Gandhi selbst seine wenig strahlende Kindheit. Besonders religiös sei er auch nicht gewesen. Aber die Jain-Mönche hätten ihn beeindruckt, die im Elternhaus aus und ein gingen, sympathische Extremisten der Gewaltlosigkeit. Sie dürfen nur bei Tageslicht

unterwegs sein, damit sie nicht im Dunkeln versehent-
lich ein Lebewesen zertreten; und sie tragen ständig
einen winzigen Besen bei sich, mit dem sie Insekten von
der Straße entfernen.

Er muß ein naives Kerlchen gewesen sein, der
scheue, versponnene Mohandas: Als der britische
Schulinspektor die Klasse besuchte, sollten die Jungen
fünf englische Wörter schreiben. Mohandas war der
einzige, der mit dem Wort *kettle* Schwierigkeiten hatte.
Der Englischlehrer bedeutete ihm in verzweifelter Zei-
chensprache, er solle das Wort doch von seinem Bank-
nachbarn abschreiben, doch Mohandas war zu stolz, so
einen Betrug mitzumachen. Lieber blamierte er die
ganze Klasse.

Es ist eigenartig, in der Schule gab er sich ebenso mit
mittelmäßigen Leistungen zufrieden wie später im College, aber gleichzeitig entwickelte er einen überaus
hohen ethischen und weltanschaulichen Anspruch:
„Eines aber schlug tiefe Wurzeln in mir: die Überzeugung, daß Moral die Grundlage der Dinge und daß
Wahrheit die Substanz aller Moralität sei. Wahrheit
wurde mein einziges Ziel."

In den Vorlesungen der britischen Professoren vermochte er offenbar wenig von der ersehnten Wahrheit
zu entdecken; „ich konnte nicht folgen und verlor das
Interesse". Ein einziges Semester quälte er sich ab, dann
kehrte er in den Schoß der entsetzten Familie zurück.

Ein Onkel hatte schließlich den rettenden Einfall,
Mohandas in England Jura studieren zu lassen. Das er-
forderte damals keine intellektuellen Glanzleistungen,
und die Zulassung als Rechtsanwalt, die man nach drei
Jahren bekam, eröffnete in Britisch-Indien eine sichere
Karriere. Gegen diesen Plan stemmte sich nun wieder
die konservative Fraktion der Familie. Vergeblich. Mo-

handas schlüpfte in einen englischen Flanellanzug und schiffte sich nach London ein.

Er wollte als weltgewandter Gentleman erscheinen, kaufte sich einen Zylinder und nahm Anstandsunterricht. Damit hatte er allerdings nicht viel Erfolg, und bei seinen wenigen öffentlichen Auftritten ging es ihm nicht besser: Vor lauter Angst, etwas verkehrt zu machen, vergaß er seine sorgfältig ausgearbeiteten Reden und stotterte hilflos herum. Der erste Prozeß, den der frischgebackene Rechtsanwalt nach seiner Rückkehr in Bombay führen sollte, geriet zur Katastrophe: Gandhi brachte keinen Satz heraus und mußte den Fall unter dem Gelächter des Publikums noch im Gerichtssaal an einen Kollegen abgeben.

Demütigende Niederlagen, die eigentlich Glücksfälle waren. Denn Gandhi begriff, daß er sich bei seinen Versuchen, etwas anderes darzustellen, als er war, bloß lächerlich machen konnte. Deshalb beschloß er, in Zukunft nur noch Gandhi zu sein. Statt weiter die gerade vorgeschriebenen Moden mitzumachen, entdeckte er das einfache Leben. Er vertiefte sich in die *Bhagavadgita*, das heilige Buch indischer Weisheit, und die Bibel.

Kaum in seine Heimat zurückgekehrt, wurde der 23-jährige Jurist nach Südafrika geschickt. Als man ihn dort im Zug unter Gewaltanwendung in den Gepäckwagen pferchen wollte, obwohl er erster Klasse bezahlt hatte, als ihn ein Polizist aus dem Zug warf, weil er auf seinem guten Platz bestand, da begann Gandhi zu ahnen, wo in Zukunft sein Platz sein würde: bei den Armen und Entrechteten.

„Ich begreife nicht", notierte er damals, „daß Menschen sich durch die Erniedrigung ihrer Mitmenschen aufgewertet fühlen können."

Frau Kasturbais Widerspruchsgeist

Natürlich erlebte Mohandas Gandhi keine plötzliche Verwandlung. „Bekehrungen" aus heiterem Himmel kommen nur in Legenden vor, in der Realität vollziehen sich solche Prozesse mühsam, unter Schmerzen und Rückschlägen. Gandhi glaubte zum Beispiel noch lange Jahre an die britische Wertwelt von Demokratie, Pressefreiheit, Vernunft und Toleranz. Daß sich das liberale Glaubensbekenntnis offenbar problemlos mit der brutalen Ausbeutung der Menschen in den Kolonien vertrug, machte ihn damals noch nicht besonders mißtrauisch. Deshalb war es selbstverständlich für ihn, 1899 im Burenkrieg ein Sanitätskorps indischer Freiwilliger für die Engländer aufzustellen. Die Regierung der britischen Kronkolonie Natal unterstützte er später bei der Niederschlagung eines Zulu-Aufstands ebenfalls mit 24 indischen Krankenträgern; nun fiel es ihm freilich wie Schuppen von den Augen, als er die Racheakte der britischen Soldaten an den Eingeborenen mitansehen mußte, die es gewagt hatten, sich gegen eine aufgezwungene Fremdherrschaft zu wehren.

Am meisten lernte er vielleicht von seiner Frau Kasturbai, die er nach Landessitte als Dreizehnjähriger geheiratet hatte. In jungen Jahren spielte Mohandas den Herrn im Haus, wohl um seine Versagenserlebnisse und Minderwertigkeitsgefühle zu kaschieren. Er verlangte von ihr, westliche Sitten im Haushalt einzuführen; später, als er das schlichte Leben nach alter indischer Art ausprobierte, hatte sie sich natürlich sofort auf die neuen Erkenntnisse ihres Gatten einzustellen und die englischen Reformen wieder rückgängig zu machen. Als Unterwerfungsbeweis mußte Kasturbai täglich die Toilette schrubben. Weil sie durchaus einen eigenen Kopf hatte und ihren Standpunkt mit einem für Hindufrauen ungewöhnlichen Widerspruchsgeist vertrat, wollte er sie aus dem Haus werfen.

Doch Kasturbais ruhiges Beharren auf ihrer eigenen Meinung – selbst wenn sie sich am Ende dem Recht des Stärkeren fügte – und ihr Verzicht auf aggressive Reaktionen beschämten Mohandas mit der Zeit so, daß er daraus seine Idee der Gewaltlosigkeit entwickelte. Er gab kleinlaut zu, schon als ganz junges Mädchen habe sie mehr Mut besessen als er („sie kannte keine Angst vor Schlangen und Geistern"), und bekannte: „Ich habe die Lektion der Gewaltlosigkeit von meiner Frau erhalten, als ich versuchte, sie nach meinem Willen zu formen. Ihr entschlossener Widerstand gegen meinen Willen auf der einen Seite und ihr stilles Sichergeben in das Leiden, das meine Dummheit ihr auferlegte, auf der anderen haben mich schließlich beschämt gemacht und von meiner Dummheit geheilt." Noch ein paar Jahre, und der einstige Pascha besorgte mit stiller Freude die Babypflege und übernahm die Entbindung seines vierten Sohnes! Schließlich hatte er vorher einen „Ratgeber für die Mutter" emsig studiert.

Auch im Beruf arbeitete er mit der neuentdeckten Selbstdisziplin an sich, sammelte profunde Kenntnisse in Firmenrecht und Buchhaltung und brachte einen schwierigen Prozeß mit einem sehr menschlichen Vergleich zu Ende. Ansonsten wäre der Verlierer ruiniert gewesen. Gandhi konnte beide Seiten dazu überreden, sich einem unabhängigen Schiedsmann zu unterwerfen. Manche Kollegen schüttelten den Kopf über den verschrobenen Anwalt, der sich mit aller Kraft bemühte, Feinde zusammenzuführen, statt den Sieg über einen Gegner zu genießen. Doch Gandhi kannte damals schon ein anderes Glück: „Ich hatte begriffen, was

Gewaltlose sind stark

Recht wirklich ist", freute er sich. „Ich hatte gelernt, die bessere Seite der menschlichen Natur zu aktivieren und zu den Herzen der Menschen vorzudringen."

Zur selben Zeit begann Gandhi vehement für die indischen Arbeiter in Südafrika zu streiten, denen man eine immens hohe Kopfsteuer auferlegt hatte und jetzt auch das Wahlrecht nehmen wollte. Die als billige Arbeitskräfte geschätzten „Kulis", wie die Briten sämtliche Inder verächtlich nannten, hatten Gemüsesorten aus ihrer Heimat eingeführt und damit den Preis für die südafrikanischen Gewächse gedrückt; sie hatten Land erworben, Handel zu treiben begonnen und drohten mit ihrem Fleiß und Geschäftsgeist zur Konkurrenz für die Europäer zu werden. Gandhi gelang es, die bisher lammfrommen Inder zu organisieren und zum Widerstand zu bringen. Er fuhr nach Indien, um seine Familie zu sich nach Südafrika zu holen, und klärte die Öffentlichkeit zu Hause über die Zustände in den Kolonien auf.

Als der „Kuli-Rechtsanwalt", den Namen hatte er sich mittlerweile erworben, wieder im südafrikanischen Durban landete, rottete sich eine feindselige Menge zusammen. Das war doch der Querulant, der die Plantagenarbeiter aufhetzte und in Indien Schauergeschichten erzählt hatte, und jetzt kam er mit zwei Dampfern voller Inder zurück, um das Land mit Rebellen zu überfluten! Der wutschäumende Pöbel prügelte auf Gandhi ein, sammelte Steine und Ziegel auf, um ihn zu lynchen.

Es war die Frau eines britischen Polizeiinspektors, eine gewisse Mrs. Alexander, die den Ernst der Lage erfaßte. Couragiert stellte sie sich vor Gandhi, der sich halbtot an einen Zaun klammerte, und wehrte die Steinbrocken und faulen Eier geschickt mit ihrem aufgespannten Sonnenschirm ab. Polizisten eilten herbei, geleiteten Gandhi in das Haus von Freunden. Doch der brüllende Mob vor der Tür schwoll bedrohlich an.

Der gewitzte Polizeiinspektor steckte Gandhi in eine Polizistenuniform und schob ihn durch die Hintertür; er selbst lief hinaus zu der Menge und stimmte begeistert das Lied an: „Hängt den alten Gandhi an den sauren Apfelbaum!" Als schließlich ein paar ganz Ungeduldige in das belagerte Haus eindrangen, war der Gesuchte längst über alle Berge.

Die um ihr internationales Renommee besorgte Londoner Regierung wies die südafrikanischen Behörden an, die Schuldigen vor Gericht zu stellen. Gandhi jedoch weigerte sich, Namen zu nennen; schuld seien nicht die Schreihälse, sondern Politiker und Presseerzeugnisse, die sie aufgehetzt hätten. „Ich will nicht, daß irgendwer unter Anklage gestellt wird. Ich bin gewiß, daß sie, wenn die Wahrheit bekannt wird, ihr Verhalten bedauern werden."

Gewaltlosigkeit ist kontrollierte Wut

In den südafrikanischen Republiken Natal und Transvaal verbrachte Gandhi – mit Unterbrechungen – 21 Jahre. Fasziniert von visionären Sozialreformern wie Tolstoj, Henry David Thoreau und John Ruskin gründete er in der Nähe von Durban eine Musterfarm, um seine Vorstellung vom einfachen Leben mit gleichgesinnten Indern und Europäern zu verwirklichen. Die Grundsätze: Selbstversorgung, Verzicht auf entbehrlichen Luxus, Arbeit für jeden, gleicher Lohn für alle.

Gandhi hackte wie alle anderen den verwilderten Boden auf, setzte Obstbäume, bediente die Drucker-

Gewaltlose sind stark

presse der Wochenzeitung *Indian Opinion*, in der er für seine Ideen warb und zum Widerstand gegen entwürdigende Repressalien aufrief. 1907 etwa verfügte die Regierung die Zwangsregistrierung aller Inder – mit Fingerabdrücken und entsprechenden Ausweisen. Die Polizei könne jederzeit auch Privathäuser betreten, um die Ausweise zu kontrollieren. Weil er sich weigerte, sich registrieren zu lassen, wanderte der Rechtsanwalt Gandhi zum ersten Mal für zwei Monate ins Gefängnis – zusammen mit 150 Kampfgefährten.

Denn die Wohngemeinschaft, *Phoenix-Farm* nannte er sie, war ja keine private Marotte von ein paar sonderbaren Asketen, sondern eine eminent politische Angelegenheit. Das vegetarische, bedürfnislose Leben der Selbstversorger hätte – auf die indische Heimat übertragen – dem ungerechten Klassen- und Kastensystem im Land ebenso den Garaus gemacht wie der Ausbeutung durch englische Plantagenbesitzer und Finanzbehörden.

Und so war es auch gedacht: als wirtschafts- und gesellschaftspolitisches Modell. Gandhi wollte alles auf einmal: den Charakter seiner Landsleute veredeln, Erziehung und landwirtschaftliche Methoden verbessern, die Solidarität unter den sozialen und religiösen Gruppen fördern, die unterdrückten Klassen emporheben – und die Selbstregierung der Inder innerhalb des britischen Empire erreichen, zu dem damals auch Südafrika gehörte. Der Schlüssel zu all dem, Mittel und Ziel zugleich, religiöse Idee und politische Strategie, hieß *satyagraha*.

Der Begriff verbindet hinduistische und christliche Tradition und ist mit dem in Europa gebräuchlichen Wort „passiver Widerstand" viel zu blaß übersetzt; es geht um mehr: Gewaltlosigkeit aus Stärke. Eine alles verändernde, ungestüme Kraft, die aus der Wahrheit und der Liebe kommt. *Satya*, wie Hindus, Buddhisten und Jain-Mönche die Wahrheit nennen, ist weniger ein philosophisches Prinzip als eine Kraft, die den trägt, der sich ihr anvertraut; *ahimsa* bezeichnet nicht einfach das Fehlen von Gewalt, die Absage an das Töten und Verletzen von Lebewesen, sondern den beglückenden Zustand der Liebe, der ins Herz einkehrt, wenn alle Neigung zur Gewalt erloschen ist.

Beide Haltungen zusammen geben die Kraft, Konflikte ohne Angst und Feindseligkeit zu lösen: *satyagraha*. Das Bewußtsein, mit Gott eins zu sein, macht fähig, den Gegner nicht als Feind zu sehen, sondern als einen, der mit mir zusammen auf dem Weg zur Wahrheit ist.

Und der Mut, um der Wahrheit willen zu leiden, auf das Zurückschlagen zu verzichten, durchbricht den Gewaltkreislauf. Am Ende steht, statt eines kurzlebigen Sieges und der Demütigung des Gegners, der ehrenvolle Kompromiß als Basis für ein neues Miteinander. Nicht nur die Unterdrückten müssen befreit werden, auch die Unterdrücker! Der Gegner soll nicht vernichtet, sondern zum Nachdenken gebracht werden. Gandhi: „Der Anhänger von satyagraha legt es nie darauf an, den, der Unrecht tut, in Verlegenheit zu bringen. Er appelliert nie an seine Furcht, sondern immer nur an sein Herz."

Haß kann nur zerstören; unbewaffnete Liebe ist die einzige Möglichkeit, zerrüttete Beziehungen heil zu machen, die tödliche Kettenreaktion von Haß und wieder Haß, Gewalt und Gegengewalt zu durchbrechen. Unbewaffnete Liebe als Methode radikaler Veränderung, die sich nicht darauf beschränkt, Herren und Knechte einfach auszutauschen, sondern die dahinter-

Gewaltlose sind stark

stehenden falschen Selbstverständlichkeiten in Frage
stellt.

Gewalt zieht ihre Nahrung aus der Gegengewalt. Der An-
greifer führt immer etwas im Schild. Er will, daß der Ver-
teidiger etwas tut oder ihm ausliefert. Wenn indes der Ver-
teidiger starken Herzens sich entschließt, keinen Schritt
zurückzuweichen, und wenn er sich gleichzeitig nicht
dazu verführen läßt, die Gewalt des Angreifers mit Gewalt
zurückzuschlagen, so mag es sein, daß dieser bald einsieht,
es lohnt sich nicht, den andern zu strafen, und sein Wille
läßt sich so nicht beugen. Dies würde allerdings Leiden
miteinschließen. Reines Selbst-Opfer war schon früher die
letzte Form der Selbstverteidigung, die sich auf kein Nach-
geben einläßt.
Wie kann das dann noch Selbstverteidigung heißen,
könnte man fragen, wenn doch bei solcher Art Nichtwider-
stand der Verteidiger Gefahr läuft, sein Leben zu verlie-
ren? Jesus hat sein Leben am Kreuz verloren, und der Rö-
mer Pilatus hat gesiegt. Hat er wirklich? Nein. Jesus war
der Sieger, wie die Weltgeschichte reichlich beweist.

GANDHI IN SEINER ZEITUNG „HARIJAN"

Solche Ideen haben immer noch Minderheitenstatus,
trotz Jesus und Gandhi und Martin Luther King. Und
es sind nicht nur die unsensiblen Betonköpfe, die meinen, mit der Bergpredigt lasse sich keine Politik machen und gegen verrückte Atombombenbesitzer helfe
eben nur eine gut funktionierende Militärmaschinerie.
Aber es war immer schon ein verhängnisvoller Irrtum –
zuletzt erlagen ihm die Machthaber im bröckelnden
Ostblock –, Leute wie Gandhi mit naiven Schwächlin-
gen zu verwechseln.
O nein, er war durchaus fähig zu wildem Zorn: „Ich

hasse das Regierungssystem", gestand er, „welches das britische Volk uns in Indien vorgesetzt hat. Ich hasse die rücksichtslose Ausbeutung Indiens . . ." Aber die Menschen in England und die englischen Ausbeuter in Indien und Südafrika, die haßte er nicht, die wollte er mit seinen unkonventionellen Mitteln verändern. Und seine Wut war eine kontrollierte: Wie aufgestaute Hitze sich in Energie verwandle, so könne aufgestaute Wut in weltbewegende Kraft umgewandelt werden.

Gewaltlosigkeit, wie Gandhi sie verstand, hat nicht das mindeste mit feiger Leisetreterei zu tun. Im Gegenteil: Wieviel Mut und Tapferkeit braucht es, auf das instinktive Zurückschlagen zu verzichten! Gandhis gewaltlose Freunde sind nicht aus selbstquälerischer Lust an der Demütigung bereit, lieber selbst zu leiden als anderen Leid zuzufügen. Sie sind fest davon überzeugt, daß sich anders die Wahrheit nicht durchsetzen kann – und daß sich sonst auch nichts Entscheidendes ändern wird.

Leiden ist für Gandhi kein devotes Sichfügen aus Angst vor dem Kampf, sondern die anspruchsvollste Form des Handelns: „Wenn man etwas wirklich Wichtiges bewirken will", so seine Erfahrung, „muß man nicht nur die Vernunft befriedigen, sondern zugleich das Herz rühren. Der Appell an die Vernunft ist mehr eine Kopfangelegenheit, doch das Herz wird durch Leiden bewegt. Das erschließt das innere Verständnis im Menschen."

Nicht zu vergessen, daß der Mensch nur durch Leiden stark werde und sich läutern könne. Die eigene Schwäche abzulegen, sei schon der halbe Sieg; denn am Unrecht sei nicht nur der Unterdrücker schuld, sondern auch der Unterdrückte, der dem Tyrannen nicht hartnäckig genug widerstehe.

Der Widerstand marschiert

In Südafrika hatte Gandhi Jahre hindurch Gelegenheit, die Kraft seiner „satyagraha" genannten Waffe zu erproben. Das erwähnte Meldegesetz war das Signal: Von den 13 000 Indern im Staat Transvaal ließen sich nur gut 500 registrieren. Weitere Schikanen folgten: Die nach Hindu-Ritus geschlossenen Ehen wurden für ungültig erklärt, Inder hatten unverschämt hohe Steuern zu zahlen und durften die Landesgrenze nicht überschreiten. Der sonst so lustige Burengeneral Smuts forderte auf einer Wahlversammlung in der typischen Sprache von Rassisten: „Der asiatische Krebsschaden, der sich schon so tief in Südafrikas lebenswichtige Organe eingefressen hat, muß nun entschlossen ausgerottet werden."

Gandhi rief zum gewaltlosen Widerstand auf. Seine Anhänger überschritten in Scharen demonstrativ die Grenze und drängten sich förmlich zur Verhaftung, die Gefängnisse waren bald überfüllt. Man sperrte die zahllosen Rebellen in stillgelegte Bergwerke, und auch dort war bald kein Platz mehr. Der größte Protestmarsch, vier Kilometer lang, vereinte 2200 Männer, Frauen und Kinder; der Reporter der britischen *Sunday Post* berichtete voller Bewunderung: „Die Pilger, angeführt von Mr. Gandhi, bilden eine überaus pittoreske Schar. Sie sind mager, ja abgezehrt; ihre Schenkel sind bloße Stöcke, aber die Art, wie sie mit Hungerrationen weitermarschieren, weist auf ihre Härte hin."

Berittene Polizei ging auf streikende Arbeiter los, aber niemand leistete Widerstand. Gandhi selbst wurde mehrfach inhaftiert, verstand es jedoch, in den Gerichtssälen die Rollen zu vertauschen und als Ankläger des staatlichen Systems aufzutreten – höflich, aber mit starken Argumenten. Die internationale Presse wurde aufmerksam, die Regierung begann ihr Gesicht zu verlieren. Im Lauf der folgenden Jahre hob die inzwischen aus den ehemaligen Burenrepubliken und den britischen Kolonien gebildete Südafrikanische Union die von Gandhi bekämpften Gesetze eines nach dem anderen auf. Dabei mag mitgespielt haben, daß die Briten die Inder im Ersten Weltkrieg als Kanonenfutter brauchten und dafür zu politischen Zugeständnissen bereit waren.

Mohandas Karamchand Gandhi, der schüchterne Rechtsanwalt mit den quälenden Sprachhemmungen, war zu einem mitreißenden politischen Führer geworden, den man bald im ganzen britischen Commonwealth kannte. „Wählt euer Ziel", forderte er sein Volk auf, „selbstlos, ohne irgendeinen Gedanken an persönlichen Gewinn, und dann gebraucht selbstlose Mittel, um euer Ziel zu erreichen. Setzt nicht auf Gewalt, auch wenn sie zunächst Erfolg verspricht; sie läuft eurem Ziel zuwider. Setzt auf Liebe und Achtung, selbst wenn der Erfolg fern und ungewiß scheint. Dann stürzt euch mit Herz und Seele in die Kampagne . . . Gewalt kann nicht durch Gewalt beendet werden; sie kann lediglich neue Gewalt herausfordern. Aber wenn wir uns an völlige Gewaltlosigkeit in Gedanken, Worten und Taten halten, wird Indiens Freiheit sicher kommen."

Mahatma nannte man ihn jetzt respektvoll, „große Seele". Gegen den Kult um seine Person kämpfte Gandhi fast so verbissen wie gegen den britischen Unterdrückungsapparat: Man solle lieber seine Worte beherzigen anstatt ihm zu Füßen fallen, wünschte er sich. Eines Tages kam ein junger Inder zu ihm, Sohn eines betuchten Vaters. Er hatte das verrückte Gelübde abgelegt, zwölf Jahre lang mit keinem Menschen außer mit dem Mahatma oder dem Dichter Rabindranath Tagore

zu sprechen. Er trug bloß einen schmalen Lenden-
schurz, begnügte sich mit Blättern und Wasser und meditierte den ganzen Tag. Sechs Jahre hatte er schon so
gelebt. Gandhi gelang es in geduldigen Gesprächen,
den jungen Mann zu überzeugen, daß ein so selbstbe-
zogenes Leben keine besonders gelungene Tugend-
übung sei. Glücklich zog sein radikaler Anbeter davon
und ließ sich als Lehrer in einer Dorfschule anstellen.

„Experimente mit der Wahrheit" nannte Gandhi
seine Ideen: keine starren Dogmen, sondern Versuche,
der Wirklichkeit näherzukommen, Erfahrungen, die
durch ständiges Lernen und Beobachten wuchsen.
Deshalb nahmen seine Visionen von Jahr zu Jahr eine
klarere Gestalt an. Es gelang ihm, den bürgerlichen Ungehorsam und den gewaltlosen Widerstand immer
besser gegen Mißverständnisse abzugrenzen.

„Die Folge bürgerlichen Ungehorsams ist niemals
Anarchie", gab Gandhi zu bedenken. „Krimineller
Ungehorsam kann dazu führen. Aber bürgerlichen
Ungehorsam niederzuschlagen, hieße zu versuchen,
das Gewissen einzukerkern ... Ungehorsam ist nur
bürgerlich, wenn er ehrlich, rücksichtsvoll, zurückhal-
tend, niemals herausfordernd ist. Ihm muß ein wohl-
verstandenes Prinzip zugrunde liegen, er darf nicht
launisch sein, und – vor allem – es darf kein böser Wille
oder Haß dahinterstehen." Ein bedingungsloses Vertrauen in den Menschen, dessen wahre Natur die Liebe
sei, bildet laut Gandhi die Basis von „satyagraha", und
deshalb falle die Angst weg.

Immer leidenschaftlicher hämmerte der sanfte Re-
bell aus Indien seinen Lesern und Zuhörern ein, daß
Gewaltlosigkeit keine Sache von Feiglingen sei, sondern von Starken: „Ich kann mir einen bis an die Zähne
bewaffneten Menschen vorstellen", sinnierte er, „der

im Herzen ein Feigling ist. Das Horten von Waffen läßt auf eine gewisse Furcht, wenn nicht gar auf Feigheit schließen. Wahre Gewaltlosigkeit hingegen setzt absolute Furchtlosigkeit voraus."

Wo man nur die Wahl hat zwischen Feigheit und Gewalt, dort würde ich zur Gewalt raten. Als mein ältester Sohn mich fragte, was er hätte tun sollen, wenn er den Anschlag auf mein Leben im Jahr 1908 miterlebt hätte: davonlaufen und mich ermorden lassen oder, wie er gekonnt und gewollt hätte, mich mit allen Kräften zu beschützen, da erwiderte ich, es wäre seine Pflicht gewesen, mich zu schützen, auch unter Anwendung von Gewalt . . . Es wäre mir lieber, daß Indien zu den Waffen griffe, um seine Ehre zu verteidigen, als daß es aus Feigheit tatenlos zusähe, wie seine Ehre in den Schmutz gezogen wird.

Aber ich glaube, daß Gewaltlosigkeit der Gewalt himmelhoch überlegen ist, daß Vergebung männlicher ist als Vergelten. Doch Vergebung bedeutet nur dann Gewaltverzicht, wenn die Macht zur Vergeltung vorhanden ist; es bedeutet nichts, wenn Hilflosigkeit dahintersteht. Eine Maus wird kaum der Katze vergeben, von der sie sich in Stücke reißen läßt . . .

Stärke entspringt nicht aus physischer Kraft. Sie entspringt aus einem unbeugsamen Willen . . . Vielleicht wird uns Indern in einem einzigen Augenblick klar werden, daß 300 Millionen Menschen sich nicht vor 100 000 Engländern fürchten müssen. Vergebung unsererseits würde dann bedeuten, daß wir unsere Kraft erkennen . . . Unsere Unterdrückung muß zwangsläufig Haß und Rachsucht in uns auslösen. Und doch darf ich nicht verschweigen, daß Indien mehr zu gewinnen hat, wenn es auf das Recht der Vergeltung verzichtet. Wir haben Besseres zu tun . . . GANDHI

Gewaltlose sind stark

Als Gandhi in späteren Jahren einmal in die Nordwest-ecke Indiens reisen wollte, in die Gebirgsschluchten um den Khyber-Paß, wo sich die britischen Truppen und die wilden Pathanen-Krieger mörderische Kämpfe lieferten, fürchteten seine Vertrauten um sein Leben. Doch der kleine Rechtsanwalt trat den schwerbewaffneten Gebirgsguerillas freundlich entgegen und sagte ganz ruhig: „Habt ihr Angst? Ich habe keine Angst, deshalb bin ich unbewaffnet." Die Pathanen-Krieger, so wird berichtet, ließen verblüfft ihre Gewehre fallen und wurden Gandhis tapferste Anhänger auf dem Weg des gewaltlosen Widerstandes.

Maschinenstürmer Gandhi
– und die fixe Idee vom Spinnrad

Gandhis Ideen waren nach seinen eigenen Worten „so alt wie die Berge". Neu allerdings schien, daß er Werte wie Liebe und Gewaltlosigkeit nicht auf die persönliche Beziehung zwischen Menschen beschränkt wissen wollte, sondern zur Grundlage sozialer und politischer Ethik machte. Glaube als zwingender Impuls sozialer und politischer Befreiung!

Zur Propaganda für satyagraha trat immer massiver die Kritik an der westlichen Zivilisation mit ihrem Materialismus und ihrer Vergötzung technischer Großprojekte. Nirgendwo sonst formulierte Gandhi seine Ziele so radikal und auf den ersten Blick fürchterlich weltfremd: „Indiens Heil besteht darin", behauptete er, „all das aufzugeben, was es in den letzten 50 Jahren gelernt hat: Eisenbahnen, Telegraphen, Spitäler, Juristen und Mediziner – all das hat zu verschwinden, und die sogenannten oberen Klassen müssen lernen, in aller Aufrichtigkeit das einfache Leben von Bauern zu führen, welches allein das wahre Glück gibt."

Charlie Chaplin, der grüblerische Komödiant, hat damals schon begriffen, was der mönchische Hindu mit seinem Frontalangriff auf die modernen Götter wie Wohlstand, Konsum, Technik bezweckte: Nachdem er sich sehr intensiv mit dem Mahatma unterhalten hatte, drehte er seinen Film *Modern Times* („Moderne Zeiten"), eine beißende Kritik an der Maschinenwelt, die den Menschen versklavt und verkrüppelt. Heute, ein halbes Jahrhundert nach Gandhis Tod, versteht man seine prophetischen Warnungen vor der Zerstörung natürlicher Ressourcen durch Wachstumswahn und Konsumtyrannei, vor seelenloser Apparatemedizin und einer zum Schaukampf gerissener Anwälte entarteten Rechtsprechung noch besser.

Zu seinen Lebzeiten waren Gandhis wirtschaftspolitische Positionen freilich extrem umstritten, auch unter seiner Anhängerschaft. Der spätere indische Premier Jawaharlal Nehru, der als sein geistiger Ziehsohn galt und Gandhi glühend verehrte, warf ihm vor, ins vorindustrielle Zeitalter zurückkehren zu wollen und den Segen zu ignorieren, den Maschinen und Industrieprodukte für die sich mühsam abrackernden kleinen Leute bedeuteten. Er sei doch nicht gegen die Maschinen als solche, pflegte Gandhi unerbittlich zu erwidern, sondern gegen den „Maschinenwahnwitz".

Was meinte er damit? „Die Menschen ,sparen Arbeit ein', bis Tausende ohne Arbeit sind und auf den Straßen verhungern. Ich will Zeit und Arbeit für alle sparen, nicht nur für einen Teil der Menschheit. Ich bin gegen die Konzentration des Reichtums in wenigen Händen. Heute verhilft die Maschine einigen wenigen dazu, auf den Rücken von Millionen herumzureiten. Was dahin-

Gewaltlose sind stark

tersteckt, ist nicht die menschenfreundliche Absicht, Arbeit zu sparen, sondern das Interesse am Profit."

Die Alternativen, von denen er träumte, praktizierte er auf seinem 1910 gegründeten zweiten südafrikanischen Mustergut, der *Tolstoj-Farm* bei Johannesburg. Hindus, Moslems, Parsen und Christen lebten hier in gegenseitigem Respekt zusammen, verkauften Obst, selbstgefertigte Sandalen und Holzgeräte. Jungen und Mädchen wurden gemeinsam unterrichtet, ohne Lehrbücher, auf sehr praktische Weise. Obwohl Medikamente verpönt waren und Gandhi sich ganz auf Naturkuren verließ, waren die Leute auffallend gesund. Seine gutgehende Anwaltspraxis hatte der Mahatma aufgelöst, um sich voll der kleinen Gemeinschaft widmen zu können.

Als er fünf Jahre später endgültig nach Indien zurückkehrte, baute er dort in Ahmedabad – in unmittelbarer Nachbarschaft von Slums und luftverpestenden Textilfabriken – eine *Satyagraha-Ashram* genannte Siedlung auf, um seine Landsleute mit den in Südafrika entwickelten Visionen vertraut zu machen: Bedürfnislosigkeit, Verzicht auf die tausend Dinge, die man haben muß, ohne sie zu brauchen, Unabhängigkeit von importierter Ware.

Und natürlich das unvermeidliche Spinnrad, Gandhis Lieblingsidee, über die so viele spöttelten, weil das Handspinnen zeitraubend und unwirtschaftlich war. Man darf freilich die entsetzliche Armut auf den indischen Dörfern jener Jahre nicht vergessen: Millionen Menschen hatten kein Land, und auch die glücklichen Landbesitzer waren während der langen Hitzeperiode, in der man auf den Feldern nicht tätig sein konnte, ohne Arbeit. Jeder Zehnte konnte sich nur eine einzige Mahlzeit am Tag leisten.

Mit dem einfach zu bedienenden Spinnrad war es zahllosen armen Familien möglich, ihr Einkommen zu verdoppeln, und vor allem vermochte sich die indische Wirtschaft so aus der Abhängigkeit von der englischen Textilindustrie zu befreien: Die britischen Konzerne hatten bisher den Indern ihre Baumwolle zu Schleuderpreisen abgekauft und die daraus gefertigte Kleidung mit einem satten Profit wieder nach Indien exportiert!

„Das Spinnrad kann Millionen hungriger Münder füllen", dozierte Gandhi völlig zu Recht. „Es erzieht die Millionen." Nicht zuletzt aber auch jene „Lehnstuhl-Sozialisten", wie er sie karikierte, die dem Volk aus ihren komfortablen Häusern heraus gute Ratschläge erteilten. Um die Elenden wirklich verstehen und unterstützen zu können, müsse man jedoch wenigstens gelegentlich so leben und arbeiten wie sie, und das tägliche Spinnen eines bestimmten Pensums an Garn, wozu Gandhi gern sämtliche Intellektuellen und Politiker verpflichtet hätte, sei ein hervorragendes Mittel dazu. Er selbst dispensierte sich von dieser Pflicht niemals und empfing Journalisten, Gelehrte und politische Prominenz aus aller Welt, während er ebenso emsig wie fröhlich das Spinnrad drehte, bis zu vier Stunden am Tag.

Kann es verwundern, daß das Spinnrad, an dem Kongreßabgeordnete und kleine Handwerker, Beamtengattinnen und Tagelöhnersfrauen gemeinsam gegen den britischen Moloch kämpften, später als Symbol der nationalen Einheit auf die Flagge Indiens gelangte? Und daß Gandhi bekannte, am Spinnrad komme er den Ärmsten der Armen näher „und in ihnen Gott"?

Gewaltlose sind stark

Revolution am Salzstrand

Gandhi konzentrierte sich jetzt auf die Ausbeutung der indischen Bauern, die auf ihren Feldern für die englischen Grundbesitzer Indigo-Pflanzen anbauen mußten und kaum für ihre eigenen Bedürfnisse sorgen konnten. Sie wurden miserabel entlohnt, man nahm ihnen oft genug ihr Vieh weg und warf sie beim geringsten Widerstand ins Gefängnis.

Als man in Europa begann, den Farbstoff künstlich herzustellen, verbuchten die indischen Plantagen natürlich drastische Umsatzeinbußen. Um den Verlust wettzumachen, verlangten die Farmer von ihren indischen Pächtern jetzt bares Geld statt Indigo. Das bedeutete für zahllose Bauern den Ruin. Mit seinen gewaltlosen Methoden – wochenlange Streiks, Steuerverweigerung – erreichte Gandhi, daß entsprechende Gesetze erlassen wurden und die unumschränkte Herrschaft der Plantagenbesitzer endete. In vielen Fällen mußten sie die gewaltsam eingetriebene Pacht zurückzahlen.

Niemals wieder jedoch hatte satyagraha einen so traumhaften Erfolg wie beim berühmt gewordenen „Salzmarsch" im Frühjahr 1930. Die Auseinandersetzungen zwischen stürmisch nach der Unabhängigkeit verlangenden Freiheitskämpfern, dem besonnen agierenden, aber in seinen Forderungen ebenfalls härter werdenden Parlament in Neu Delhi (in dem Gandhis *Kongreßpartei* den Ton angab) und der britischen Regierung hatten sich dramatisch zugespitzt. Da lenkte Gandhi die öffentliche Aufmerksamkeit auf die Salzgesetzgebung der Kolonialmacht.

Diese Gesetze verboten den Indern, das in den Tropen lebensnotwendige Salz selbst zu gewinnen, um sie so einmal mehr von einem britischen Wirtschaftsmonopol abhängig zu machen. Eine Salzsteuer wurde erhoben, die nach Gandhis Berechnung drei Tagesverdienste eines armen Inders verschlang und vor allem die Kranken und Hungernden traf, die das Salz am dringendsten brauchten. Eine unmenschlichere Steuer, stellte er empört fest, lasse sich wohl kaum erfinden!

Wieder einmal hatte Gandhi mit seinem unnachahmlichen Talent die ganze unendliche Geschichte von Ausbeutung und Erniedrigung, Profit und bitterem Elend, Arroganz und Tränen in ein einziges griffiges Symbol gebündelt. Alle verstanden, was er meinte, und im Land staute sich eine grenzenlose Wut auf: Was war der eben nach langen Verhandlungen von den Briten angebotene *Dominion-Status* (Selbstregierung im Rahmen des Commonwealth nach dem Modell von Kanada oder Südafrika) denn wert, wenn England so mit der Partnernation umsprang?

Doch der Mahatma wollte die Menschen nicht aufhetzen, sondern zum durchdachten Handeln bringen. Er hatte eine grandiose Idee: Mit 78 seiner treuesten Leute aus dem Ashram pilgerte er 380 Kilometer weit zur Meeresküste, wo das kostbare Salz sozusagen auf der Straße lag, ein verbotener Schatz. Als er nach 24 Tagen am Meer ankam, war die Prozession auf mehrere tausend Menschen angewachsen. Die Nacht brachten sie wachend und betend am Strand zu.

Am frühen Morgen hob Gandhi den ersten Klumpen Salz vom Strand auf – ein schlichter bedächtiger Handgriff, der eine Revolution einleitete. Denn in den nächsten Tagen taten Scharen von Menschen an allen Küsten Indiens dasselbe. Überall wurde Salz gesammelt, man filterte und siedete die groben, schmutziggelben Körner und verkaufte das gewonnene Salz unversteu-

Gewaltlose sind stark

ert an die Städter. Dort in den Metropolen traten die Textilarbeiter in den Streik; allein in Bombay waren es 50 000. Die bisher so fügsamen Hindufrauen schlossen sich vielerorts zum ersten Mal zusammen, um ihren Männern beizustehen und vor den Textilfabriken Streikposten zu beziehen.

Obwohl die Polizei Tausende verhaftete und brutal mißhandelte, obwohl es eine Menge Todesopfer gab, blieben all diese kaum noch überschaubaren Massen streng gewaltlos. Der US-Journalist Webb Miller berichtete erschüttert über den Schweigemarsch von 2500 Indern, der sich am 21. Mai 1930 den von Stacheldraht und Polizei geschützten *Dharasana*-Salzwerken näherte: „Plötzlich ein Kommando, und Haufen von indischen Polizisten stürzten sich auf die herandrängenden Demonstranten und schlugen mit eisenbeschlagenen Bambusstöcken auf die Köpfe der Menschen. Nicht einer der Demonstranten erhob auch nur den Arm, um die Schläge abzuwehren. Sie fielen um wie die Kegel. Dort, wo ich stand, hörte ich die entnervenden Schläge der Keulen auf ungeschützte Schädel. Die wartende Menge stöhnte und zog bei jedem Schlag den Atem ein in leidendem Mitgefühl. Die Niedergeschlagenen fielen mit ausgebreiteten Armen hin, bewußtlos oder sich krümmend mit gebrochenen Schädeln oder Schultern ... Da gab es keinen Kampf, kein Handgemenge, die Demonstranten marschierten einfach vorwärts, bis sie niedergeschlagen wurden."

Stundenlang, tagelang sei das so gegangen. Webb Miller war 18 Jahre lang Journalist an vorderster Front gewesen, ein klassischer Sensationsreporter, aber so grausame Szenen hatte er noch nie gesehen.

Kein einziger Inder schlug zurück. Es gab keine verwundeten Polizisten, keine wütende Gegenwehr, mit der man die Attacken später hätte begründen können, wie es Behörden gern tun. Es gab nur Schweigen und Leiden, getreu der Parole, die der Mahatma ausgegeben hatte: „Meine Ambition ist nichts weniger als das britische Volk durch Gewaltlosigkeit zu bekehren, damit es sieht, welches Unrecht es Indien angetan hat."

Gandhi richtete sich im Gefängnis häuslich ein, betete, studierte, dirigierte die Aktionen seiner Freunde überall im Land. Die britischen Kolonialbehörden aber hatten keine ruhige Stunde mehr. Überall in der Welt verurteilten liberale Politiker und Presseorgane die Härte, mit der England gegen die ausgemergelten, unbewaffneten Freiheitskämpfer vorging. Allein Webb Millers Reportage wurde – obwohl die Behörden das Erscheinen zu verhindern suchten – von mehr als tausend Zeitungen abgedruckt, die ihre Nachrichten von der Agentur *United Press* bezogen.

Im Jahr nach dem legendären Marsch räumte die britische Krone den Küstenbewohnern das Recht ein, ihr eigenes Salz zu produzieren. Satyagraha hatte gesiegt: ohne Bürgerkrieg, ohne Gewehre.

Das Blutbad von Amritsar

Bei anderen Anlässen erlebte der gewaltlose Revolutionär allerdings herbe Enttäuschungen. Als der Erste Weltkrieg vorbei war und die Briten von den in der Not gemachten Versprechungen nichts mehr wissen wollten, startete Gandhi eine *No-cooperation*-Kampagne („Keine Zusammenarbeit") gegen die englischen Behörden. Als Antwort rollte erneut eine Verhaftungswelle über das Land. Da verloren viele seiner Anhänger ihre bisher praktizierte Engelsgeduld. Sie blockierten

Züge, zerschnitten Telegraphendrähte, griffen Engländer tätlich an.

Wie auch später in allen ähnlichen Fällen, brach Gandhi seine Aktion sofort ab und fastete zur Buße mehrere Tage. Die Hindus sind überzeugt davon, daß sich ernsthaftes Fasten nicht nur für den segensreich auswirkt, der fastet, „um die Herrschaft des Geistes über das Fleisch zu erlangen" (Gandhi), sondern auch für jene Menschen, um derentwillen er es tut. Fasten aus Liebe, behauptete er, könne Verhärtungen lösen und Fanatiker zum ruhigen Nachdenken bringen.

In der Tat kamen die Extremisten gewöhnlich schnell zur Einsicht, wenn Gandhi wieder einmal ein „Fasten bis zum Tode" begann – denn niemand wollte den geliebten Volksführer, der keine besonders robuste Konstitution hatte und nicht jünger wurde, auf dem Gewissen haben. Doch die Gewaltexzesse flammten meist rasch andernorts wieder auf.

Während in Bengalen 3000 Studenten und zahllose Schuljungen und -mädchen aus Protest gegen das koloniale Bildungssystem friedlich streikten, zündete eine aufgebrachte Menge in Uttar Pradesh eine Polizeistation an und stieß die Beamten, die sich aus dem Gebäude retten konnten, zurück in die Flammen; 22 Polizisten verbrannten. Auch im Pandschab kam es zu blutigen Zusammenstößen.

Die Briten untersagten alle Versammlungen. Als sich in Amritsar dennoch 6000 Menschen zusammenfanden – viele Analphabeten hatten mit dem in Englisch plakatierten Versammlungsverbot nichts anfangen können –, ließ Brigadegeneral Reginald E. Dyer ohne Vorwarnung in die Menge schießen. Die schreckliche Bilanz: 379 Tote. General Dyer – er hatte auch schon Inder auf allen vieren eine Straße entlang kriechen lassen, auf der eine Engländerin attackiert worden war – mußte nach dem Massaker zwar den Dienst quittieren, aber das Londoner Oberhaus sprach ihm hochoffiziell seine Anerkennung aus.

Gandhi war entsetzt über die Ausbrüche wahnsinniger Gewalt. Er beschuldigte sich selbst, einen „himalayagroßen Fehler" begangen zu haben, als er die Bevölkerung zu zivilem Ungehorsam aufforderte, bevor sie die tieferen Zusammenhänge dieser Strategie habe verstehen können.

Dazu traten die ungelösten Probleme zwischen Hindus und Moslems und die himmelschreienden sozialen Unterschiede. Der religiös verbrämte Konflikt hatte etwas von einem Klassenkampf zwischen einer Oberschicht landbesitzender Hindus und ihren ausgesaugten moslemischen Pächtern. Es gab freilich auch prächtige Beispiele sensibler Partnerschaft wie jene Moslems, die auf das Schlachten von Kühen verzichteten, um ihre Hindu-Nachbarn nicht zu kränken.

Und da war die schreckenerregende soziale Pyramide aus Massen von Ausgebeuteten und einer kleinen Minderheit, die im Luxus lebte: Gandhi hatte nie vergessen, wie beschämt er gewesen war, als ihn zu Anfang seines südafrikanischen Engagements eine Johannesburger Zeitung daran erinnerte, er möge nicht nur die Europäer anklagen, sondern sich darüber informieren, wie seine indischen Landsleute mit den mittellosen Arbeitern umgingen. Bei Bahnfahrten entschied er sich jedesmal für die dritte Klasse mit ihren schmutzigen Holzbänken und ihrer drangvollen Enge. Sein Argument klang entwaffnend: „Weil es leider keine vierte Klasse gibt!" Und er regte sich nicht nur darüber auf, daß die bequemen Erste-Klasse-Waggons den Briten vorbehalten waren, sondern auch über die blasierten

Gewaltlose sind stark

wohlhabenden Inder, denen die zweite Klasse reserviert war.

Zur Einweihung der Hindu-Universität in Benares hatte man Gandhi als Redner geholt, entzog ihm aber das Wort, als er die anwesenden Maharadschas attackierte: Sie sollten ihre Juwelen, an denen das Blut der Ausgebeuteten klebe, den armen Bauern geben, denn nur von denen sei die Rettung Indiens zu erwarten und nicht von Großgrundbesitzern und Intellektuellen.

Der sanfte kleine Mann kämpfte wie ein Löwe gegen die übliche Kinderheirat und forderte für die Witwen das Recht, sich wieder zu verehelichen. Er verlangte die Umwandlung der Gefängnisse von teuren „Strafkolonien" zu Besserungsanstalten und warf den oberen Klassen vor, kleine Diebe zu bestrafen, aber ihre eigenen, für die Gesellschaft weit schädlicheren Riesenbetrügereien zu vertuschen.

Und vor allem lief er Sturm gegen die furchtbare Diskriminierung der Kastenlosen, der sogenannten „Unberührbaren". Das indische Kastenwesen mochte einmal einen Sinn gehabt, dem Schutz der einzelnen und dem Stammeszusammenhalt gedient haben, doch jetzt war es zu einem unmenschlichen Unterdrückungssystem verkommen. „Unberührbare" durften keine Brunnen und Postämter benutzen, keine Schulen besuchen, mußten eine bestimmte Kleidung tragen und hatten sich respektvoll zu verneigen, wenn ein Kastenhindu vorüberging.

Gandhi war tief betrübt über einen solchen Umgang mit den *harijan*, den Kindern Gottes, wie er sie nannte, und er ließ keine Gelegenheit zur Provokation aus, um seine Landsleute zum Nachdenken zu bringen: Als er in seiner Heimatregion bei einer Versammlung sprach und „Unberührbare" in eine Ecke abgeschoben sah, ging er demonstrativ zu ihnen hinüber und hielt seine Rede von diesem Winkel aus. Und obwohl er ein leidenschaftlich gläubiger Hindu war, lehnte er es ab, die großen Hindutempel zu betreten, deren Tore für die unteren Kasten verschlossen waren. Seine öffentlich vorgetragene Begründung: „Hier ist kein Gott! Wenn Gott hier wäre, hätten alle Zutritt. Er ist in jedem von uns."

Als Gandhi eine Familie von „Unberührbaren" in seinen Ashram aufnahm, stellten viele reiche Freunde, die seine Aktionen bisher begeistert unterstützt hatten, ihre Zahlungen ein – und Kasturbai weigerte sich lange, mit den Neuankömmlingen zusammen zu essen und aus demselben Brunnen wie sie Wasser zu holen. Es gab einen zähen Kampf, bis sich Gandhi durchsetzte, diesmal freilich nicht mit der Autorität des Patriarchen, sondern geduldig argumentierend: „Wie kann ich der unterschiedlichen Behandlung irgendeines Menschen . . . zustimmen, der denselben Gott verehrt und seinen Körper und seine Seele rein und sauber hält?" Auch die verachteten Straßenkehrer beispielsweise verdienten „höchste Verehrung um des Gesundheitsdienstes willen, den sie der Gesellschaft leisten"!

Sir Churchill und der „halbnackte Fakir"

Währenddessen gingen die Gespräche zwischen den Führern der indischen Kongreßpartei, in der Gandhi eine führende Rolle spielte, und einer britischen Regierungskommission weiter. Überall Streiks, Demonstrationen, Protestmärsche. Immer mehr junge Kongreßabgeordnete setzten auf Gewalt; ohne einen Krieg, meinten sie, werde die Unabhängigkeit von den Briten nicht

Gewaltlose sind stark

zu haben sein. Gandhi jedoch blieb eisern gewaltlos. Er wollte die englische Unterdrückungsmaschinerie aus dem Land haben, aber nicht die Engländer vernichten oder auch nur demütigen. Er wollte ihnen klarmachen: „Wir werden der Ungerechtigkeit nicht nachgeben – nicht bloß, weil sie *uns* zerstört, sondern weil sie euch genauso zerstört!"

Die Briten behandelten den menschenfreundlichen Pazifisten freilich genauso hart wie die militanten Freiheitskämpfer: Weil er in der Zeitung *Young India* zum Aufstand gegen die englische Krone aufgerufen habe, verurteilte ihn das Distriktsgericht in Ahmedabad zu sechs Jahren Gefängnis. Der Richter hatte wohl keine andere Wahl, zumal sich Gandhi freimütig als schuldig bekannt und für sich selbst die Höchststrafe gefordert hatte; aber er verneigte sich vor dem Angeklagten und erklärte, vor dessen Persönlichkeit habe er hohen Respekt.

Ich habe überhaupt nicht die Absicht, dem Gericht zu verheimlichen, daß es mir geradezu zur Leidenschaft geworden ist, zur Abwendung von dem bestehenden Regierungssystem aufzurufen . . .
Ehe die britischen Eroberer kamen, spann und wob Indien in seinen Millionen von Hütten und erwarb damit gerade, was es zur Ergänzung seines bescheidenen Einkommens aus der Landwirtschaft brauchte. Diese Heimindustrie, die so lebenswichtig ist für Indien, ist durch unglaubliche Härte und unmenschliche Maßnahmen zerstört worden, wie englische Zeugen selber zugeben. Die Stadtbewohner wissen kaum, wie die erschöpften Massen Indiens langsam in Kraft- und Mutlosigkeit versinken. Sie wissen kaum, daß ihr Wohlleben die Provision für die Arbeit bildet, die diese Massen für den fremden Ausbeuter leisten, daß die

Gewinne und die Maklergebühren aus den Massen her-
ausgepreßt werden. Sie wissen kaum, daß die gesetzmä-
ßige Regierung Indiens auf dieser Ausbeutung der Mas-
sen beruht. Keine Haarspalterei und kein Jonglieren mit
Zahlen kann die Beweise aus der Welt schaffen, welche die
zu Skeletten abgemagerten Bewohner vieler Dörfer dem
Auge entgegenhalten . . .
Ich glaube, Indien und England einen Dienst erwiesen zu
haben, indem ich durch „Non-Cooperation" einen Weg
aus dem unnatürlichen Zustand gezeigt habe, in welchem
beide leben. Nach meiner bescheidenen Meinung ist die
Nichtzusammenarbeit mit dem Bösen ebenso Pflicht wie
die Zusammenarbeit mit dem Guten . . .
Ihnen, Herr Richter, bleibt nur eine Wahl: Entweder ver-
zichten Sie auf Ihr Amt und trennen sich dadurch von dem
Bösen, falls Sie das Gefühl haben, das Gesetz, dem Sie die-
nen, sei von Übel und ich tatsächlich unschuldig – oder
mich mit der härtesten Strafe zu belegen, wenn Sie glau-
ben, das System und das Gesetz, das Sie verwalten, seien
gut für die Menschen dieses Landes.
GANDHI 1922 VOR DEM DISTRIKTSGERICHT IN AHMEDABAD

Zwei Jahre verbrachte Gandhi diesmal hinter Gittern,
dann wurde er nach einer Blinddarmoperation aufgrund seines schlechten Gesundheitszustandes entlassen. 1931 fuhr er nach London, um als Vertreter des
Kongresses an einem „Runden Tisch" über die Zukunft
Indiens teilzunehmen. Große Hoffnungen hatte niemand. „Der Horizont ist so dunkel, wie er es nur sein
kann", sagte er traurig bei der Abreise. „Alles spricht
dafür, daß ich mit leeren Händen zurückkehre." Tatsächlich erwiesen sich die zeitraubenden Debatten als
Farce. Der einsame Inder traf auf eine Phalanx sturer
Gegner, die ihm in höflich-verbindlichen Worten im-

Gewaltlose sind stark

mer nur die Vorzüge des Kolonialstatus erläuterten und von einem unabhängigen Indien nichts wissen wollten.

Dazu kam die hämische Kritik von allen Seiten. Linke Zeitungen nannten Gandhi einen Agenten der reaktionären Kräfte, der den braven britischen Arbeitern Sand in die Augen streuen wolle. Die konservative Presse bezichtigte ihn, in der Pose eines Heiligen Haß und Rebellion zu predigen. Vor allem der ehemalige Kolonialminister Sir Winston Churchill schäumte vor Wut: Er mochte es nicht mitansehen, daß dieser „halbnackte Fakir", wie er ihn nannte, von gleich zu gleich mit den Repräsentanten des britischen Weltreichs verhandelte.

Mußte es nicht wie eine ungeheure Provokation wirken, als Gandhi beim Abschlußempfang, den König Georg V. im Buckinghampalast gab, unter all den ordensgeschmückten Frackträgern und juwelenbehängten Damen in glitzernden Roben auftauchte, wie immer im einfachen weißen Baumwolltuch, die nackten Füße in Ledersandalen, ein Fürst der Bettler im Zentrum einer Weltmacht? Eine Rebellion in Indien werde er niemals dulden, erklärte der brüskierte Monarch unter Verzicht auf den sonst üblichen diplomatischen Takt. Gandhi lächelte: Darüber zu diskutieren, sei hier wohl nicht die rechte Gelegenheit. Nachher fragte ihn ein Reporter, ob seine Kleidung nicht doch ein wenig zu spärlich für diesen Anlaß gewesen sei. Gandhi erwiderte lakonisch: „Der König hatte ja genug für uns beide an."

Wohler dürfte er sich im Londoner Arbeiterbezirk East End gefühlt haben, wo er während seines England-Aufenthalts Quartier genommen hatte. Die Kinder tollten mit dem freundlichen Onkel aus Indien durch die Slums, und die Nachbarn baten ihn gern zum

Tee in ihre ärmlichen Wohnküchen. Gandhi wollte unbedingt die Baumwollfabriken in Lancashire besuchen, die vor dem Bankrott standen, weil Indien seine Baumwolle jetzt selbst verarbeitete – in Heimarbeit auf den berühmten Spinnrädern.

Tausende wutentbrannter Weber wollten den Mann sehen, der sie arbeitslos gemacht hatte. Gandhi bat sie ruhig, ihm einen Moment zuzuhören: „Sie sagen, drei Millionen sind hier arbeitslos, und das schon seit Monaten. In meinem Land sind mindestens 300 Millionen für jeweils sechs Monate im Jahr arbeitslos. Sie sagen, es gibt Tage, da haben Sie bloß Brot und Butter zum Mittagessen. Bei uns sind diese Leute manchmal tagelang ohne jede Nahrung . . . Schreiben Sie Ihr Elend nicht Indien zu. Denken Sie an die globalen Kräfte, die gegen Sie arbeiten."

Die Proletarier von Lancashire verzichteten darauf, den kleinen Mann aus Indien zu lynchen; sie jubelten ihm zu. Doch in seine Heimat zurückgekehrt, fand Gandhi ein Chaos vor.

Die gewaltlose Front bröckelt

Die britischen Behörden inhaftierten mehr als 80 000 Inder, darunter fast alle führenden Kongreßabgeordneten. In den Gefängnissen kam das Auspeitschen in Mode. Besonders gegen engagierte Frauen ging man mit brutaler Gewalt vor. Was hatte Churchill schon 1930 verlangt? „Früher oder später wird man Gandhi, den indischen Kongreß und alles, was sie repräsentieren, zerschmettern müssen." In dieser Situation büßten viele Mitglieder der Kongreßpartei ihren Glauben an die Macht der Gewaltlosigkeit ein. Gandhi, einst unbestrittener Führer der Partei und als gewählter Präsident des Kongresses immer noch Symbolfigur der nationalen Einheit, verlor immer mehr den Draht zu den jüngeren Politikern, die sich für seinen Geschmack zu sehr an westlichen Idealen orientierten und ungestüm von einer Unabhängigkeit redeten, für die Indien politisch und gesellschaftlich noch nicht reif schien. Der Nachwuchs im Kongreß wiederum vermochte mit den ständigen Appellen des Asketen, handgewebte Kleidung zu tragen und am Spinnrad praktische Solidarität mit den Armen zu zeigen, wenig anzufangen.

Verkrustungserscheinungen im Parteiapparat und beschämende Korruptionsfälle machten Gandhi zusätzlich Sorgen. Und draußen im Land folgten ihm die Enttäuschten keineswegs mehr so vertrauensvoll wie früher. Wenn er mit dem Zug unterwegs war, liefen die Menschenmassen zwar immer noch die Gleise entlang und schrien wie wahnsinnig: *Mahatma Gandhi ki jai!* – („Es lebe Gandhi"); aber in die Jubelrufe mischten sich die Demonstrationen junger Eiferer, die schwarze Fahnen hißten und mit finsterer Miene riefen: „Hau ab, Gandhi! Nieder mit dem Gandhismus!"

Gandhi zog sich aus der aktiven Politik zurück. 1934 trat er aus der Kongreßpartei aus. Er wanderte wieder durch die Dörfer, um für Volkspädagogik, Hygiene und Selbstversorgung zu werben, und ließ sich selbst in einem abgelegenen Dorf nieder. Seine Vorliebe für dörfliche Traditionen hatte ihn schon oft in Konflikt mit „modern" eingestellten Kampfgenossen gebracht, die sich mehr von großen Industrien und städtischer Kultur versprachen. Aber Gandhi glaubte, Gemeinschaftssinn und demokratische Teilhabe aller an den Entscheidungen könne es nur im überschaubaren sozialen Gefüge des Dorfes geben.

Gandhi war kein Träumer. Er wußte, daß sich solche Visionen nicht in verdreckten Siedlungen und verlausten Hütten realisieren ließen. Deshalb holte er Gruppen junger Städter aufs Land, die in den Dörfern Schulen und Krankenstationen aufbauen, Handwerksbetriebe fördern und die Viehzucht verbessern sollten. Mit Losungen wie „Jeder sein eigener Straßenkehrer" machte er Propaganda für mehr Hygiene.

Die schönen Pläne scheiterten aber immer wieder an der brutalen Armut: Kasturbai fragte einmal die Frauen eines solchen Dorfes, warum sie denn niemals ihre nicht gerade angenehm riechenden Kleider wechselten. Sie hätten leider nur einen Sari, bekam sie zur Antwort. Hätten sie einen zweiten, würden sie gern jeden Tag baden und saubere Sachen tragen.

Gandhi war alt und noch schmaler geworden, aber unwahrscheinlich rüstig und agil; auf seinen Märschen konnte kaum ein junger Mitarbeiter mit ihm Schritt halten. Er schlief nur wenige Stunden, zwischen drei und vier Uhr morgens stand er auf, betete, frühstückte warmes Wasser mit etwas Honig, dann schrieb er beim Schein einer Petroleumlampe – oder auch bei Mondlicht, wenn das Öl knapp war – Briefe (einmal waren es 56 Stück an einem einzigen Tag) und Zeitungsartikel, lernte Bengali, um besser mit Moslems diskutieren zu können. Politiker und Reporter empfing er, während er sein zusammenklappbares, überall mitgeführtes Spinnrad bediente, oder er nahm sie auf seine Spaziergänge mit. Sein Mittagessen bestand aus gekochtem Gemüse, Früchten, Reis und Ziegenmilch. Zur Abendandacht pflegte er die Leute der Umgebung um sich zu versammeln.

„Es ist immer eine Freude und Anregung, mit diesem jungen Mann von 77 Jahren zusammenzutreffen", bemerkte später einmal sein Schüler und Freund Jawaharlal Nehru. „Danach fühlen wir uns immer ein wenig jünger und stärker, und die Last, die wir tragen, erscheint ein wenig leichter."

Die 1937 vom britischen Parlament verabschiedete neue Verfassung für Indien, die das Land stufenweise zur Selbstregierung führen sollte, war nicht Fisch und nicht Fleisch gewesen. Nach dem Ende des Zweiten Weltkriegs erhielt Indien 1947 ziemlich überraschend die volle Unabhängigkeit. In England war eine *Labour*-Regierung an die Macht gekommen, und man dachte dort inzwischen überhaupt anders über das Kolonialsystem. Oder wollten die Briten bloß noch ihre Schäfchen ins Trockene bringen, bevor der offene Bürgerkrieg zwischen Hindus und Moslems begann?

Der nämlich zeichnete sich drohend am Horizont ab, und deshalb waren Gandhi und viele seiner Freunde gar nicht glücklich über den endlich errungenen Sieg. Indien war in zwei Staaten geteilt, die von Hindus beherrschte Indische Union und das islamische Pakistan. Vergeblich hatte der von den ratlosen Hindus aus seinem Dorf geholte Gandhi dem Führer der moslemischen Minderheit angeboten, ein Kabinett seiner Wahl für eine indische Einheitsregierung zu bilden. Die Moslems, die Engländer, am Ende aber auch eine starke Fraktion im Indischen Nationalkongreß wollten die Teilung. Die Feinde und Rivalen an der Macht beteiligen, sich gar einem Premier oder Minister aus dem anderen Lager unterordnen? Undenkbar!

Es kam zu einer Massenflucht von zwölf Millionen Hindus und Moslems aus den neuen Staatsgebilden und zu schrecklichen Massakern. In Kalkutta brachten militante Moslems 5000 Menschen um. Die Hindus rächten sich mit einem Blutbad und stürmten sogar das Haus ihres Glaubenbruders Gandhi. Das war die Quittung für seine ständigen Appelle an den Indischen Nationalkongreß, Staat und Religion zu trennen und religiöse Toleranz gegenüber den noch im Land gebliebenen Moslems zu üben. Als „Mohammed Gandhi" beschimpften ihn die aufgehetzten Massen.

„In dem Indien, das sich heute zu formen beginnt, ist kein Platz für mich", stellte er traurig fest. „Das einzige, was mir bleibt, ist, mich von diesem System zu distanzieren." Als die Wogen der Gewalt höher schlugen, als in Noakhali Moslembanden die nach sintflutartigen Regengüssen von der Außenwelt abgeschnittenen Hindudörfer plünderten und verbrannten, als Hindufrauen zum Glaubenswechsel und zur Heirat mit Moslems gezwungen wurden, als in Bihar mit Handgranaten und schweren Waffen ausgerüstete Hindus fürchterliche Rache an der moslemischen Minderheit übten, da hielt es den 78jährigen nicht mehr in seinem Ashram.

Als er sich auf seinen letzten Gewaltmarsch durch die vom Bruderkrieg verwüsteten Dörfer machte, war er müde und verzweifelt. Drei Jahre zuvor hatte ihn Kasturbai verlassen; sie war im Gefängnis gestorben. Das Feuer in ihm glomm nur noch schwach – aber es vermochte immer noch Hoffnung und Begeisterung in den Menschen zu entzünden. 200 Kilometer legte er zu Fuß zurück, gestützt auf seinen Bambusstab, mit blutenden Füßen (erfinderische Kriegstreiber hatten die Wege mit Dornen, Kuhdung und Menschenkot übersät), ohne Begleitschutz, an zahllosen Orten wenigstens für eine kleine Zeit Frieden stiftend, Waffen und Handgranaten einsammelnd, demonstrativ in Moslemhäusern übernachtend.

Als ob er angesichts des allgegenwärtigen Grauens den Tod herbeisehnte, stürzte sich der von Husten und Fieberanfällen gequälte alte Mann in ein letztes selbstmörderisches Fasten, um seine Hindubrüder zu bewe-

Gewaltlose sind stark

gen, den Moslems die vielerorts besetzten und geschändeten Moscheen zurückzugeben.

Und anders als früher rührte dieses Fasten nicht mehr alle Herzen. „Laßt Gandhi sterben!" johlten Flüchtlinge aus dem Punjab vor seiner Unterkunft, die seine Friedensbotschaft für ihr Schicksal verantwortlich machten. Ein fanatischer Hindu war es, der während eines Gebetstreffens ganz in der Nähe des Mahatma eine Bombe hochgehen ließ. Er gehörte einer Kampftruppe an, die schon länger mit Fotos von Gandhi und Nehru ihre Schießübungen veranstaltete.

Zehn Tage später, am 30. Januar 1948, stellte sich ihm ein Angehöriger derselben radikalen Gruppierung in den Weg, als er durch einen belebten Park zum Gebetsplatz ging, um wie üblich inmitten einer großen Menschenmenge die Abendandacht zu halten. Er fiel vor dem Mahatma auf die Knie, legte die Hände zum Hindu-Gruß aneinander. Plötzlich zog der Mann eine Pistole hervor und schoß Gandhi mitten ins Herz. Er starb mit dem Namen Gottes auf den Lippen. So hatte er es sich gewünscht: ruhig aus dieser Welt zu gehen, im Bewußtsein der Nähe Gottes und mit einem Gebet für seinen Mörder, falls jemand ihn töte. Nur dann werde man von ihm sagen können, er habe wirklich die Tapferkeit des Gewaltlosen besessen.

Mohandas Karamchand Gandhi, den sie den Mahatma nannten, war 79 Jahre alt geworden. Er hinterließ zwei hölzerne Eßnäpfe, ein Eßbesteck, eine Brille, zwei Paar Sandalen, eine Taschenuhr, billiges Schreibgerät, eine Ausgabe der Bhagavadgita, eine winzige Skulptur der berühmten drei Affen, die sich die Augen, Ohren und Mund mit den Händen zuhalten, und ein paar Stofftiere und bunte Zeichnungen, die ihm Londoner Arbeiterkinder damals zum Geburtstag geschenkt hatten.

Ghandhi mit seiner Großnichte Manubehn Gandhi
und Mrs. Abha Gandhi,
die ihm während seiner letzten Tage zur Seite standen.

Gandhis Geheimnis

Das unabhängige Indien, hat man gesagt, habe Gandhi
zum Heiligen gemacht und alle seine Lehren ignoriert.
Immer noch leben in dem Land, das dreizehnmal größer ist als die Bundesrepublik, 300 Millionen Menschen
weit unter dem Existenzminimum, 44 Millionen Kinder schuften in Fabriken, Imbißstuben und Reparatur-

Gewaltlose sind stark

werkstätten, 60 Prozent der über 15jährigen können nicht schreiben und lesen. Fast täglich werden irgendwo in dem Riesenland *Dalits*, Kastenlose, mißhandelt, vergewaltigt, ermordet, weil sie ihre mittlerweile verfassungsmäßig garantierten Rechte wahrnehmen wollen.

In keinem anderen Land Asiens explodieren die sozialen, ethnischen, religiösen Gegensätze so häufig und auf so verheerende Weise. Die von Gandhi angebotenen Alternativen für Wirtschaft, Ackerbau und Bildungswesen scheinen vergessen; die von ihm bekämpfte technische Gigantomanie des Westens gilt als Ideal – und in der Tat behauptet sich das von Massenelend und medizinischer Unterversorgung geplagte Land mittlerweile als zehntgrößte Industrienation der Erde. Andererseits haben die unblutigen Revolutionen der letzten Jahre in Osteuropa gezeigt, daß Gandhis Leben und Lehre keineswegs spurlos an der Welt vorübergegangen sind.

Was war das Geheimnis dieser Persönlichkeit, die Freund und Feind mit einer fast schon hypnotischen Ausstrahlung in ihren Bann zu schlagen vermochte? „Komm Gandhi nicht zu nahe", warnten britische Verwaltungsbeamte ihre frisch nach Indien entsandten neuen Mitarbeiter, „der fängt dich!" Und Nehru bescheinigte dem kleinen, schwächlichen Mann, „etwas von Stahl" in sich zu haben.

Was war sein Geheimnis? Manche seiner Ideen und Verhaltensweisen erscheinen doch recht sonderbar. Wenn alle Inder so leben würden wie seine Freunde im Ashram, vegetarisch, bedürfnislos, von Feldarbeit und Handweberei, dann – versprach er fröhlich – würden sich alle gesellschaftlichen Konflikte von selbst lösen. Dabei gestand er freimütig ein, weder von Wirtschaftsproblemen noch von Handarbeit etwas zu verstehen.

Das nicht gerade weltbewegende Problem, ob das für strenggläubige Hindus bindende Verbot, Kuhmilch zu trinken, auch für Ziegenmilch gelte, beflügelte ihn zu endlosen Erörterungen. Bei einem Italienbesuch reichte man ihm als Abschiedstrunk Milch in einer kostbaren Schale aus dem fünften Jahrhundert vor Christus; der Mahatma interessierte sich lediglich dafür, ob es sich auch wirklich um Ziegenmilch handle! Als seine Frau Kasturbai in Südafrika todkrank wurde, verbot er den Ärzten, ihr Fleischbrühe zu geben, das widerspreche ihren religiösen Anschauungen. Zu seiner Ehre muß allerdings gesagt werden, daß er Tag und Nacht an ihrem Bett saß und daß es ihm gelang, sie mit Wasserkuren und einer Diät aus Zitronensaft, Milch, Früchten und Gemüse zu kurieren.

Merkwürdig erscheint auch sein Verhältnis zur Sexualität, das von einem frühen Trauma geprägt war: Gandhi beschreibt sich selbst als von Natur sehr leidenschaftlich; er habe als Schüler ständig an die wilden Nächte mit seiner genauso blutjungen Ehefrau denken müssen. Als er 16 Jahre alt war, wurde sein Vater schwer krank, Mohandas pflegte ihn. Eines Nachts ließ er sich im Dienst am Krankenbett von einem Onkel ablösen, um zu Kasturbai ins Schlafzimmer gehen zu können. Nach wenigen Minuten kam ein Diener gerannt: Der Vater war eben gestorben. Die Scham darüber, seinen Vater so kurz vor seinem (freilich nicht voraussehbaren) Tod um der erotischen Lust willen allein gelassen zu haben, wurde Gandhi das ganze Leben lang nicht los.

Vor diesem Hintergrund wird seine eigentümliche Begründung sexueller Enthaltsamkeit etwas verständlicher: Zum „geordneten Wachstum der Welt", aber auch um der Selbstdisziplin willen müsse die Sexualität unter Kontrolle gehalten werden. Sexuelle Abstinenz ermögliche es außerdem, die Lebensenergie ungeteilt in den Dienst der Ausgestoßenen und Unterdrückten zu stellen. Ein ehrenwertes Motiv, doch was mag die – offenbar nicht nach ihren Bedürfnissen gefragte – Kasturbai an der Seite dieses Asketen gefühlt haben?

Später litt Gandhi darunter, daß seine Söhne ihre eigenen Wege gingen und die extrem anspruchslose Lebensart des Vaters ablehnten. Sein Ältester, Harilal, wurde zum haltlosen Trinker und Spieler; er trat zum Islam über, aus dem einzigen Grund, weil befreundete Moslems versprochen hatten, dann seine Spielschulden zu bezahlen. Hätte Gandhi die Entfremdung vielleicht verhindern können, wenn er sich weniger als Vater von ganz Indien gefühlt und mehr um die eigene Familie gekümmert hätte?

Auch der Politiker Gandhi gibt Rätsel auf: Als der Erste Weltkrieg ausbrach, ermunterte er seine Landsleute, „im besten Sinne imperial zu denken und ihre Pflicht zu tun", also Seite an Seite mit den Briten zu kämpfen. Kein kritisches Wort über die Motive der Kriegstreiber in allen Lagern. 1939 bat er dafür Hitler, der gerade Polen überfallen hatte, in einem ebenso devoten wie naiven Brief, auf weitere Kampfhandlungen zu verzichten. Den vom Holocaust bedrohten deutschen Juden empfahl er gewaltlosen Widerstand – und handelte sich von Martin Buber die entsetzte Frage ein, ob er wisse, was ein KZ sei.

Doch möglicherweise sind es gerade solche Fehleinschätzungen und Einseitigkeiten, die Gandhi zu einem Vorbild geglückten Lebens werden ließen. Der lächelnde Revolutionär aus Indien erscheint nicht als vollkommene Ikone, sondern als Mensch, der zu seinen Schwächen und Widersprüchen stand und sie, hart an sich arbeitend, verwandelte. Seine Redeangst zum Beispiel habe ihn gelehrt, sparsam mit Worten zu sein und keine Zeit mit gedankenlosem Geschwätz zu vergeuden, bekannte er: „Wenn wir auf die sanfte, leise Stimme hören wollen, die immer in uns spricht, dann werden wir sie nicht verstehen können, wenn wir selbst ständig reden." Der Besuch in einem südafrikanischen Trappistenkloster, in dem deutsche Mönche – nach ihrer strengen Regel fast ständig schweigend – lebten, faszinierte ihn so, daß er von da an jede Woche einen „Schweigetag" hielt; seine Umgebung erhielt von ihm an diesen Tagen höchstens ein paar auf einen Zettel gekritzelte Informationen.

Gandhi überzeugt durch den Mut, mit dem er sich einer in Lynchstimmung befindlichen Menschenmenge entgegenzustellen pflegte. Als er 1947 zwischen Hindus und Moslems Frieden zu stiften versuchte, empfingen ihn in Kalkutta jugendliche Fanatiker mit einem Steinhagel. Ruhig diskutierte er mit den jungen Leuten, und am nächsten Tag begannen sie Friedenskomitees zu bilden. Andernorts stürzte sich ein gewalttätiger Hüne auf den alten Mann und würgte ihn mit aller Kraft. Gandhi machte keinen Versuch, sich zu wehren, er sah ihn nur liebevoll an. Einen Augenblick später fiel ihm der Gewaltmensch zu Füßen, weinend wie ein kleines Kind.

Glaubwürdig machte ihn sein eisernes Festhalten an einmal als richtig erkannten Überzeugungen und die unbedingte Übereinstimmung von Reden und Handeln. Als 1904 im südafrikanischen Johannesburg unter indischen Bergwerksarbeitern die Pest ausbrach, lag der Rechtsanwalt Gandhi den trägen Behörden nicht nur mit der Mahnung in den Ohren, rasche Maßnahmen gegen die weitere Ausbreitung der Seuche zu ergreifen. Er isolierte die Kranken, organisierte Ärzte und Medikamente, packte bei der Krankenpflege selbst mit an. Eine Kastenlose adoptierte er als seine Tochter.

Seine Schriften solle man mit seinem Körper verbrennen, wünschte er. Was allein zähle, sei sein Leben.

Wir alle sind bloß Suchende

Kraftquelle für dieses einzigartig konsequente Dasein war zweifellos Gandhis Glaube. „Wenn Zweifel mich quälen", notierte er einmal, „wenn die Enttäuschung mir ins Gesicht sieht und ich keinen Hoffnungsstrahl am Horizont entdecken kann, greife ich zur Bhagavadgita, und dort finde ich einen Vers, der mich tröstet, und ich beginne mitten im tiefsten Lied zu lächeln."

„Was ich erreichen möchte, ist, . . . Gott von Angesicht zu Angesicht zu sehen", so hat er selbst das Ziel seines Lebens beschrieben. Gott als Sinn hinter allem und als Kraft seiner Existenz, für ihn war das nie eine Frage. „Wenn ich existiere, existiert Gott", wußte er. Gott: Wahrheit und Liebe, Quelle jeder Ethik und Geheimnis der Furchtlosigkeit, in uns und über uns, Menschenliebhaber und Richter, geduldig und schrecklich. Wer seiner Schöpfung diene, der gehe im Licht Gottes.

Auf seinen meilenweiten Spaziergängen pflegte Gandhi ständig den Gottesnamen *Rama* zu wiederholen, wie es die Hindus tun; das war die Quelle seiner Energie. Angst verwandelte sich in Standhaftigkeit, Zorn in Mitgefühl, Aggression in Liebe.

Das Gebet ist nicht ein Bitten um etwas. Es ist eine Sehnsucht der Seele.

Der menschliche Geist kennt im allgemeinen zwei Arten von Furcht: Furcht vor dem Tod und Furcht vor dem Verlust materiellen Besitzes. Ein Mensch des Gebets und der Selbstreinigung wird die Furcht vor dem Tod abschütteln und ihn vielmehr als freundlichen Gefährten aufnehmen, und er wird allen irdischen Besitz als flüchtig und ohne Bedeutung ansehen. Er wird erkennen, daß er kein Recht hat, Reichtümer zu besitzen, während Elend und Armut das Land beschleichen und Millionen ohne die tägliche Mahlzeit auskommen müssen. Keine Macht der Erde kann einen Menschen bezwingen, der diese beiden Arten der Furcht von sich geworfen hat.

AUS GANDHIS SAMMELBAND „PRAYER" (DER BETER)

Der orthodoxe Hindu Gandhi hielt überhaupt nichts von einer verwaschenen Einheitsreligion (er bete darum, daß die Christen bessere Christen und die Moslems bessere Moslems würden!), um so mehr aber von einer Toleranz, die dem Bewußtsein der eigenen Begrenztheit entspringen sollte.

Sein Argument: „Hätten wir es erreicht, die Wahrheit voll zu schauen, dann wären wir nicht mehr bloß Suchende, sondern wir wären eins mit Gott geworden, denn Wahrheit ist Gott . . . Wessen Deutung soll für die richtige gehalten werden? Jeder hat von seinem Standpunkt aus recht, aber es ist nicht unmöglich, daß alle sich irren. Daher die Notwendigkeit der Toleranz, die nicht Gleichgültigkeit der eigenen Religion gegenüber bedeutet, sondern eine intelligentere und reinere Liebe zu ihr . . . Die Pflege der Toleranz anderen Religionen gegenüber wird uns ein besseres Verständnis unserer eigenen schenken."

Eine solche Erfahrung machte Gandhi mit dem Christentum. Er hatte den christlichen Glauben zunächst als Rechtfertigungssystem weißer Rassisten kennengelernt, aber seit seiner Begegnung mit der Bergpredigt schätzte er ihn aus kritischer Distanz heraus. Durch die Konfrontration mit dem Evangelium lernte der Hindu Gandhi seine eigene Tradition der Gewaltlosigkeit, der Liebe zu allem Leben, noch tiefer zu verstehen.

Gandhi hat freimütig bekannt, hätte er nur die Bergpredigt vor Augen, würde er nicht zögern, zu sagen „O ja, ich bin ein Christ". Aber vieles, was als Christentum gelte, stelle für ihn eine Verneinung der Bergpredigt dar. Westliche Beobachter hat es immer irritiert, wie selbstverständlich der überzeugte Hindu Gandhi den Geist des Evangeliums praktiziert hat und wie scharfsinnig er dem institutionalisierten Christentum Widersprüche zwischen Anspruch und Handeln nachwies. Ein amerikanischer Missionar meinte nicht ohne Ironie, vielleicht habe Gott den Nichtchristen Gandhi dazu ausersehen, „die unchristliche Christenheit zu christianisieren".

Der Mahatma schrieb ihr ins Stammbuch, „daß die Liebe, die Jesus lehrte und übte, keine bloß persönliche Tugend war, sondern ihrem Wesen nach eine soziale und kollektive Tugend". Gewaltlosigkeit könne nicht bloß von irgendwelchen Eremiten um ihres privaten Friedens willen praktiziert werden, sondern sie sei eine Verhaltensregel für die Gesellschaft.

Worin sonst konnte der Sinn des Kreuzestodes Jesu liegen? Freiwillig auf sich genommenes Leiden bringt laut Gandhi den Verursacher des Leidens dazu, mit dem Opfer zusammen das gemeinsame Menschsein zu erkennen. Darin liege die rettende Qualität jedes Leidens und auch des Kreuzes. Wenn das Kreuz aber einen ebenso universalen Anspruch haben soll wie die Bergpredigt – davon war Gandhi überzeugt –, dann hat es nicht nur für die Einzelseele erlösende Funktion, sondern gibt ein gesellschaftliches Modell ab.

„Nationen wie Einzelmenschen können nur durch die Qual des Kreuzes und auf keine andere Weise gebildet werden", behauptete er und gab zu bedenken: „Gott trug das Kreuz nicht nur vor 1900 Jahren, sondern trägt es heute noch, und er stirbt und wird auferweckt Tag um Tag."

„Hört das Gelächter
der kleinen Indios!"

Rigoberta Menchú
(geboren 1959),
Kaffeepflückerin, Katechetin,
Bürgerrechtlerin in Guatemala,
will den amerikanischen Ureinwohnern
ihre Würde zurückgewinnen

*„Solch ein Leben wartet auch auf dich;
viele Kinder, und hinterher sterben sie!"*

*„Ich brauchte keine Bücher zu lesen,
denn unsere Erfahrungen waren aus
unserem Leiden geboren"*

RIGOBERTA MENCHÚ

Den Patrón, den Großgrundbesitzer, und seine Aufseher kümmert es wenig, wenn irgendwo auf der Kaffee- oder Baumwollplantage ein kleines Kind stirbt. Es gibt so viele davon, die Armen sollen froh sein, wenn sie einen Esser weniger durchzufüttern haben.

Der Patrón und seine Aufseher fragen auch nicht danach, ob die Arbeitsbedingungen auf den *Fincas*, den Plantagen, schuld an solchen Todesfällen sind. Sollen die Habenichtse doch zu Hause bleiben, wenn sie so wenig aushalten! Gut, vielleicht wäre der kleine Felipe Menchú noch am Leben, hätte das Flugzeug nicht das hochkonzentrierte Pflanzenschutzmittel über die Köpfe der Kaffeepflücker weg auf die Plantage gesprüht . . . Aber Arbeitspausen kosten Profit, und die Konkurrenz schläft nicht. Ein Esser weniger, was soll's?

Für die Mutter Juana Menchú und den Vater Vicente, für Rigoberta und Patrocinio und die anderen Geschwister war Felipe keine Ziffer in der Statistik der Bevölkerungsexplosion, kein nutzloses Etwas unter hunderttausend wimmelnden Indiokindern, sondern Fleisch und Blut, der geliebte Bruder. Vor wenigen Tagen noch hatte er mit ihnen gelacht, gerauft, Späße gemacht, seine *Mamá* zärtlich umarmt, seinen Schwestern verrückte Streiche gespielt – und jetzt starb er unter elenden Qualen an dem Gift, mit dem die verdammten

60   *„Hört das Gelächter der kleinen Indios!"*

Patrones Ungeziefer und Menschen umbrachten, röchelnd, sich krümmend, verendend wie ein Tier.

Ein paar Jahre später verlor die Familie Menchú ein zweites Kind auf den Fincas: Nicolás war gerade zwei Jahre alt geworden, sein Bauch war dick angeschwollen vor Unterernährung, und er weinte den ganzen Tag. Die Mutter nahm ihn auf die Finca mit und brachte ihn in der von Palmblättern gedeckten Baracke unter, in der vier-, fünfhundert Leute schliefen. Sie konnte sich nicht ständig um ihn kümmern, sie mußte Kaffeebohnen pflücken, im Akkord. Eines Morgens war das Kind tot.

„Der Aufseher kam", erinnerte sich Rigoberta, „und sagte, wir könnten es auf der Finca begraben, müßten aber dafür bezahlen. Wir hatten aber überhaupt kein Geld, und da sagte der Aufseher: ‚Ihr schuldet hier sowieso schon viel Geld für Medikamente und andere Dinge; nehmt also eure Leiche und verschwindet.'

Wir waren ratlos; wir konnten die Leiche ja nicht bis ins Hochland zurückbringen. Wir konnten sie auch nicht länger hier unten lassen, weil sie wegen der Hitze und der Feuchtigkeit schon anfing zu riechen und die Leute sie deswegen auch nicht mehr in der Baracke haben wollten . . .

Aus purer Freundlichkeit oder Mitleid gab uns jemand einen Pappkoffer. Wir legten mein Brüderchen hinein und begruben es. Dadurch verloren wir einen Tag bei der Arbeit. Abends kam der Aufseher und sagte: ‚Morgen früh verschwindet ihr hier. Ihr habt den ganzen Tag nicht gearbeitet, und deshalb bekommt ihr auch keinen Lohn. Morgen will ich euch hier nicht mehr sehen.'

. . . Seitdem hatte ich, wie soll ich sagen, einen Zorn auf das Leben, hatte Angst vor dem Leben, weil ich mir sagte: ‚Solch ein Leben wartet auch auf dich; viele Kinder, und hinterher sterben sie!'"

Zerbombte Dörfer, verbrannte Menschen

Das ist der Alltag in Guatemala. Das Land, von Touristik-Unternehmen wegen seiner schönen Landschaften und freundlichen Menschen als „Reich des ewigen Frühlings" gepriesen, ist zu einem blutbefleckten Leichenhaus geworden.

Seit die spanischen Eroberer die indianische Bevölkerung großteils ausrotteten, seit sich in den folgenden Jahrhunderten Großgrundbesitzer und Kaffeebarone zwei Drittel des Bodens aneigneten, lebt das Neun-Millionen-Volk der Guatemalteken in dauernder Unterdrückung. Zwei Drittel können nicht lesen und schreiben. Vier von fünf Kindern sind unterernährt. 65 Prozent sterben, bevor sie 14 Jahre alt sind. Die Landarbeiter verdienen nie genug, um ihre Familie ausreichend ernähren zu können – während die Herren der Baumwoll- und Kaffeeplantagen in der Regel für jede ausgegebene Mark an Lohn vier Mark Gewinn einstreichen.

Für die USA ist das Land strategisch bedeutsam; sichere Verhältnisse dort erscheinen wichtiger als die in Sonntagsreden beschworenen Menschenrechte. Seit 1951 eine Invasion amerikanischer, vom *CIA* bezahlter Söldner die Reformen der demokratisch gewählten Regierung Arbenz beendet hat, regiert das Militär in Guatemala – ob durch Putsche oder Wahlmanipulation. Gewinner ist immer die dünne Schicht der Besitzenden, Verlierer das hungernde Volk. Dem wachsenden Widerstand von Kleinbauern, Gewerkschaftern, Studenten und Intellektuellen begegnen die Mächtigen mit gnadenlosem Terror, dem mittlerweile an die 100 000 Menschen zum Opfer gefallen sind; weitere 40 000 sind spurlos verschwunden – wahrscheinlich irgendwo verscharrt oder in Asche verwandelt.

Ende der 70er Jahre führte Präsident Lucas García die Politik der „verbrannten Erde" ein: Mit Flugzeugen und Panzerwagen fallen Rollkommandos über Dörfer her, in denen man Guerilleros vermutet, zerbomben die Häuser, zünden die Ernte an, vertreiben die Bewohner; das Land kann dann irgendeinem Großgrundbesitzer zugeschlagen werden, oder die Regierung erklärt es zum Sperrgebiet, um die Bodenschätze, an denen Guatemala so reich ist, ausbeuten zu können.

Wer verdächtig erscheint, wird entführt, gefoltert, verstümmelt, ermordet. Haftbefehle und Gerichtsverhandlungen gibt es nur in Ausnahmefällen. Es heißt zwar, der Einsatz von Militär und Polizei gelte lediglich den Aufstandsbewegungen, aber Frauen und kleine Kinder werden genauso bestialisch ermordet wie Landarbeiter, Bauernführer und Katecheten. Sozial engagierte Christen gelten als vogelfrei; nach einem Bericht des Bischöflichen Hilfswerks *Misereor* haben viele in Guatemala ihre Bibeln vergraben, weil sie von den Sicherheitskräften als kommunistische Literatur und Waffe im ideologischen Kampf angesehen werden.

Hoffnungssignale wie die Gespräche zwischen Regierung und Guerilla über eine Beendigung des Bürgerkriegs und die Wahl des Menschenrechtsaktivisten Ramiro de León Carpio zum Präsidenten 1993 haben an der tristen Situation im Land wenig geändert. Ein Jahr nach de Léons Wahl bilanzierte das Erzbistum Guatemala doppelt so viele von den Sicherheitskräften und paramilitärischen Einheiten begangene Morde wie im

Vorjahr; UN-Beobachter stellten eine „Epidemie" von Menschenrechtsverletzungen fest.

Sklavenarbeit auf der Kaffeefarm

In diese mörderische Welt wird Rigoberta Menchú Tum 1959 hineingeboren, auf einem winzigen bäuerlichen Anwesen im Hochland, wo es keine Autostraßen gibt. Zur Stadt Chimaltenango reiten die Kleinbauern auf mageren Pferden die Gebirgspässe hinunter, oder sie tragen ihre Lasten auf dem Rücken. Rigobertas Familie gehört zu den Quiché-Indianern, Nachkommen der Mayas – traditionsbewußt, aber entrechtet und von den *Ladinos*, den halbspanischen Mestizen, verachtet.

„Die Eltern und Paten sagen dem Kind, daß es immer seine Würde bewahren muß", das ist laut Rigoberta das A und O der Erziehung bei den Quiché-Indianern. Das Leben ist sehr gemeinschaftsorientiert; bei Geburten ist die Dorfsprecherin dabei, weil das Kind dem ganzen Dorf gehört, und wenn ein junger Mann um die Hand eines Mädchens anhalten will, dann bringt er ebenfalls die Sprecher des Dorfes mit. Das Mädchen entscheidet übrigens selbständig, ob ihm der Bewerber gefällt oder nicht, und wenn die Ehe scheitern sollte, dann ist die Dorfgemeinschaft wieder da, um zu helfen.

Die Quiché sind gläubige Menschen, auf eine erd-haft-sinnliche Weise, was arrogante Mitteleuropäer verächtlich von „Mischreligion" sprechen läßt: Sie begleiten das Saatgut in einer Prozession mit Kerzen auf das Feld und bitten Erde und Sonne, die Tiere und das Wasser, mitzuhelfen, daß der Samen aufgeht und die lebenswichtige Nahrung aus dem Boden sprießt – und danach gehen sie in die katholische Kirche und rufen

„Hört das Gelächter der kleinen Indios!"

die Heiligen des Himmels an. Sie achten die Erde als Mutter, die niemand unnötig verletzen darf, und betrachten es als pervers, Blumen zu pflücken und ihrer natürlichen Umgebung zu entreißen. Sie behandeln Kranke mit den Rezepten indianischer Medizinmänner und beten den Rosenkranz dazu.

Rigoberta, die als katholische Katechetin gearbeitet hat: „Wir nehmen die biblischen Urväter zu den unsrigen und behalten unsere Kultur bei ... Es gibt nur einen Gott, den alleinigen Vater ... Wir haben die Lieder und Gebete akzeptiert als einen zusätzlichen Weg, uns auszudrücken."

Rigoberta hatte keine Zeit, eine Schule zu besuchen, und ihr Vater meinte, dort hätten ihr die Ladinos auch bloß das Denken der Kolonialherren beigebracht. Später wird sie durch Erfahrung und Beobachtung eine Menge lernen. Daheim gibt es genug zu tun: Sie entlastet die Mutter, die als Hebamme mit hervorragenden Kenntnissen in der Naturheilkunde viel unterwegs ist, knetet Maisbrei, hackt Brennholz, schneidet Ruten aus Weidenzweigen, jätet Unkraut. Aber weil das bißchen eigenes Land, wo die Menchús Mais und Bohnen anbauen und das sie der Regierung auch noch teuer haben bezahlen müssen, kaum etwas hergibt, schuften sie jedes Jahr acht Monate auf den riesigen Fincas im Küstenland: Endlose Kaffee- und Baumwollplantagen für den Export.

Kaum fünf Jahre alt, beginnt Rigoberta an der Seite ihrer Mutter Kaffeebohnen von den Sträuchern zu pflücken – eine richtige Sklavenarbeit, denn jeder kleine Schaden an den Zweigen wird den Arbeitern vom Verdienst abgezogen, der mager genug ist: Als sie acht Jahre alt ist, bringt es Rigoberta auf 35 Pfund Bohnen pro Tag und bekommt dafür 20 Centavos, das sind etwa 50 Pfennig. Ein Teil dieses Hungerlohns wird den Arbeitern wieder abgeknöpft – angeblich für ihre Sozialversicherung, in Wirklichkeit wandert das Geld in die Pensionskassen der Staatsdiener und Militärs.

„In dieser Zeit ist mein Bewußtsein erwacht", wird Rigoberta später feststellen. In der Tat, die Arbeit auf der Finca ist der beste Anschauungsunterricht in spätkapitalistischen Ausbeutungsmethoden: Ihre gescheiten Brüder haben bald herausgefunden, daß die Waagen im Büro, auf denen die Tagesleistung Kaffeebohnen oder Baumwolle gewogen wird, falsch eingestellt sind. Das miserable Essen, das es in der *Cantina* gibt, wird natürlich vom Verdienst abgezogen. Wer einen einzigen Arbeitstag versäumt, weil er krank wird, verliert seinen gesamten Monatslohn. Dazu die ständige Antreiberei und Einschüchterung: Als Rigoberta zum ersten Mal einen Großgrundbesitzer zu Gesicht bekommt („Ich hatte noch nie einen so dicken Ladino gesehen, er war gut gekleidet und trug sogar eine Uhr"), verteilt er die Stimmzettel für die Präsidentenwahlen und herrscht die Arbeiter an, wer sein Kreuz nicht an der richtigen Stelle mache, den werde er sofort ohne Lohn davonjagen.

Rigoberta, noch ein Kind, aber keineswegs naiv, beginnt zu ahnen, worin der Grund für solche Ungerechtigkeiten liegt: Offensichtlich gibt es zwei Sorten von Menschen. Die einen, die brüllen, befehlen, bestrafen, sind immer Ladinos, Nachkommen von Spaniern und Indios. Sie sprechen spanisch, fühlen sich als Herren, obwohl (oder weil) sie nur eine Minderheit sind. Die anderen, die kuschen, schuften, gehorchen, kommen aus den Indio-Stämmen, sind *Indígenas*, Eingeborene, für die Ladinos nicht viel mehr als Tiere: „Wir sind für sie Dreck." Rigoberta beobachtet, daß es auch unter den

„Hört das Gelächter der kleinen Indios!"

Ladinos Unterschiede gibt, viele sind bettelarm wie die Indios, wenige haben Geld und Land, aber noch der ärmste Ladino fühlt sich einem Indio turmhoch überlegen. Sie zerbricht sich den Kopf, warum das so ist.

Und auch das begreift sie schon früh: Die Herren können ihre Macht so unbekümmert ausspielen, weil sich die Sklaven so viel gefallen lassen. Kaum einer muckt auf: „Das Leid ist für uns wie eine Bestimmung." Noch nie habe einer die Indios nach ihrer Meinung gefragt, bemerkt sie einmal, „also schwiegen wir. Und deshalb glaubt man, alle Indígenas seien dumm."

„Mädchen, du mußt dich organisieren!"

Rigoberta beginnt ihrem Vater, einem engagierten Christen, der bei Gottesdiensten in den Hütten der Bauern vorbetet und alle möglichen Dinge im Dorf organisiert, bei seiner Arbeit zu helfen. „Ich kann weder lesen noch schreiben", hat er ihr einmal gesagt, „und auch Spanisch spreche ich nicht gut. Oft habe ich mich wertlos gefühlt. Aber ich weiß, was meine Erfahrung wert ist, und die muß ich mit allen Menschen teilen." Sie erlebt mit, wie sich die lange Zeit stumm und apathisch gebliebenen Bauern zusammenzuschließen beginnen, wie sich zäh und mühsam so etwas wie Widerstand organisiert. Als sich endlich ein *Komitee für die Einheit der Bauern* bildet, gehört Vater Vicente zu den Gründern.

Ihre Mutter Juana, die weltkluge Hebamme, kennt alle Familien im weiten Umkreis und hat längst einen bei guatemaltekischen Frauen ungewöhnlichen Blick für gesellschaftliche Strukturen und politische Zusammenhänge entwickelt. Sie ermuntert ihre Töchter, sich wie erwachsene Frauen zu benehmen und der Gemeinschaft nützlich zu sein: „Mädchen, du mußt dich organisieren!" fordert sie Rigoberta auf. „Es ist deine Pflicht, in die Praxis umzusetzen, was du weißt. Die Zeiten der Bevormundung sind jetzt vorbei . . . Ich zwinge dich nicht aufzuhören, dich wie eine Frau zu fühlen, aber deine Teilnahme an unserem Kampf darf der deiner Brüder in nichts nachstehen."

Ihre Mutter sei wohl die erste gewesen, die sich für den Kampf entschieden habe.

Der Vater ermunterte sie früh, sich auf den Dorfversammlungen zu Wort zu melden. Als sie zwölf Jahre alt ist, beginnt sie bereits als Katechetin zu arbeiten, mit den Kindern zu beten, Glaubensgespräche mit Jugendlichen vorzubereiten: „Wir besorgten uns Bibeltexte, und mit Hilfe meiner Brüder, die schon lesen konnten, lasen wir diese Texte und sprachen danach über die Rolle der Christen. Das vereinte uns und machte uns unsere gemeinsamen Probleme bewußter." Eigeninitiative war gefragt, denn nur alle drei Monate kam ein Priester in das Dorf.

Katechet ist in Guatemala ein riskanter Job: Seit die katholische Kirche in dem gequälten Land konsequent Partei für das Volk nimmt, seit eine Vielzahl von Basisgemeinden das Evangelium mit der Unrechtssituation konfrontiert und nach den Wurzeln des Elends fragt, seither sind Hunderte von Gemeindeleitern und Religionslehrern und ein gutes Dutzend Priester und Ordensleute ermordet worden. 1980 gab Präsident García die Parole aus: „Katechisieren heißt zum Kommunismus führen."

Rigoberta ist sich der Gefahr durchaus bewußt. „Ich bin eine Katechetin, die mit beiden Füßen auf der Erde steht", sagt sie, „und keine, die nur an das Reich Gottes denkt." Sie hat ihre Entscheidung getroffen. Blauäugig ist sie weiß Gott nicht; sie steht zu ihren Ängsten und zu den Gefühlen ohnmächtiger Wut: „Ach Mamá, ich will nicht mehr leben", weint sie, als ihre Freundin – Katechetin wie sie – bei der Baumwollernte stirbt. Maria hat das Pflanzengift eingeatmet, wie der Bruder Nicolás.

Mit einem fast erschreckenden Realismus begründet Rigoberta ihren Entschluß, auf Familie und Kinder zu verzichten: Sie, eine hübsche, selbstbewußte Frau voller Leben und ansteckender Fröhlichkeit, will nicht heiraten, um später nicht um ermordete oder verhungerte Kinder weinen zu müssen oder selbst eine trauernde Familie zu hinterlassen. „Eine Witwe möchte ich nicht sein und eine gefolterte Mutter auch nicht." Und außerdem: „An erster Stelle steht mein Volk und dann erst mein persönliches Vergnügen!"

Zum Konflikt mit dem Vater kommt es, als Rigoberta in die Stadt geht, als Dienstmädchen. Sie glaubt, dabei ein wenig mehr für die kleinen Geschwister zu verdienen; sie hofft, lesen und schreiben und Spanisch zu lernen – denn die Indios, meint sie, sollen die Sprache der Unterdrücker beherrschen, damit sich diese nicht mehr anmaßen, für sie zu reden. (Später wird sie tatsächlich Spanisch lernen – und noch ein paar von den 22 in Guatemala verbreiteten Stammessprachen –, bei Priestern und Nonnen, die mit den Basisgemeinden verbunden sind.) Vergeblich warnt sie der Vater, man werde sie in den Häusern der Reichen wie Dreck behandeln.

Vicente Menchú behält recht: Seine Tochter wird in einer Abstellkammer untergebracht und mit altbackenen *Tortillas* verpflegt, während der Hund des Hauses saftiges Fleisch bekommt. Sie muß den drei verzärtelten Söhnen des Patróns, bei dem sie arbeitet, das Frühstück ans Bett bringen und die achtlos weggeworfenen Kleider hinterhertragen, frisch gewaschen und gebügelt. Sie muß sich anschreien lassen und die schlechte Laune der müßig herumsitzenden *Señora* ertragen: „Im Geiste verfluchte ich die Señora und wünschte sie in die Berge, damit sie einmal so arbeite, wie meine Mutter ihr Leben lang arbeitete! Aber wahrscheinlich hätte sie das gar nicht gekonnt."

Als man den Dienstmädchen schließlich zumutet, die jungen Herren in das Liebesleben einzuweisen, geht Rigoberta in ihr Dorf zurück – um zu erfahren, daß man ihren Vater ins Gefängnis gesteckt hat.

Was ist geschehen? Die Grundherren haben Öl im Boden des Hochlandes gefunden – und strengen sich jetzt noch mehr an, die *Campesinos*, die Kleinbauern und Landarbeiter, aus ihren armseligen Siedlungen zu vertreiben. Wo Dörfer stehen und Mais geerntet wird, kann man keine Tiefbohrungen vornehmen. Also rücken wieder einmal die Bomber und Panzerwagen an, es gibt entsetzliche Massaker an Kindern und Greisen.

Aber zum ersten Mal stößt das Militär in den Dörfern auf ernstzunehmenden Widerstand. Die Indios haben die Grenze ihrer Leidensfähigkeit erreicht. In Rigobertas Heimatdorf ließen sich die Menschen einmal überrumpeln: Während sie auf den Plantagen arbeiteten, stürmten Leibgardisten des Präsidenten García die Hütten, zerschlugen alles Tongeschirr, trieben die alten Leute und die kleinen Kinder hinaus in den strömenden Regen, wo sie die kommenden Nächte verbrachten, warfen die Maisvorräte in die Pfützen, brachten die Hunde und das Vieh um.

Zwei Monate später der nächste Überfall: Das Rollkommando zerschlägt die Töpfe, die das Dorf von hilfreichen Nachbarn geschenkt bekommen hat, tötet die letzten Hunde. Jetzt bewaffnen sich die verzweifelten Menschen mit Steinen und Macheten, Knüppeln und

„Hört das Gelächter der kleinen Indios!"

Schleudern. Sie gehen nicht mehr auf die Fincas, hungern lieber, ernähren sich von Kräutern und Wurzeln, um ihre Hütten bewachen zu können. „Wenn sie uns töten wollen, sollen sie uns töten", sagte Vicente Menchú, „aber wir gehen jetzt in unsere Häuser zurück."

Rigobertas alter Großvater hält flammende Reden, erinnert an die Vorfahren, die sich auch gegen die Spanier verteidigt hätten. „Es ist eine Lüge, was die Weißen erzählen, daß sie uns im Schlaf überraschten! Sie haben auch gekämpft." Die Dorfbewohner bauen an den Zugängen zur Siedlung raffinierte Fallen, graben geheime Gänge und Höhlen, in denen sie sich verstecken können. Als die Soldaten wiederkommen, finden sie das Dorf leer, aber die Bewohner legen der Nachhut einen Hinterhalt. Sie nehmen einen Soldaten gefangen, erbeuten ein Gewehr und eine Pistole, reden dem jungem Mann ins Gewissen – wie kann ein Indio die Waffe gegen seine Brüder erheben? – und schicken ihn zu seiner Einheit zurück, wo man ihn bedauerlicherweise für einen Verräter hält und erschießt.

Rigobertas Dorf erwirbt sich einen Ruf als schwer zu erobernde Festung und wird fortan in Ruhe gelassen. Ihren Vater Vicente greifen sich die wütenden Landbesitzer aber als Rädelsführer heraus. Sie bestechen den Richter und lassen Vicente anklagen, die Sicherheit Guatemalas zu gefährden. Ihm drohen 18 Jahre Gefängnis. Seine Mitbürger laufen ein volles Jahr lang von Anwalt zu Anwalt, bezahlen Dokumente und Bürgen, um ihn freizubekommen. „Er kam heraus mit neuem Mut und mit neuer Kraft zum Kämpfen", erinnert sich Rigoberta.

Bald darauf überfallen ihn die Söldner der Patrones.

Sie brechen ihm alle Knochen. Die Ärzte der Region weigern sich aus Angst vor den Großgrundbesitzern, den lebensgefährlich Verletzten zu behandeln. Die Familie bringt ihn in ein weit entfernt liegendes Krankenhaus, wo er monatelang bleiben muß. Von dieser Strafaktion wird er sich nie mehr ganz erholen, aber im Krankenhaus knüpft er neue Verbindungen zu Indios aus anderen Landstrichen. Die Organisation der Kleinbauern macht Fortschritte.

Rigoberta hält in dieser Zeit viel Kontakt zu anderen Dörfern, die es erst lernen müssen, sich zu wehren. Sie hilft Freundinnen, die von Soldaten vergewaltigt worden sind, halbe Kinder noch. Sie bringt Kleinbäuerinnen und Kaffeepflückerinnen dazu, Flugblätter zu verteilen, Barrikaden zu bauen.

Die Waffen der Armen: gesunder Menschenverstand und die Bibel

Rigoberta hat viel dazugelernt. Noch verhängnisvoller als die Spaltung in Indios und Ladinos, das weiß sie jetzt, sind die zementierten Besitzverhältnisse in Guatemala: „Die ganzen Reichtümer unseres Landes liegen in den Händen einiger weniger . . . Es ist nicht unser Schicksal, arm zu sein. Wir sind nicht arm, weil, wie die reichen Ladinos sagen, die Indios nicht arbeiten und faulenzen."

Sie beobachtet, wie die Landbevölkerung von Grundherren und Regierungsbehörden betrogen und schikaniert wird. Am Anfang, als sich die Großgrundbesitzer noch ganz zahm und gesetzestreu gebärdeten und Ingenieure zum Landvermessen schickten, ist ihr Vater Vicente mit den Unterschriften aller Dorfbewohner in die Stadt zum *Instituto Nacional de Transformación Agraria* gefahren, zum „Institut für landwirtschaftliche Umgestaltung", wie das harmlos heißt, und hat die Herren informiert, die Bauern würden sich ihr Land keineswegs wegnehmen lassen.

Die Behörde besänftigte die Delegation, natürlich dürfe jeder Landbewohner seine Felder behalten, bloß eine Unterschrift sei nötig, bitte schön, damit alles korrekt abgewickelt werden könne. Und Vicente, der Dorfsprecher, der nicht lesen und schreiben konnte, unterzeichnete erfreut ein Papier, auf dem sich die Campesinos bereit erklärten, ihr Land zu verlassen . . .

Nachdem man ein Dutzend Rechtsanwälte aufgesucht hat, die alle große Versprechungen machen, kräftig abkassieren und am Ende gar nichts tun, weil die Bestechungsgelder der Patrones immer höher sind als die mühsam zusammengekratzten Gebühren der Dörfler, fährt Vicente erneut in die Stadt, um zu protestieren. Wieder behandelt ihn die Behörde mit ausgesuchter Höflichkeit, er möge sich nur keine Sorgen machen, man werde das Land akkurat neu vermessen lassen und dann gehöre es den Bauern auf ewige Zeiten. „Unser bißchen Land ist, glaube ich, wohl zwanzigmal vermessen worden", feixt Rigoberta, und jedesmal mußte man die Ingenieure mit Fleisch, Eiern und einer guten Mahlzeit gnädig stimmen. Doch den Großgrundbesitzern ist es völlig egal, ob das Land, das ihnen die gut geschmierte Regierung längst übereignet hat, vermessen worden ist oder nicht.

Ein andermal läßt sich die Behörde ein Papier unterschreiben, das angeblich einen endgültigen Besitztitel für die kostbaren Maisfelder, in Wirklichkeit aber nur die Erlaubnis enthält, das Land noch zwei Jahre lang abzuernten, dann müsse man es verlassen. Oder die Regierung bietet den Dörflern freundlich an, sie könnten das Land ja kaufen – für eine horrende Summe, versteht sich, die kein Mensch bezahlen kann.

Doch die Familie Menchú und die anderen Landbewohner sind nicht ganz wehrlos. Sie sind zwar zumeist Analphabeten, besitzen aber einen gesunden Menschenverstand und haben, wie Vater Vicente immer sagt, ihren Kopf nicht nur, um einen Sombrero zu tragen. „Ich brauchte keine politischen Schulungen", beharrt eine selbstsichere Rigoberta. „Ich wußte genug aus eigener Erfahrung. Ich brauchte keine Bücher zu lesen, denn unsere Erfahrungen waren aus unserem Leiden geboren." 1977 tritt sie einer im Untergrund tätigen Gruppe von Campesinos bei, die der von Vicente mitgegründeten Landarbeitervereinigung angehören und die Tagelöhner auf den Fincas zu mobilisieren suchen.

Beobachtungsgabe und kritischer Verstand sind die eine Waffe – aufmerksame Lektüre der Bibel die andere. Rigoberta und ihre Freunde lesen von Mose, der sein Volk mit Gottes Hilfe aus der Fronherrschaft der Ägypter freibekam, von Judith, die einen Gewaltherrscher getötet hat, um ihre Landsleute zu retten, von David, einem kleinen Hirtenjungen, der einen waffenstarrenden Riesen besiegte, weil Gott ihn stark machte.

Wir suchten Texte aus der Bibel, die man mit unserer indianischen Kultur vergleichen konnte, Gestalten, in denen wir uns wiederfinden konnten . . . Und das brachte uns auf den Gedanken, daß ein Volk ohne gerechte Gewalt seine Freiheit nicht erlangen kann . . . Wir kamen zu der Einsicht, daß Christ sein heißt, an unsere Brüder um uns herum zu denken, daran zu denken, daß jeder einzelne unseres indianischen Volkes genügend zu essen haben muß . . .

Ich war früher Katechetin gewesen und hatte geglaubt, daß
alles in Gottes Hand läge. Ich dachte: Dort oben ist Gott,
und da hat er ein Reich für die Armen. Wir entdeckten
aber, daß Gott keineswegs einverstanden ist mit unserem
Leid, daß es kein Schicksal war, das Gott uns auferlegt
hatte, sondern daß es die Menschen dieser Erde waren, die
uns Leid, Armut, Elend und Ungerechtigkeit aufluden.
Ich bin Christin, und als Christin beteilige ich mich an un-
serem Kampf . . . Christus war ein einfacher Mann.
Er wurde in einer kleinen Hütte geboren. Er wurde ver-
folgt . . .
Unsere Aufgabe als Christen ist, darüber nachzudenken,
wie das Reich Gottes auf Erden verwirklicht werden kann.
Es wird erst existieren, wenn niemand mehr Hunger lei-
den muß . . .
Ich kann von heute auf morgen getötet werden, aber ich
weiß, daß mein Tod nicht vergeblich sein wird, sondern ein
Beispiel mehr für die Compañeros. Die Welt, in der ich
lebe, ist so verbrecherisch, so blutdürstig, daß sie mir mein
Leben von heute auf morgen nehmen kann.
Darum ist meine einzige Alternative, das einzige, was mir
bleibt, der Kampf, die gerechte Gewalt. Das habe ich aus
der Bibel gelernt.

RIGOBERTA MENCHÚ IN „LEBEN IN GUATEMALA"

Natürlich weiß Rigoberta, daß nicht alle in der Kirche
ihr Verständnis von Bibel teilen. Aber Bischöfe, die un-
beschwert in schönen Häusern lebten, nehme doch niemand ernst, und viele Priester, die erst ziemlich skeptisch gegenüber den Basisgemeinden gewesen seien,
hätten schnell begriffen, „daß das Volk nicht kommuni-
stisch ist, sondern unterernährt".

Sie weiß auch, wie gefährlich es ist, von „gerechter"
Gewalt zu reden – das tut die Gegenseite nämlich stets

auch. Sie selbst hat sich geschworen, nie zur Waffe zu greifen; aber als ihre Schwestern zu den Guerilleros in die Berge gingen, nachdem man ihre Mutter bestialisch zu Tode gefoltert hatte, akzeptierte sie deren Entschluß voller Respekt – und auch ein wenig beschämt. Es ist ein verzweifeltes Dilemma: Als Christin habe sie das Evangelium gelesen mit der Aufforderung, wenn sie auf die eine Wange geschlagen werde, solle sie auch die andere hinhalten. „Aber wir haben jetzt verstanden, daß wir bereits beide Wangen hingehalten haben. Also ist unsere Schuld bezahlt."

Kraft aus dem Anblick des Todes

Das elende Sterben der Mutter ist der Endpunkt in einer Kette entsetzlicher Erfahrungen, die einen anderen Menschen in den Irrsinn getrieben hätten oder in einen lebensgefährlichen Rachewahn.

Es beginnt damit, daß Armeesoldaten 1979 Rigobertas 16jährigen Bruder Patrocinio verhaften. Er veranstaltet mit den Jugendlichen des Dorfes Bibelabende und hilft mit, die Kleinbauernvereinigung in der Region zu organisieren. Außerdem weigert er sich, Militärdienst zu leisten. Ein anderer Dorfbewohner hat Patrocinio verraten; der Denunziant sei ein guter *Compañero* gewesen, sagt Rigoberta, immer für die gemeinsame Sache engagiert, aber sie hätten ihm 15 Dollar gezahlt, und dafür verkauft mancher Hungerleider seinen eigenen Bruder.

Im Armeelager foltern sie ihn, er soll sagen, wo sich die Guerilleros versteckt halten, was die „kommunistischen" Priester und Nonnen gepredigt haben, wer alles zur Landarbeitervereinigung gehört. Sie binden ihm

„Hört das Gelächter der kleinen Indios!"

die Hoden an einer Leine fest und lassen ihn rennen wie einen Hasen. Sie reißen ihm die Fingernägel aus, hakken einzelne Finger weg, ziehen ihm die Kopfhaut ab. Nachts lassen sie ihn in einem morastigen Wasserloch liegen, in das sie halbverweste Leichen geworfen haben. So geht das zwei Wochen lang.

Eines Tages werden alle Dorfbewohner aufgefordert, an der Bestrafung einiger subversiver Elemente teilzunehmen; wer dem Schauspiel fernbleibe, werde als Komplize verhaftet. Das Dorf, in dem das blutige Theater stattfindet, ist von 500 Soldaten und von Panzerwagen umstellt. Ein stumpfgesichtiger Offizier führt die Gefolterten vor, unter ihnen Patrocinio. Ihre Körper sind mit Wunden übersät, ihre zerfetzten Kleider steif von Blut und Wundwasser, allen hat man die Zungenspitze abgeschnitten. Der Offizier erklärt die einzelnen Folterspuren wie ein Medizinprofessor im Hörsaal („Dies sind Nadelstiche . . . dies Verbrennungen von elektrischen Drähten") und brüllt ein ums andre Mal, wer sich mit seinen Tortillas nicht zufriedengebe und kommunistische Forderungen stelle, dem werde es genauso gehen. Die Regierung sorge väterlich für die Armen, wer sich mit Kommunisten einlasse, werde bestraft.

Als die armen Kreaturen schließlich mit Benzin übergossen und angezündet werden, einer nach dem andern, erwachen die Zuschauer aus ihrer Erstarrung. Ohne an das eigene Leben zu denken, ohne Waffen außer ein paar Macheten, stürmen sie auf die Soldaten los, die sich erschrocken zurückziehen, so wildentschlossen sehen die Bauern aus. Den lichterloh brennenden Opfern kann keiner mehr helfen, die Wasserstelle ist zu weit entfernt. „Als das Feuer ausgegangen war, zuckten die Leiber noch", erinnert sich Rigoberta.

Im Jahr darauf stirbt ihr Vater Vicente bei der Besetzung der spanischen Botschaft in Guatemala-Stadt. Aus allen Teilen des Landes sind die Campesinos gekommen, um Botschaftsgebäude und Rundfunkstationen zu besetzen und die internationale Öffentlichkeit auf die Vertreibung der Indios aus ihren Dörfern aufmerksam zu machen. Sämtliche Aktionen verlaufen völlig friedlich. Da stürmen plötzlich Polizei und Militär mit napalmähnlichen Bomben die spanische Botschaft; im Flammenmeer sterben nicht nur sämtliche Besetzer (bis auf einen Bauern, der in der darauffolgenden Nacht aus dem Krankenhaus verschleppt und umgebracht wird), sondern auch Diplomaten und Regierungsmitglieder. Der spanische Botschafter kann sich mit Brandwunden durch die Hintertür retten; später wird er empört die Behauptung der Behörden zurückweisen, die Indios hätten das Feuer gelegt.

Im selben Jahr 1980 verliert Rigoberta auch ihre Mutter. Juana Menchú pflegte überall in die Häuser zu gehen und die Frauen zu ermuntern, am Kampf gegen die Unterdrückung teilzunehmen. Vergeblich haben ihr Priester und Nonnen noch angeboten, sie ins Ausland in Sicherheit zu bringen; ihr Platz sei bei ihren Leuten, hat sie geantwortet. Juana wird in ein Foltercamp tief in den Bergen verschleppt und zwei Wochen lang von Armeeoffizieren vergewaltigt. Als sie sich weigert, den Aufenthaltsort ihrer Kinder und Kampfgefährten preiszugeben, schneidet man ihr Ohren, Nase, Finger ab. Halbtot, aus hundert Verletzungen blutend, legt man sie in die pralle Sonne, bis die Urwaldmücken Eier in ihre Wunden legen und Würmer darin herumkriechen. Und immer noch dauert es qualvolle Tage und Nächte, bis Juana stirbt. Die Leiche wird monatelang bewacht, damit sie niemand bestatten und dabei etwa eine Demonstration inszenieren kann. Die Soldaten ziehen erst ab, als Geier und wilde Hunde nicht einmal mehr die Knochen übriggelassen haben.

Rigoberta wird nicht verrückt – obwohl sie nahe dran ist und alle Abgründe der Verzweiflung durchlebt. Aber sie sagt sich, es sei besser, einen geliebten Menschen tot zu wissen, erlöst von Folter und Schändung, als vermißt und möglicherweise einem furchtbaren Schicksal ausgesetzt. Und dann gilt immer noch, was sie schon angesichts der Leiche ihres Bruders Patrocinio geäußert hat: „Es machte Angst, die verbrannten, mißhandelten Leiber anzusehen, aber es machte auch Mut, gab uns Kraft, weiterzukämpfen."

„Nobelpreis? Lieber hätte ich meine Eltern zurück"

Juanas Töchter entgehen knapp der Verhaftung. Rigoberta taucht für kurze Zeit in einem Kloster unter, flieht dann über die Grenze nach Mexiko, um in der guatemaltekischen Exil-Opposition zu arbeiten. Später kehrt sie über versteckte Wege in ihre Heimat zurück, um Demonstrationen und Sabotageakte zu organisieren – einmal wird sie festgenommen und bald wieder freigelassen, sie ist schon zu populär – und bei den *Revolutionären Christen Vicente Menchú* zu wirken; sie haben sich nach ihrem Vater genannt, der inzwischen als Märtyrer verehrt wird.

„Durch meine Erfahrungen", sagt sie, „durch alles, was ich erlebt habe, durch alle meine Schmerzen und Leiden lernte ich, die Rolle eines Christen im Kampf auf der Erde zu bestimmen. Ich las mit den Compañeros die Bibel, und wir fanden heraus, daß man sie benutzt hatte, um das Volk ruhig zu halten, anstatt dazu, das Licht zu den Ärmsten des Volkes zu bringen."

Auf Reisen quer durch Südamerika und Europa informiert sie über die Gewaltherrschaft in ihrem Land und über das neuerwachte Selbstbewußtsein der Indios: „Früher ergaben sich viele in ihr Schicksal, sie waren resigniert. Jetzt nicht mehr. Die Indígenas wissen genau, was Gerechtigkeit ist, und dafür treten sie ein."

Ihre nüchtern erzählte Autobiographie, in der sie eigentlich das Leben *aller* armen Guatemalteken beschreiben wollte, wird in elf Sprachen übersetzt. Pressekonferenzen, Lesungen, Grußansprachen, Besuche in Flüchtlingslagern, tausend Interviews – und seit 1983 auch noch die Mitarbeit bei der *UNO-Menschenrechtskommission* in Genf, seit 1986 beim *Rat der Vereinten Nationen für die Rechte der Indios.*

Und dann, 1992, der Friedensnobelpreis, sie ist 33 Jahre alt. Die Nachricht kommt, als sie gerade Proteste gegen das Kolumbusjubiläum in ihrer Heimat organisiert, weil dabei nur eine Siegergeschichte begangen und das zwangsweise kolonisierte Volk erneut verhöhnt wird. Vergeblich hat die aufgescheuchte Regierung versucht, die Preisverleihung zu hintertreiben – indem sie zum Beispiel eine andere verdiente, politisch aber weniger lästige Kandidatin präsentierte.

Die Begründung der Jury muß den Herrschenden in Guatemala aber auch wie Hohn in den Ohren klingen: Frau Menchú könne als „einzigartiges Symbol für einen gerechten Kampf" gelten, und sie lasse sich stets von dem Gedanken leiten, daß das langfristige Ziel dieses Kampfes Frieden sei. Während Rigoberta im norwegischen Oslo den Preis entgegennimmt und ein weltweites, von der UNO überwachtes Abkommen über die Einhaltung der Menschenrechte fordert, werden aus ihrer Heimatprovinz Quiche Überfälle auf Siedlungen von Bürgerkriegsflüchtlingen gemeldet: 450 Soldaten haben die Hütten niedergebrannt und das wenige Vieh getötet.

Das Preisgeld – rund 1,8 Millionen Mark – kann die Friedenskämpferin gut brauchen; sie steckt es in eine nach ihrem Vater benannte Stiftung zum Schutz der indianischen Ureinwohner Lateinamerikas. Aber „lieber als den Preis hätte ich meine Eltern zurück", bekennt sie bitter.

Regierung und Armeeführung von Guatemala haben die Einladung zur Preisverleihung in Oslo ignoriert. Doch für Rigoberta ist die internationale Reputation ein gewisser Schutz. Wenn sie aus ihrer Wahlheimat Mexiko nach Guatemala einreist, wohnt sie in

Rigoberta Menckú mit der Medaille und der Verleihungsurkunde des Friedensnobelpreises am 10. Oktober 1992 in Oslo

einem von Freiwilligen der *Internationalen Friedensbrigaden* bewachten Haus in der Hauptstadt. Und sie kann es jetzt sogar wagen, mit Regierungsvertretern zu verhandeln, um zur Beendigung des Bürgerkrieges beizutragen und die Lage der Indios zu verbessern.

Sie kämpft um eine wirksame Landreform, um einen sanften Umgang mit Mutter Erde, um Respekt vor der gewachsenen Kultur der Indígenas und ihre Teilhabe an der gesellschaftlichen und politischen Macht, „damit wir nicht ein Volk werden, das anderen das Denken überläßt". Natürlich haben die Indios ein Recht auf Fortschritt, auf Aneignung moderner Entwicklungen, „aber eingepaßt in unsere Kultur".

Vor der grandiosen Kulisse eines Maya-Tempels spricht sie zu guatemaltekischen Flüchtlingen, die in Mexiko Zuflucht gesucht haben. In düsteren Farben malt sie das Bild des ausgehenden 20. Jahrhunderts, das weltweit von einem Verlust an Werten gezeichnet sei. Der Respekt vor den Alten gehe verloren, die Verantwortung für die Gemeinschaft. Da bedeute der Besitz eines im Volk lebendigen kulturellen Erbes ein unschätzbares Kapital für die Zukunft.

Bei solchen Besuchen in Flüchtlingslagern wird die weiterhin schlicht, quecksilbrig, gar nicht wie ein Politprofi auftretende Frau umjubelt, mit Sprechchören „Dein Kampf ist unser Kampf" begrüßt, aber auch mit zornigen Fragen und immer neuen Elendsschicksalen konfrontiert. Eigentlich müßte sie sich zu den Leuten setzen und bloß noch mit ihnen heulen.

Aber den Frauen und Kindern im Flüchtlingslager *Las Lagunas* hat sie ein Gedicht mitgebracht, das sie kurz zuvor auf der Reise von Guatemala hierher nach Mexiko geschrieben hat und das eine unauslöschliche Trauer ausspricht, jedoch auch verhaltene Hoffnung:

„Hört das Gelächter der kleinen Indios!"

„Ich habe die Grenze überquert voller Würde.

Mein Tragesack ist voll mit Dingen aus diesem
verregneten Land.
Die jahrtausendealten Erinnerungen an Patrocinio
nehme ich mit.
Die Sandalen, die mir gehören seit meiner Geburt.
Den Duft des Frühlings, den Duft von Moschus,
die Zärtlichkeit der Maisfelder,
die blühenden Wege der Kindheit.
Ich habe die Grenze überquert, Liebster.
Ich komme zurück,
dann, wenn meine gefolterte Mutter wieder ein
farbenfrohes Gewand webt,
wenn mein verbrannter Vater wie immer
früh aufsteht, um die Sonne zu begrüßen.
Es wird dann Kuchen für alle geben und Weihrauch.
Hört das Gelächter der kleinen Indios!
Die *Marimbas* werden spielen,
in jedem Haus werden Lichter leuchten,
auf jedem Fluß.
Man wird die Lampen anzünden,
die Straßen beleuchten,
die Felswände, die Felder."

Geschichten gegen die Melancholie

Elie Wiesel
(geboren 1928),
Auschwitz-Überlebender, Schriftsteller,
Professor of Humanities in Boston,
kämpft gegen das Vergessen
und für die verrückte Hoffnung
auf eine menschlichere Welt

„Wir müssen dem Menschen zum Trotz
an den Menschen glauben"   Elie Wiesel

Mit 15 Jahren glaubt man nicht mehr an den Weihnachtsmann – den es für einen richtigen jüdischen Jungen ohnehin nie wirklich gegeben hat. Mit 15 Jahren ist
man schon ein bißchen abgebrüht und hat eine Menge
naiver Hoffnungen verloren. Mit 15 weiß man, daß die
Welt nicht einfach gut ist, daß die meisten Menschen
schwach sind und ein paar von ihnen entsetzlich gemein.

Doch was der 15jährige Elie Wiesel bei seiner Ankunft im Konzentrationslager Auschwitz im Frühjahr
1944 sehen mußte, hat aus seinem Leben, wie er es später ausdrückt, „eine siebenmal verriegelte lange Nacht"
gemacht. Es stank nach verbranntem Fleisch, als er mit
den anderen Deportierten aus dem Viehwagen stieg.
Aus himmelhohen Schornsteinen regnete grau-
schwarze Asche auf die Neuankömmlinge nieder.
Denn weil die Gaskammern nicht flott genug funktio-
nierten, war die SS dazu übergegangen, die viel zu
zahlreich eingelieferten Kinder lebendig in das offene
Feuer der Krematorien zu werfen. Kinder waren nicht
als Arbeitskräfte zu gebrauchen. Nutzloses jüdisches
Fleisch.

„Nie werde ich diesen Rauch vergessen", gibt Elie
zehn Jahre später zu Protokoll.

„Nie werde ich die kleinen Gesichter der Kinder vergessen, deren Körper vor meinen Augen als Spiralen
zum blauen Himmel aufstiegen.

Nie werde ich die Flammen vergessen, die meinen
Glauben für immer verzehrten . . .

Nie werde ich die Augenblicke vergessen, die meinen Gott und meine Seele mordeten, und meine Träume, die das Antlitz der Wüste annahmen.

Nie werde ich das vergessen, und wenn ich dazu verurteilt wäre, so lange wie Gott zu leben. Nie."

Das könne doch nicht sein, mitten im 20. Jahrhundert, sagte der 15jährige Elie damals in tödlichem Erschrecken zu seinem Vater. Die Welt werde das nicht zulassen!

Doch die Welt schwieg.

Und deshalb begann der Knabe Elie um so lauter zu reden, als er erwachsen geworden war. Warum er die grauenvollen Geschichten immer wieder erzählen muß, begründet er heute damit, daß er zufällig am Leben geblieben ist: „Ich habe überlebt, doch ich habe nichts dafür getan, ich war zu furchtsam, zu schwach, zu jung ... Ich habe überlebt, also muß ich etwas tun, etwas anfangen mit diesem Leben, das ich wie ein Geschenk empfangen habe."

Was er in Auschwitz durchgemacht hat, beurteilt er eher nüchtern. Erlebtes Leiden verleihe kein besonderes Privileg. Man solle darüber nur sprechen, um das Leiden anderer zu verhindern. Wiesel: „Als ich Hilfe brauchte, war niemand da. Als wir Juden Hilfe brauchtenl, waren wir allein, gezeichnet für den Tod und durch den Tod. Niemand kam, uns zu retten. Aus diesem Grund müssen wir alles tun für die andern."

Königin Schabbat und Großvater Dodyes Geige

Der Kronzeuge des Grauens stammt aus einer heilen Welt: Eliezer Wiesel wurde am 30. September 1928 in dem Karpatenstädtchen Sighet geboren, Inbegriff des jüdischen Schtetl mit Synagogen und Schulen, koscheren Lebensmittelgeschäften und buntem Markttreiben. Sighet gehörte damals zu Rumänien und jeder dritte Einwohner zur jüdischen Gemeinde. Regelmäßig am Freitagabend fühlten sich auch ihre ärmsten Schuhmacher und Tagelöhner als Fürsten. Der Schabbat brach an!

„Wie ein Mantel aus violetter Seide", so schildert Wiesels Roman *Gezeiten des Schweigens* das allwöchentliche Wunder, „senkte sich der Abend des Freitags auf die Stadt nieder, die ihr Gesicht zusehends veränderte. Die Kaufleute schlossen ihre Läden, die Kutscher gingen nach Hause, sie hatten keine Fahrgäste mehr, und die Frommen strebten dem rituellen Bad zu, um ihren Körper zu reinigen. Der Schabbat gleicht einer Königin: Es ziemt sich, an Leib und Seele rein zu sein, um sie zu empfangen ... Aus Fenstern und halbgeöffneten Türen klang von überallher das gleiche Lied des Willkommens in die verlassenen Straßen: ‚Friede mit euch, ihr Engel des Friedens; Friede mit euch, wenn ihr kommt und wenn ihr geht!'"

Elies Mutter Sarah, schön und zärtlich, liebte die klassische deutsche Literatur, sein Vater Schlomo war ein auch von christlichen Mitbürgern geschätzter Geschäftsmann. Der Großvater verkörperte die chassidische Tradition mit ihrer glühenden Frömmigkeit und ihren ekstatischen Tänzen. Während man am Osterfest die Fensterläden lieber vor den christlichen Nachbarn verschloß und betrunkene rumänische Bauern, vom Auferstehungsgottesdienst kommend, jüdische Passanten voll frommer Inbrunst zusammenschlugen – die heile Welt hatte ihre Bruchstellen –, hielten die Chassidim die Hoffnung lebendig: Freude am Dasein, unverbrüchliche Freundschaft unter Menschen und ein grenzenloses Vertrauen auf Gott in aller Gefährdung.

So ein Chassid war Dodye Feig, Elies Großvater. Ihn liebte er abgöttisch, an seinen Lippen hing er, wenn er Geschichten erzählte und die Welt mit seinen Märchen verzauberte. Einmal hatte ihm Dodye anvertraut, wie sein eigener Vater noch als Siebzigjähriger Geige spielen lernte, wie er nachts heimlich bei einem Roma Unterricht nahm und sich mit fast 90 Jahren, als er den Tod spürte, von seiner Familie wünschte, sie möge ihm die Geige mit ins Grab geben: Wenn ihm der himmlische Richter dann seine Sünden vorhalte, werde er einfach zu geigen beginnen und ihn damit sicher barmherzig stimmen ... So waren sie, die Chassidim, verspielt wie große Kinder und weise wie alte Könige.

Elie geriet seinem Großvater nach. Der blasse, etwas scheue Junge begeisterte sich mehr für die mystische Geheimlehre der Kabbala als für das nüchterne Talmudstudium. Am liebsten wäre er ein Maggid geworden, ein Wanderrabbi, wie sie auch nach Sighet kamen und die Leute mit ihren geheimnisvollen Gleichnissen verzückten.

Sein Vater, der Welt des Realen zugewandt, ein aufgeklärter Menschenfreund, betrachtete Elies Sehnsüchte mit Sorge. Der Junge wurde immer bleicher und dünner, die Mahlzeiten rührte er kaum an, und jeden Morgen um sechs Uhr traf er sich mit seinen Freunden bei einem ziemlich radikalen Rabbi, um zu studieren. Vor der jährlichen Prüfung beim staatlichen Bezirksgymnasium Debreczin büffelte Elie jeweils einen Monat lang wie ein Verrückter Mathematik, Physik und Latein, weil er sich auf der jüdischen Schule von Sighet natürlich viel zu sehr auf die religiösen Themen konzentriert hatte.

„Mein Vater hatte den Ehrgeiz, aus mir eher einen Menschen als einen Heiligen zu machen", erinnerte sich Elie reumütig lange nach dem schrecklichen Tod von Schlomo Wiesel in Auschwitz. Der Vater habe schon recht gehabt, wenn er die blutleeren Fanatiker ablehnte, die über der Ewigkeit das gesunde, fröhliche Leben mit seinen Hoffnungen, Narreteien und Abenteuern vergäßen, und wenn er dem asketischen Sohn den Kopf zurechtsetzte: „Dein Körper stört dich, weil du ihn als Feind behandelst, was er nicht ist. Er ist ein Geschenk Gottes, genau wie die Seele."

Verstanden fühlte sich Elie dagegen von dem alten Synagogendiener Mosche, der mit träumenden Augen von einem leidenden Gott sang und in Sighet als leicht meschugge galt. Der Mensch erhebe sich zu Gott durch seine quälenden Fragen, pflegte er zu sagen – aber Gottes Antworten verstehe niemand. Manchmal saßen die beiden die ganze Nacht bis zum frühen Morgen zusammen, um den geheimen Sinn irgendwelcher Sätze im *Sohar*, dem mystischen „Buch der Herrlichkeit", herauszufinden.

Botschaft aus dem Massengrab

Die Idylle des Schtetl zerbrach 1944 unter dem Marschtritt der deutschen Truppen. Sighet gehörte mittlerweile zu Ungarn, das sich mit Nazi-Deutschland verbündet hatte. Die ersten Juden – die keine ungarische Staatsangehörigkeit besaßen –, wurden deportiert, unter ihnen Mosche, der verschrobene Synagogenküster. Elies Vater landete im Gefängnis, weil er polnischen Juden bei der Flucht geholfen hatte. Nach zwei Monaten kehrte er bedrückt, schwermütig nach Hause zurück – und wehrte sich hartnäckig gegen das Drängen seiner Frau, nach Palästina auszuwandern.

Wie die meisten europäischen Juden damals täuschte sich Schlomo Wiesel über das Ausmaß des Vernichtungswillens der Nazis hinweg: Man lebte doch in einer zivilisierten Welt. Man war unter seinen Mitbürgern verwurzelt, zahlte Steuern, hatte im Krieg an vorderster Front mitgekämpft . . . wozu davonlaufen?

Die Deportation, die Schreckensnachrichten aus Deutschland, die versteckten Zeitungsmeldungen über Pogrome im Osten: Einzelfälle, begrenzte Katastrophen. Hatte es nicht immer Übergriffe gegeben? Waren es die Juden nicht gewohnt, die Sündenböcke zu spielen?

Und durch diese Traumwelt von Todeskandidaten, die einander besänftigten und trösteten, rannte der verrückte Mosche und erzählte Horrorgeschichten, die ihm keiner glaubte. Irgendwie war es ihm gelungen, aus Polen zu fliehen, wohin die Deportierten gebracht worden waren. Im Wald hatte man sie aus den Waggons geholt und gezwungen, Gräben zu schaufeln. Dann hatten sich deutsche Soldaten mit Maschinengewehren vor den zitternden Menschen aufgebaut und so lange geschossen, bis die Gräben mit Leichen gefüllt waren. Mosche hatte sich angeblich tot gestellt und war später aus dem Massengrab herausgekrochen. Wer konnte so eine irre Geschichte schon ernst nehmen?

Doch am Pessachfest 1944 übernahmen SS-Offiziere die Macht in Sighet. Ab sofort hatten alle Juden den gelben Stern zu tragen, durften weder Cafés besuchen noch ihre Synagoge betreten. Sie mußten in einen mit Stacheldraht abgeriegelten Stadtbezirk übersiedeln – die Wiesels hatten Glück, ihr Haus lag innerhalb des Gettos – und durften nach 18 Uhr nicht mehr auf der Straße sein. Dann plötzlich an einem Samstagabend die entsetzliche Nachricht: Sämtliche Juden hätten bis zum folgenden Tag ihre Häuser zu räumen und sich zur Deportation bereitzumachen. Als Gepäck war ein einziger Koffer erlaubt.

Elie gehörte zu den Kurieren, die man mit der niederschmetternden Botschaft von Haus zu Haus schickte. Er sah die Todesangst in den Augen der Greise, er erlebte die hektische Betriebsamkeit, mit der die Frauen Reiseverpflegung zu backen begannen und die Männer Löcher in den kleinen Vorgärten gruben, um Wertsachen für die erhoffte Rückkehr zu verstekken – während sich biedere christliche Mitbürger schon auf die Plünderung der Häuser freuten.

Er traf aber auch die einstige Hausgehilfin der Wiesels, eine schlichte Christin, die sich in das Getto geschlichen hatte und der Familie vergeblich Unterschlupf in ihrem Heimatdorf anbot. Vater Schlomo wollte weder die treue Seele gefährden noch seine Gemeinde im Stich lassen.

Um neun Uhr morgens ertönte auf der Straße das gellende Kommando: „Juden raus!" Als er den mit wenigen Habseligkeiten vollgestopften Koffer aufhob, sah Elie den Vater zum ersten Mal in seinem Leben weinen.

Die Luft roch nach verbranntem Menschenfleisch

Die Synagoge, wo die Juden von Sighet so lange Zeit glückliche Lieder gesungen und zu einem guten Gott gebetet hatten, wurde nun zum Bahnhof vor der Reise ins Ungewisse. Zusammengepfercht auf engstem Raum, bewacht wie Schwerverbrecher, ließ man sie hier 24 Stunden auf den Abtransport warten. Gedemütigt verrichteten sie zu Hunderten ihre Notdurft in den Ecken des heiligen Raumes, weil man sie nicht vor die

Geschichten gegen die Melancholie

Tür ließ. Als sie endlich zum Bahnhof getrieben und in die bereitstehenden Viehwaggons gestoßen wurden, waren sie viel zu erschöpft, um noch protestieren zu können. Am Bahnsteig stand stolz Adolf Eichmann, der Stratege der „Endlösung", der eigens angereist war, um sein perfekt organisiertes Werk zu überwachen.

Das Ziel der geisterhaften Reise kannte niemand. Manche hofften, als Zwangsarbeiter in ungarische Munitionsfabriken gebracht zu werden. Andere erinnerten sich mit Schrecken an die Nachrichten von den Vernichtungslagern im Osten, die man als bloße Gerüchte abgetan hatte, so unglaublich hatten sie geklungen. Vier Tage und vier Nächte dauerte die Fahrt, die kein Ende nehmen wollte. Das Atmen in den versiegelten Waggons wurde zur Qual. Hitze und Gestank waren unerträglich. Die Menschen hatten nur noch kümmerliche Essensreste, kein Wasser – und nicht einmal Platz zum Hinlegen. Abwechselnd kauerten sie sich auf den verdreckten Boden. Am fünften Tag war die Endstation erreicht: Auschwitz in Polen.

Um Mitternacht taumelten die Verstörten ins Freie. Seine ersten Eindrücke sollte Elie nie vergessen: den Geruch von verbranntem Fleisch und die grellen Flammen, die aus riesigen Schornsteinen schossen.

Kaum in Auschwitz angekommen, wurden die Menschen aussortiert wie Schlachtvieh: Auf einer endlos langen Rampe, eskortiert von SS-Männern mit entsicherten Maschinenpistolen und knurrenden Schäferhunden, rückten die Massen langsam zu einem bösen Gott in Uniform und Stiefeln vor, der über Tod und Leben gebot. Die Männer wies er nach links, die Frauen nach rechts.

Elies Mutter Sarah und seine beiden Schwestern verschwanden in der Nacht. Nur die ältere der Schwestern sollte er nach dem Krieg wiedersehen. Tsipora, die Jüngere, und die Mutter stiegen aus den Schornsteinen der Krematorien zum Himmel auf, wie er es in seiner tiefschwarzen Poesie später formulierte, „auf den Flammen reitend, in denen der Schmerz eines ganzen Volkes verbrannte". Wenige Minuten im Todeslager hatten aus dem Jungen eine Halbwaise gemacht.

Kurz darauf die nächste Schicksalsentscheidung: Auf einem weiten Platz ließ sich der berüchtigte SS-Arzt Dr. Josef Mengele die Neuankömmlinge vorführen, fragte nach Alter und Beruf, trennte mit einem einzigen scharfen Blick das leidlich robuste Menschenmaterial, dessen Arbeitskraft sich noch eine Zeitlang würde ausbeuten lassen, von den Schwachen und Müden. Der 15jährige Elie präsentierte sich Mengeles forschenden Augen als 18jähriger Landarbeiter, sein 50jähriger Vater machte sich zehn Jahre jünger. Zu dem Schwindel, der ihnen vermutlich das Leben rettete, hatte ihnen ein erfahrener Mitgefangener geraten.

Auf dem Weg in die Lagerbaracken sahen die zur Sklavenarbeit Begnadigten mächtige Flammen aus einem Graben lodern.

„Dort wurde etwas verbrannt", erinnert sich Elie. „Ein Lastwagen näherte sich dem Erdloch und schüttete eine Ladung aus: es waren kleine Kinder, Säuglinge!

Ich hatte sie mit eigenen Augen gesehen . . . Kinder in den Flammen.

Ist es verwunderlich, wenn mich seither der Schlaf flieht?"

Exakt 50 Jahre nach diesem grauenhaften Geschehen entschied der Bundesgerichtshof, die bloße Behauptung, in Auschwitz seien keine Juden umgebracht worden, erfülle noch nicht den Tatbestand der Volksver-

hetzung. Dazu müsse man dem modernen Antisemiten erst nachweisen, mit seiner Geschichtsklitterung
einen „Angriff auf die Menschenwürde" beabsichtigt
zu haben.

Aufgeschreckt von der internationalen Kritik, sorgte
die Bonner Regierungskoalition zwar dafür, daß im
neuen „Verbrechensbekämpfungsgesetz" die sogenannte Auschwitz-Lüge generell unter Strafe gestellt
wurde. Doch es fragt sich weiterhin, wer die Toten von
Auschwitz grausamer verhöhnt und die Hinterbliebenen schlimmer kränkt: die neuen Nazis mit ihren fre-
chen Lügen oder die honorigen Richter mit ihren ent-
setzlichen Spitzfindigkeiten.

Die Vergasten, Verbrannten, Gehenkten, Totgeprü-
gelten – so wird im Land der Mörder bereits wieder
ganz unbefangen behauptet – hat es gar nicht gegeben.

Häftling Nummer A-7713

Ein KZ-Häftling wußte am Morgen nie, ob er am Abend
noch am Leben sein würde. Jeder zufällige Zusammen-
stoß mit einem schlechtgelaunten Aufseher, jedes falsche Wort konnte das Todesurteil bedeuten. Leben im
Konzentrationslager, das war ein ständiges Dahinstol-
pern am Rand des Grabes, das bedeutete jede Stunde
und Minute ausweglose Angst, nagende Demütigung
und das Bewußtsein, nicht die geringsten Rechte zu besitzen und kein Mensch zu sein, sondern bloß noch eine
Nummer.

Elie bekam die Ziffer A-7713 am Unterarm eintäto-
wiert, und wenn er fortan die harmloseste Frage an eine
Respektsperson im Lager richten wollte, hatte er
strammzustehen, sich als „Häftling Nummer A-7713"

zu melden und den SS-Mann oder „Kapo", wie die ge-
fürchteten Hilfsaufseher aus der Reihe der Häftlinge
hießen, mit seinem vollen Titel anzureden.

Kontakt mit einem der großen oder kleinen KZ-Herr-
scher aufzunehmen, war immer ein riskantes Unternehmen. Sie waren erst einen Tag in Auschwitz, da
wurde Vater Schlomo nach stundenlangem Ausharren
auf dem Appellplatz von heftigen Magenkrämpfen be-
fallen. Er faßte sich ein Herz, ging auf einen finster blik-
kenden Aufseher zu und bat ihn höflich: „Würden Sie
mir bitte den Weg zu den Toiletten zeigen?" Der Kapo
fühlte sich durch die liebenswürdige Formulierung
wohl verhöhnt. Er sah den Fragesteller verächtlich von
oben bis unten an und hieb ihm dann die Faust mit voller Kraft ins Gesicht. Schlomo fiel wie ein Sack zu Boden. Mühsam, auf allen vieren kroch er auf seinen Platz
zurück.

Am schlimmsten war für Elie bei solchen Anlässen
die Scham, die ihm seine eigene Hilflosigkeit bereitete.
Statt dem Vater zu helfen und den brutalen Kerl niederzuschlagen, konnte er nur erschrocken zusehen. Alles
andere wäre Selbstmord gewesen. Was machten diese
Teufel nur aus den Menschen? Was hatten sie aus sich
selbst gemacht?

16 Stunden am Tag mußten die Häftlinge arbeiten.
Elie schleppte Ziegelsteine, hob Erdgruben aus, fand
zwischendurch – ein Glücksfall – eine leichte Beschäfti-
gung im Warenlager, wo er Elektroteilchen zu zählen
hatte. Die Mahlzeiten bestanden aus hartem Brot und
dünner Suppe; zum Frühstück gab es eine stinkende
Flüssigkeit, die mit Kaffee nur den Namen gemeinsam
hatte. Am Abend sank Elie hundemüde auf die Holz-
bretter irgendwo in den dreistöckigen Schlafgerüsten,
die er mit rund tausend Barackenbewohnern teilte. Sol-

Geschichten gegen die Melancholie

che Luxusmöbel wie ein eigenes Bett kannte ein KZ-Häftling nicht.

Auschwitz: eine trostlose, dämonische Welt ohne Träume. „Reich der Nacht" nannte sie Elie.

Und doch glommen winzige Hoffnungslichter in der Finsternis. Elie war froh, nicht von seinem Vater getrennt zu sein, der in wenigen Wochen um Jahrzehnte gealtert schien, gebrochen, müde, hilflos in den hundert praktischen Überlebensfragen eines solchen Lagers. Zum Beispiel brachte es der notorische Zivilist nie fertig, im Gleichschritt zu marschieren, was seine Peiniger als Rebellion werteten und entsprechend bestraften: heute mit Stockschlägen, morgen mit Ohrfeigen.

Elie beschloß, seinem Vater Nachhilfeunterricht zu geben. Jeden Abend trainierten die beiden vor der Baracke, zum Gaudium der Mitgefangenen. „Links! Rechts!" kommandierte Elie, und Schlomo bemühte sich redlich – aber ohne jeden Erfolg. Am nächsten Tag geriet er wieder außer Tritt, bezog wieder Schläge.

Da entdeckte ein auf krumme Geschäfte spezialisierter Werkmeister, daß Elie eine Goldkrone im Mund hatte. Das war die Lösung – eine für Auschwitz typische Lösung. Denn der Kapo schlug Elie einen Handel vor: Er brauchte nur den kostbaren Zahnersatz zu opfern, und die Quälereien, denen sein Vater ausgesetzt war, würden aufhören. Ein Freund des Kapos, ein Zahnarzt aus Warschau, nahm die Operation vor: heimlich, auf dem Abort, mit Hilfe eines verrosteten Löffels.

Zwei Wochen später wurden der Kapo und seine brutalen Kumpane in ein anderes Lager versetzt. Elie hatte seine Goldkrone umsonst hergegeben.

Hoffnungslichter im Grauen: Das siebenjährige Mädchen, das seine Großmutter umarmte und ihr zärtlich zuflüsterte: „Hab keine Angst, sei nicht traurig, daß du sterben mußt; ich bin es nicht!" Die Schachfiguren, die Schlomo und sein Sohn für ihre karge Freizeit gezaubert hatten – aus Brotkrumen ihrer täglichen Hungerration. Die wunderbaren Stunden, die sie mit dem einstigen Rektor einer Talmudschule verbrachten, ganze Seiten der rabbinischen Überlieferung aus dem Gedächtnis rekonstruierend und so ihren Geist am Leben erhaltend. Die schlichte Ansprache, mit der ihnen der polnische Blockälteste bei ihrer Ankunft in der Schlafbaracke Mut gemacht hatte: „Sammelt alle Kraft und verliert nicht die Hoffnung", hatte er lächelnd gesagt. „Habt Vertrauen ins Leben, tausendmal Vertrauen. Verscheucht die Verzweiflung, damit verjagt ihr auch den Tod. Die Hölle dauert nicht ewig . . . Helft euch untereinander. Das ist das einzige Mittel, um zu überleben."

Ein Gott, der seine Kinder sterben ließ

Die Hoffnung, die Lagerhölle zu überstehen, schien von Tag zu Tag weniger realistisch. Ein eisiger Winter hatte eingesetzt. Die zugigen Schlafbaracken waren nicht geheizt, und jeden Morgen bleiben einige erstarrte Leichname auf den Pritschen liegen, während sich ihre noch am Leben befindlichen, unterernährten Leidensgenossen zum Morgenappell nach draußen schleppten: stundenlanges Strammstehen, oft im Schneesturm oder bei Eisregen. Die Ziegelsteine, die Elie auf Lastwägen zu laden hatte, klebten vor Kälte an den Händen fest.

Gleichgültig hörten die Häftlinge die Gerüchte, das Ende des Krieges stehe bevor und sowjetische Befreiungstruppen näherten sich dem Lager. War nicht schon alles zu spät? Würden nicht die Deutschen sie alle vorher erschießen?

Geschichten gegen die Melancholie

Die Front verschob sich; die Wiesels wurden weit ins Innere Deutschlands deportiert. Die Fahrt ins KZ Buchenwald, zum Teil im offenen Viehwaggon, dauerte zehn qualvolle Tage, und die Bewacher lachten sich halbtot, als ihre durstigen Gefangenen gierig den frischgefallenen Schnee zu löffeln begannen.

Hier in Buchenwald erlebte Elie die mörderischen Kämpfe halbverhungerter Elendsgestalten um ein Stückchen Brot. Er sah, wie ein vor Hunger völlig Wahnsinniger seinen eigenen Vater totschlug, um ihm einen Brotkanten zu entreißen – und wie derselbe junge Mann Sekunden später von zwei Mitgefangenen umgebracht wurde.

Er sah seinen Vater Schlomo immer schwächer und hinfälliger werden. Elie wußte, daß er von Mithäftlingen geschlagen und seiner Brotration beraubt wurde, wenn der Sohn nicht in der Nähe war. Eines Morgens lag ein Fremder auf der Pritsche, wo Schlomos Platz gewesen war; der Vater war in der Nacht gestorben, an Entkräftung und den Folgen der Mißhandlungen.

Das „Reich der Nacht" hatte seinen letzten Schimmer Licht verloren.

Was immer wir tun oder lassen, wir sind bewegt von dem, was damals geschah in jenem Reich der Finsternis. Was immer wir zu erreichen oder aufzugeben hoffen, was immer wir unterdrücken oder offenbaren möchten, wir werden stets auf jenes unsichtbare Mysterium starren, wo Gott und Mensch sich voller Entsetzen in die Augen schauten. Vor diesem Hintergrund muß alles, was bisher Geltung hatte, in Frage gestellt werden. Nach Auschwitz haben die Worte ihre Unschuld verloren, nach Treblinka ist Stille gefüllt mit neuer Bedeutung, nach Majdanek hat der Wahnsinn seine mystische Anziehungskraft wieder erlangt . . .

Jenes Geschehen beraubte den Menschen all seiner Masken . . .
Der letzte Kommandant des Warschauer Gettos, Mordechai Anielewicz, ein junger Mann, schrieb in den letzten Tagen des Widerstandes an seinen Freund Antek Zuckermann nach draußen: „Da wir spüren, daß wir an das Ende unserer Tage gekommen sind, bitte ich Dich: Bewahre das Gedenken daran, wie man uns verraten hat."
Ja, wir wurden verraten. Die Welt wußte und schwieg. Unsere Einsamkeit war nur zu vergleichen mit der Einsamkeit Gottes. Die ganze Menschheit ließ uns fallen. Die ganze Menschheit ließ uns leiden, ließ uns mit dem Tod ringen, ließ uns sterben. Allerdings: nicht nur unser Volk lag im Sterben; in uns allen kam etwas zu Tode.

Elie Wiesel bei einer Vorlesung in der
Northwestern University Evanston, Illinois 1977

Ob Elie für seinen Vater gebetet hat, der ihn unbemerkt verlassen hatte, um irgendwo in eine Grube oder einen Verbrennungsofen geworfen zu werden? Vielleicht hatte man ihn auch nur für tot gehalten, als man ihn wegbrachte.

Elie hatte nicht einmal mehr Tränen, „und es tat mir weh, nicht weinen zu können". Hatte er Gebete?

Mit jeder bitteren Erfahrung im Lager bäumte er sich wilder auf gegen einen Gott, den er nicht zu leugnen wagte und doch hassen mußte. Einen Gott, der sein Volk offensichtlich vergessen hatte, dem die Leiden der Säuglinge und die Schreie der alten Männer gleichgültig waren. Was war das für ein Gott? Warum sollte man überhaupt noch mit ihm sprechen?

„Warum, warum soll ich ihn preisen?" fragte Elie noch Jahre danach in verzweifelter Empörung. „Nur weil er Tausende seiner Kinder verbrennen ließ? Nur weil er sechs Gaskammern Tag und Nacht, Schabbat und Festtag arbeiten ließ? ... Wie, sollte ich zu ihm sagen: ‚Gepriesen seist Du, Ewiger, König der Welt, der Du uns unter den Völkern erwählt hast, damit wir Tag und Nacht gefoltert werden, unsere Väter, unsere Mütter, unsere Brüder in den Gaskammern verenden sehen'? ... Ich war der Ankläger. Und Gott war der Angeklagte. Meine Augen waren sehend geworden."

„Verdammt sei der, der schweigt!"

Elie Wiesel überlebte wohl mehr aus Zufall, denn Kraft und Wille zum Leben waren ihm in all dem Grauen abhanden gekommen. Er gehörte zu den ausgemergelten Skeletten, die am 11. April 1945 von amerikanischen Truppen aus dem verlassenen Lager Buchenwald gerettet wurden. Zum ersten Mal seit der Deportation aus dem Getto, so schließt sein autobiographischer Bericht *Die Nacht,* konnte er sich in einem Spiegel betrachten. „Aus dem Spiegel blickte mich ein Leichnam an."

In Frankreich fanden die verschreckten Halbwüchsigen Zuflucht, liebevoll betreut von den Damen der *Jüdischen Kinderhilfe*. Doch Arbeit gab es auch für Franzosen kaum, und mehr als ein Zimmer und eine kleine finanzielle Starthilfe konnten die freundlichen Helfer ihren Schützlingen kaum besorgen.

Elie hungerte, irrte herum, versuchte die fremde Sprache zu lernen, quälte sich mit seinen Erinnerungen – bis es ihm gelang, sich mit ein wenig Geld von einer Flüchtlingsorganisation an der Pariser Sorbonne einschreiben zu lassen. Mit Feuereifer stürzte er sich in die Wissenschaften, hörte Vorlesungen über Literatur, Philosophie, Psychologie, hielt sich mit Übersetzungsarbeiten, Hebräischunterricht und Kinderbetreuung in Ferienlagern über Wasser.

Elie war 20 Jahre alt, da stieß er auf das Angebot der israelischen Zeitung *Yediot Aharonot,* die einen Korrespondenten in Paris suchte. Es war der Beginn einer steilen journalistischen Karriere: Reportagen aus Nordafrika, Südamerika, Indien, schließlich ein Job als ständiger Berichterstatter bei den Vereinten Nationen in New York.

Und die ganze Zeit schwieg er über seine Erlebnisse in Auschwitz und Buchenwald, suchte er die Hölle zu verdrängen. Später erklärte er sein jahrelanges Schweigen damit, er habe der eigenen Erinnerung nicht getraut, habe geglaubt, wahnsinnig werden zu müssen, wenn die lebendig ins Feuer geworfenen Kinder vor seinem inneren Auge auftauchten. Das alles könne doch nur ein Alptraum gewesen sein!

Und selbst, wenn er es fertigbrachte, sich der beklemmenden Realität zu stellen, fand er keine Sprache, mit der sich das Unglaubliche sagen ließ: „Mir war bewußt, daß die Aufgabe der Überlebenden darin besteht, Zeugnis abzulegen, doch ich wußte nicht, wie ich es anfangen sollte. Mir fehlten Erfahrungen, Anhaltspunkte. Ich mißtraute dem Rüstzeug, der Vorgangsweise. Mußte man alles oder nichts sagen? Schreien oder flüstern? Meine Angst wog so schwer, daß ich ein Gelübde ablegte, mindestens zehn Jahre nichts zu sagen, nicht an das Wesentliche zu rühren, bis ich klar sehe, bis ich gelernt habe, den Stimmen zu lauschen, die aus der meinen schreien, bis ich von meinen Erinnerungen wieder Besitz ergriffen habe, um die Sprache der Menschen mit dem Schweigen der Toten zu vereinen."

Mußte das Reden über Auschwitz nicht in geschwätzige historische Analysen ausarten? Drohte es nicht im klugen Abwägen zu enden, welche Motive die Täter trieben und ob die Opfer nicht doch irgendwie mit schuld gewesen sein konnten? Schweigen aus Respekt vor den Toten.

Und dann glaubte er wieder genau zu wissen, daß er reden *mußte* – daß er nur am Leben geblieben war, um Zeugnis abzulegen. Erregt, beschämt, bis ins Mark erschüttert las er von dem Aufstand der Häftlinge von Treblinka, der auch den Zweck hatte, wenigstens einen Menschen aus dem Lager zu bringen, der draußen berichten konnte. Er erfuhr von dem Spruch, der an die Wand einer KZ-Latrine gekritzelt war: „Verdammt sei der, der schweigt, wenn er die Freiheit wiederfindet!"

„Sie hofften nicht mehr, daß ihnen geholfen würde", stellte Elie fest, „sie wußten, sie waren jenseits aller Hilfe, aber sie wollten, daß ihrer gedacht würde." Mit dem Vergessen ihrer Leiden, mit der dreisten Leugnung ihres Todes bringe man die Juden zum zweiten Mal um. Deshalb entschloß sich Elie Wiesel nach zehnjährigem Zögern und Ringen, vom Holocaust – den Begriff hat er geprägt – zu sprechen und über das Unvorstellbare zu schreiben: „Um jene Opfer dem Vergessen zu entreißen. Um den Toten zu helfen, den Tod zu bezwingen."

Den entscheidenden Anstoß gab ein Interview mit dem Schriftsteller François Mauriac, der zu den Leitfiguren des französischen Katholizismus zählte. Mauriac sprach voller Bewunderung über den zähen Glauben des jüdischen Volkes und – eine seiner Lieblingsideen – über den Juden Jesus, der Israel nicht habe retten können und schließlich der ganzen Menschheit zum Retter geworden sei. Da brach die komplette aufgestaute Erbitterung aus Elie heraus: Die Christen redeten immer von der Todesqual ihres Erlösers. Er, Elie, habe jüdische Kinder gekannt, von denen jedes tausendmal mehr gelitten habe als Christus am Kreuz, und von denen spreche niemand!

Erregt, verwirrt, über sich selbst erschrocken schlug der aus der Rolle gefallene Interviewer die Tür hinter sich zu. Zum erstenmal hatte er sich als KZ-Überlebender bekannt, zum erstenmal seinen Haß, seinen Schmerz hinausgeschrien.

„Im selben Moment hörte ich, wie die Tür hinter mir aufging. Mit einer unnachahmlich bescheidenen Geste berührte der alte Schriftsteller meinen Arm und bat mich, zurückzukommen. Wir gingen wieder in das Arbeitszimmer und saßen uns nun gegenüber. Plötzlich begann der Mann, den ich eben erst beleidigt hatte, zu weinen."

Es war – das stünde jetzt in einem melodramatischen Drehbuch – der Beginn einer wunderbaren Freundschaft. Der Katholik überzeugte den Juden davon, daß er es den Toten schuldig sei, sein Schweigen zu brechen. 1956 erschien Elie Wiesels erster Bericht über die Vernichtungslager, 800 Seiten stark, auf Jiddisch unter dem Titel *Un di Welt hot geschvign* in Argentinien, zwei Jahre darauf eine gekürzte französische Fassung: *La Nuit* („Die Nacht").

Mauriac hatte seinen ganzen Einfluß geltend machen müssen, um einen Verleger für das triste Thema zu interessieren. In Amerika bekam Wiesel bald darauf die gleichen Probleme. Ein Ablehnungsbrief folgte dem andern, und in jedem stand dasselbe: „Blendend geschrieben, aber für unsere Leser zu traurig."

Heute ist *La Nuit* in mehreren Millionen Exemplaren verbreitet. Und Elie lernte mit seinen fürchterlichen Erinnerungen zu leben, den Schmerz zuzulassen und in

Kraft zu verwandeln, getreu der alten chassidischen Weisheit: „Nur ein gebrochenes Herz ist ein ganzes Herz."

Die schweigenden Komplizen

Im *Talmud* gibt es eine scheinbar grausame Geschichte: Zwei Männer ziehen durch die endlose Wüste. Sie drohen zu verdursten, und nur einer von ihnen besitzt eine Kürbisflasche, deren Wasser auch nur für einen Mann reichen wird. Sollen sie das kostbare Naß teilen, auch wenn damit beide ihr Leben riskieren? Natürlich, wird jeder sagen. Der berühmte Rabbi Akiba aber vertrat die These, kein Mensch verfüge über sein Leben und dürfe es opfern. Deshalb sollte der Besitzer der Flasche getrost sein Wasser trinken, um am Leben zu bleiben. „Um alles andere soll Gott sich kümmern."

Die Entscheidung eines typischen Dogmatikers, stur und unmenschlich – dachte anfangs auch Elie Wiesel. Erst allmählich wurde ihm der Sinn der Geschichte klar: Der Mensch, der einen Freund überlebe, sei auf ewig in die Pflicht genommen. „Denn um jeden Tag seines Lebens zu rechtfertigen, spricht er von nun an auch in seinem Namen. Darin besteht also das Privileg und die Last des Überlebens, daß es eine Schuld gegenüber den Toten mit einschließt."

Elie hat die eigene Zeugenschaft nie überschätzt – auch als er längst ein weltbekannter Autor geworden war, mit Literaturpreisen und Ehrendoktorhüten überhäuft. „Alles, was mir bleibt, sind Worte", setzte er solcher Bewunderung entgegen, „altmodische, verbrauchte Worte, zu nichts mehr nütze unter ihrer dikken Schminke, fallengelassen über den Friedhöfen der Verbrannten."

Als das Gewissen der Welt spielt er sich nicht auf. Aber er *muß* schreiben, er kann nicht anders – auch wenn er lieber Geschichten von Liebe und Freundschaft erfinden würde, statt wieder und wieder von den Gettos und Lagern zu sprechen, von grinsenden Henkern und hingeschlachteten Kindern.

Er *muß* reden, schreiben, aus Achtung vor den stumm gemachten Toten. Er muß den Mund aufmachen, weil Verdrängen krank macht und die schreckliche Vergangenheit nur besiegt werden kann, wenn man sich mit ihr auseinandersetzt. Er muß sich zu Wort melden, damit das Leid der Opfer nicht vergessen wird und die Mörder nicht noch einmal triumphieren.

Er muß schreiben, damit man sich nicht an das Entsetzliche gewöhnt. Denn schlimmer als die Brutalität der Gewaltmenschen ist für ihn die Gleichgültigkeit der Zuschauer, grausamer als das Zuschlagen der Täter die schweigende Komplizenschaft des Publikums. In seinem Roman *Gezeiten des Schweigens* schildert er einen Mann, der ohne jede Gefühlsregung hinter einer schützenden Gardine den Abtransport der Juden aus Sighet beobachtet. Er sagt kein böses Wort, er begeht kein Verbrechen, aber seine Passivität schafft den Henkern freie Bahn.

In der Literatur zum Holocaust gibt es kaum ein beklemmenderes Gleichnis für die Schuld einer untätig zusehenden Welt.

Die Juden füllten den Hof der Synagoge . . . Verstörte, stumme Gespenster. Man wartete auf den Marschbefehl . . . In diesem Augenblick sah ich es. Ein Gesicht im gegenüberliegenden Fenster. Die Vorhänge verbargen alles andere, nur der Kopf war sichtbar. Er glich einem geschwollenen Ball. Ein Kahlkopf mit plattgedrückter Nase und großen

Geschichten gegen die Melancholie

leeren Augen. Ein nichtssagendes, alltägliches, gelang-
weiltes Gesicht, das nie eine Leidenschaft bewegt hatte. Ich
habe es lange beobachtet. Er sah hinaus, kein Mitleid spie-
gelte sich in seinen Zügen, weder Freude noch Schrecken,
nicht einmal Zorn oder Neugierde. Regungslos, kühl, un-
persönlich. Das Schauspiel ließ ihn kalt. Was, diese Leute
sollen sterben? Das ist doch nicht seine Schuld, er hat die
Entscheidung doch nicht getroffen. Er ist weder Jude noch
Judengegner, er ist ein einfacher Zuschauer, sonst nichts.
Sieben Tage lang füllte und leerte sich der Hof der alten
Synagoge. Er, hinter den Vorhängen stehend, sah zu. Die
Polizisten schlugen Frauen und Kinder; er rührte sich
nicht. Es ging ihn nichts an. Er war weder Opfer noch
Henker: er war Zeuge und weiter nichts. Er wollte ruhig
leben.
Sein völlig ausdrucksloses Gesicht verfolgte mich Jahre
hindurch . . .
Wie kann man weiterhin die Frau umarmen, die man liebt;
inbrünstig, wenn nicht gläubig zu Gott beten; von kom-
menden Tagen träumen, die singen – nachdem man das ge-
sehen hat? . . . In Deutschland dachte ich an ihn: was tut
er? Ist sein Schlaf leicht, ruhig? Hat er genug zu essen?
Erinnert er sich?
Die anderen, alle anderen, das war er . . . Der Zeuge ist
nicht greifbar. Er sieht, ohne gesehen zu werden. Er ist da,
ohne sich bemerkbar zu machen. Das Rampenlicht schützt
ihn . . . Er sagt weder ja noch nein, auch nicht vielleicht.
Er sagt nichts. Er ist da, handelt aber so, als sei er nicht da.
Noch schlimmer: er handelt, als seien wir nicht da.

ELIE WIESEL IN „GEZEITEN DES SCHWEIGENS"

Die Passivität der sogenannten freien Welt damals, als
sein Volk massakriert wurde, gehört zu den spukhaften
Erfahrungen, mit denen Elie Wiesel zeit seines Lebens

nicht fertiggeworden ist. Hätten all die Millionen elend sterben müssen, wenn Churchill und Roosevelt etwas getan hätten, wenn der Papst zum Widerstand aufgerufen hätte? Warum lehnten es die Londoner Regierung und das Weiße Haus ab, die Eisenbahnlinien nach Auschwitz zu bombardieren? Warum schickten sie sämtlichen Widerstandsgruppen in den von Nazi-Deutschland besetzten Ländern Waffen, Funkgeräte und Schulungsagenten, nur den jüdischen nicht?

Wiesel ist freilich souverän genug, auch die Fügsamkeit der Opfer zu kritisieren – „wir haben uns wie eine Schafherde abführen lassen" –, die Versäumnisse der mit ihren eigenen Richtungskämpfen beschäftigten jüdischen Organisationen in den USA und die Gleichgültigkeit des im Entstehen begriffenen Judenstaates in Palästina: Ein Haus, eine Fabrik oder eine Schule dort im Gelobten Land sei wichtiger gewesen als die Unterstützung für die verfolgten Glaubensbrüder in Europa.

Doch es geht gar nicht allein um das dezimierte jüdische Volk: „Alles, was uns geschieht, kann der ganzen Menschheit geschehen", weiß der Zeuge. Er *muß* schreiben, damit sich die Geschichte nicht wiederholt, damit die Menschheit nicht einem „nuklearen Holocaust", wie er es nennt, zum Opfer fällt.

Von Auschwitz und Treblinka ist der Flammentod nach Dresden und Coventry gewandert, nach Hiroshima und Nagasaki, Hanoi in Vietnam und Soweto in Südafrika. „Und in der Ferne", notiert Wiesel beklommen, „bemerke ich den riesigen Schatten, der einem ungeheuer großen und hohen Pilz gleicht, der Himmel und Erde wieder miteinander verbindet, um sie zu verdammen und zu vernichten ... Der Messias läuft Gefahr, zu spät zu erscheinen, er wird kommen, wenn es niemand mehr gibt, der noch zu retten ist."

Geschichten gegen die Melancholie

Wo immer Menschen wegen ihrer Rasse oder Weltanschauung unterdrückt würden, hat er gesagt, ob in Südafrika, Chile oder Palästina, dort sei in diesem Augenblick der Mittelpunkt des Universums. Und Jude sein bedeute nicht die Verpflichtung, die Welt zum jüdischen Glauben zu bekehren, sondern die Menschheit vor sich selbst zu retten.

Bezeichnend, was er als neuernannter Präsident des *Holocaust Memorial Council* als erstes tat: Er schrieb einen Brief an die ganze amerikanische Bevölkerung und machte auf das Schicksal der vietnamesischen *Boat People* aufmerksam, der Flüchtlinge, die auf dem Meer herumirrten und in allen möglichen Ländern unwillkommen waren – wie 1938 jene deutschen Juden, die nach einer Odyssee über den Nordatlantik in das Land des Holocaust zurückkehren mußten und dort in den Verbrennungsöfen von Theresienstadt starben.

„Bitburg ist kein Platz für Sie, Mister President!"

Als Elie Wiesel seine Stimme für die heimatlosen Vietnamesen erhob, hatte er selbst eine neue Heimat in den USA gefunden. Nach einem Verkehrsunfall in New York – ein Taxi hatte ihn angefahren und lebensgefährlich verletzt – ließ er sich einbürgern. Er hatte davon geträumt, in Israel zu leben, doch seine Aufgabe, Zeuge zu sein, konnte er zweifellos besser anderswo erfüllen.

Wiesel blieb in New York, berichtete weiter für die israelische Zeitung *Yediot Aharonot* von den Vereinten Nationen und auf jiddisch für die amerikanischen Leser der *Jewish Daily Forward*. Daneben schrieb er Roman um Roman, zunächst triste Schilderungen, geprägt von Einsamkeit und Verzweiflung. Zaghaft und allmählich wurden daraus im Lauf der Jahre Hoffnungsgeschichten, in denen die Opfer ihr Leiden in Kraft verwandeln, sich aus der Erfahrung tausendfachen Todes für das Leben engagieren. Wie Elie selbst, der aus seiner mißtrauischen Ichverschlossenheit aufbrach, eine KZ-Überlebende heiratete und seinem Sohn den Namen des in Buchenwald umgekommenen Vaters gab. Später wurde der mit zahlreichen Literaturpreisen und dem Friedensnobelpreis ausgezeichnete Autor *Professor of Jewish Studies* am City College in New York und *Professor of Humanities* an der Boston University.

Ein Besessener, dessen Werk monomanisch um die Krematorien kreist und der immer noch rätselt, warum er überlebt hat und Millionen seiner Glaubensschwestern und -brüder sterben mußten. Ein liebevoller Hüter des jüdischen Kulturerbes, der bezaubernd von der Lebensweisheit der Chassidim und den kühnen Denkgebäuden der Talmudgelehrten zu erzählen weiß. Ein leidenschaftlicher Theologe, der die Patriarchen und Propheten der Bibel als Urgestalten menschlichen Fragens und Ringens mit einem dunklen Gott interpretiert.

Ein hartnäckiger Idealist, der sich die Hoffnung nicht ausreden läßt und eigensinnig bekennt: „Ich glaube immer noch an die Worte . . . Ich setze immer noch mein Vertrauen in Ideen, und trotz allem glaube ich immer noch an den Menschen. Trotz des Menschen und ihm zum Trotz glaube ich an ihn."

Ein Realist aber auch, der um die Grenzen allen Einsatzes weiß und lakonisch feststellt: „Anfangs glaubte ich, ich könnte die Menschheit ändern. Heute weiß ich, daß ich dazu nicht in der Lage bin. Durch meine Worte, durch meinen Protest will ich die Menschheit daran hindern, daß sie am Ende *mich* verändert."

Warum gibt er keine Ruhe? Warum mischt er sich immer wieder ein? Wie in der Sowjetunion, die er vor der Weltöffentlichkeit der Judenverfolgung beschuldigte, wie in Israel, das er „mit Angst" liebt und unermüdlich an die Leiden der Palästinenser erinnert, wie in seiner Wahlheimat Amerika, dessen Präsidenten Ronald Reagan er 1985 händeringend bat, auf die mit Deutschlands Kanzler Kohl ausgehandelte, unendlich geschmacklose Versöhnungsgeste auf dem Soldatenfriedhof Bitburg zu verzichten, wo sich zahlreiche SS-Gräber befinden.

„Das ist kein Platz für Sie, Mister President", beschwor er Reagan damals im Weißen Haus, „Ihr Platz ist bei den *Opfern* der SS!" Der Appell war vergeblich, wie man weiß, und Wiesel läßt sich die Überzeugung nicht nehmen, mit dem Auftritt in Bitburg habe jene Renaissance brauner Gesinnung in Deutschland begonnen, die zu den Aufmärschen der Neonazis und ihren Brandanschlägen auf Ausländerwohnungen führen sollte.

Wir müssen immer Partei ergreifen. Neutralität hilft dem Unterdrücker, niemals dem Opfer. Schweigen ermutigt den Folterknecht, niemals den Gefolterten. Manchmal müssen wir direkt eingreifen. Wenn menschliche Leben bedroht sind, wenn die menschliche Würde in Gefahr ist, dann werden nationale Grenzen und Empfindlichkeiten irrelevant. Wo immer Männer und Frauen verfolgt werden wegen ihrer Rasse, ihrer Religion oder ihrer politischen Anschauungen – dieser Ort muß im selben Moment der Mittelpunkt des Universums werden . . .
Solange auch nur ein einziger Dissident im Gefängnis sitzt, wird unsere Freiheit keine wahre Freiheit sein. Solange nur ein einziges Kind hungrig ist, werden unsere Leben mit Angst und Schande gefüllt sein.
ELIE WIESELS DANKANSPRACHE NACH DER VERLEIHUNG
DES FRIEDENSNOBELPREISES 1986 IN OSLO

Warum tut er das alles? Letztlich geht es ihm immer darum, das eigene Überleben zu rechtfertigen – und die Zeugenpflicht zu erfüllen, die ihn antreibt: „Eine Erfahrung nicht weiterzugeben heißt, sie zu verraten."

Worte gebären Engel oder Dämonen

Wenn er Vorträge hält oder Interviews gibt, hängen die Menschen an seinen Lippen. Der warme Akzent in seiner ruhigen Stimme fasziniert ebenso wie sein schönes Gesicht mit den manchmal etwas träumerisch in die Ferne gerichteten Augen und dem schwermütigen Lächeln um die Mundwinkel. Nie wird er aggressiv, nie poltert er hysterisch los – was man ihm weiß Gott verzeihen könnte, wenn er von seiner ausgelöschten Familie erzählt und plötzlich erläutern soll, was er von den neuen antisemitischen Hetzparolen in Deutschland hält. Mit seinen Gesprächspartnern geht er ebenso herzlich wie höflich um, selbst wenn sie ihm geschmacklose und dumme Fragen stellen.

Es ist angenehm, Elie Wiesel zuzuhören – und es fällt schwer, dem suggestiven Charme nicht zu erliegen, mit dem er Bücher schreibt. Er müsse die Worte „singen" hören, hat er selbst gesagt, um sich seiner Sätze sicher zu sein. In seinen Romanen vergleicht er niedrige, schneebedeckte Dorfhäuser mit stummen, drohenden Greisen, und eine „gelbliche, gealterte, verbrauchte" Sonne läßt er „behutsam" am grauen Himmel aufgehen.

Mit einer so poetischen Sprache lasse sich der Holocaust nicht schildern, haben ihm Kritiker vorgeworfen – und kaum zur Kenntnis genommen, daß die erschütternde Kraft seines Erstlings *La Nuit* gerade im kunst-

Geschichten gegen die Melancholie

losen Tagebuchstil liegt, mit dem er den Massenmord protokolliert. Vielleicht ist es ihnen auch entgangen, wie Elie Wiesel den großen Phrasen und den vorschnellen Antworten mißtraut. Worte, so zitiert er einen seiner Talmudlehrer, können Dämonen oder Engel gebären, sie haben schöpferische und zerstörerische Kräfte.

„Du bist noch zu jung für die Philosophie", wehrt ein Rabbi in Wiesels Roman *Der fünfte Sohn* einen wißbegierigen Jüngling ab, in Brooklyn, wo einem die ganze Welt offensteht und alle Lebensprobleme lösbar scheinen. „Bis Vierzig muß man warten", versucht er den jungen Juden zu besänftigen. „Auf die Antworten?" will der sich vergewissern. „Nein, auf die Fragen!"

So sieht Elie Wiesel das wohl auch. Deshalb erzählt er viel lieber hintergründige Geschichten, als mit Pathos zu predigen. Auch die Trauerarbeit des Überlebenden leistet er mit Geschichten. Statt die Historie des Schreckens zu analysieren, schildert er, wie aus dem Königreich seiner Kindheit, dem Wunderland der Königin Schabbat, ein gigantischer Friedhof wurde.

Daheim in Sighet hatte Elie in der Nacht vor der Deportation die goldene Uhr, die man ihm zur *Bar Mizwa* (dem Fest, an dem ein 13jähriger Jude als vollmündiges Mitglied in die Religionsgemeinschaft aufgenommen wird) geschenkt hatte, im Vorgarten unter einem Baum vergraben. Später wird er in der Geschichte *Die Uhr* von einem KZ-Überlebenden berichten, der nach 20 Jahren in sein von Fremden bewohntes Elternhaus zurückkehrt, heimlich die rostzerfressene Uhr ausgräbt – und in einem plötzlichen Entschluß wieder in der Erde verbirgt. Vielleicht wird sie irgendwann ein Kind beim Spielen entdecken. Vielleicht wird es dann seine Eltern fragen, wer diese schöne Uhr in der Erde versteckt habe. Und vielleicht werden sie ihm von den Menschen erzählen, die einmal hier gelebt haben und verjagt und getötet wurden, weil sie Juden waren. Eine Uhr soll an die Zeit erinnern – auch an die Zeit des Grauens und an ein ausgelöschtes Volk.

In Wiesels Roman *Gezeiten des Schweigens* kehrt die Hauptfigur, Michael, ebenfalls in ihre Heimatstadt zurück, um die gleichgültigen Zuschauer von damals zu finden und zu stellen. Einer von ihnen wird zum Denunzianten, liefert Michael der neuen – kommunistischen – Führung aus. Im Gefängnis, unter der Folter, ringt der zum zweiten Mal um seine Freiheit Gebrachte um den Sinn seines Lebens und der ständig bedrohten menschlichen Existenz. Er findet diesen Sinn zu seiner eigenen Überraschung, als er einen schwachsinnigen Knaben vor der Lynchjustiz der Mitgefangenen rettet.

„Die Toten haben hier nichts zu suchen"

Gezeiten des Schweigens markiert den Umschlag von der trostlosen Prosa des Schreckens zu zaghafter Hoffnung. Der ins eigene Leiden und das Schicksal seines Volkes verbissene Autor blickt sozusagen zum ersten Mal auf, entdeckt einen neuen Horizont und die Lebenskraft, die in der Freundschaft steckt. „Du möchtest das Leiden auslöschen", sagt Michaels Freund, „indem du es auf die Spitze, und das heißt, bis zum Wahnsinn treibst. Zu sagen: ‚Ich leide, daher bin ich', heißt ein Menschenfeind werden ... Ein Pfeil zeigt den Weg, den der Mensch einschlagen muß: er führt zum Anderen und nicht durchs Absurde."

„Die Toten haben hier nichts zu suchen. Sie sollen uns in Ruhe lassen." Was da in seinem Roman *Le Jour*

(„Tag") aus Wiesel herausbricht, wäre ihm früher lä-
sterlich erschienen. Es ist wie ein Befreiungsschlag,
ihm selbst zunächst unheimlich. Für die Gegenwart
müsse man sich entscheiden, für die Lebenden und
nicht für die Toten, denn die Toten könnten nicht
mehr leiden – wohl aber die Lebenden.

In den *Gezeiten* ist unmittelbar von dieser „Befreiung des eigenen Ich" die Rede, „das genug an sich gelitten hat, um sich in Liebe verwandeln zu können".
Und in einem anderen Beziehungsroman, *Die Pforten
des Waldes,* heißt es: „Kein Mensch hat die Mittel, die
Nacht zu bekämpfen und zu bezwingen, wenn er in
seinem Kampf nicht einen Mitmenschen zu Hilfe ruft:
Zu zweit ist der Sieg möglich . . ."

Immer wieder taucht in diesen Büchern irgendein
Überlebender auf, der vom Haß und vom Hunger
nach Genugtuung durch die Welt gehetzt wird und
dann, als er endlich einem Mörder von damals gegen-
übersteht, auf Rache verzichtet – erschrocken, wider-
willig, sich gegen die Erkenntnis aufbäumend, daß
Rache das Opfer erst recht an den Mörder bindet und
selbst zum Täter macht.

In dem Roman *Der fünfte Sohn* enttarnt so ein Rache-
engel den SS-Offizier, der seinen Bruder bestialisch
zu Tode gequält hat und jetzt unter falschem Namen
als angesehener Industrieller im Wirtschaftswunder-
Deutschland lebt. Mühsam beherrscht, erzählt er dem
bleich hinter seinem Luxusschreibtisch thronenden
Henker die Geschichte seiner Opfer, versucht vergeblich, das Rätsel dieses unmenschlichen Menschenle-
bens zu entschlüsseln: „Wie konnten Sie so viele
Schmerzen und Leiden zufügen, ohne daß sie Ihnen
im Gesicht geschrieben stehen? Wie konnten Sie den
Tod bringen, ohne ihn selbst zu erleiden? Sie waren

der Tod, wie haben Sie es angestellt, nicht zu sterben?"

Aber die geladene Pistole läßt er in der Jackentasche stecken. Eine alte rabbinische Weisheit geht ihm durch den Kopf: „Der Herr möge strafen, das ist sein Recht. Aber meine Sache ist es, mich zu weigern, ihm als Peitsche zu dienen." Er vernichtet den Mörder, indem er ihn am Leben läßt. „Sie werden nie mehr Frieden finden", sagt er, ehe er die Tür schließt.

In *L'Aube* („Morgengrauen") sind die Rollen vertauscht: Der Philosophiestudent Elischa schließt sich den jüdischen Guerillakämpfern an, die Englands Truppen aus Palästina zu vertreiben suchen. Juden, sagt er begeistert, wollen keine zitternden Opfer mehr sein, sondern ihre Rechte durchsetzen. Doch als er eine englische Geisel töten muß, sieht er sich plötzlich ins KZ zurückversetzt, in der Uniform eines SS-Offiziers, und begreift: Mit dem Feind ist ein Stück seiner selbst gestorben.

Im Grunde erzählt Wiesel immer wieder die tausend Geschichten der Talmudlehrer und Chassidim neu, die soviel Weisheit enthalten und alle zeitlosen Fragen des menschlichen Herzens. Geschichten von Leid und Güte, von einem nicht immer gerechten Gott und einer mutigen Freude gegen allen traurigen Augenschein.

Vom menschenfreundlichen Glauben des Rabbi Pinchas von Koretz, der seinen Schülern den Rat gab „Wenn du Gott dienen willst, fange an, seinen Kindern zu dienen!" und die Überzeugung vertrat, wenn alle Juden ihren Nächsten wirklich liebten, werde im selben Augenblick der Messias kommen. Von der spontanen Güte des Rabbi Mosche Löb von Sassow, der seine Gemeinde am hohen Feiertag *Jom Kippur* stundenlang warten ließ, weil er auf dem Weg in die Synagoge ein kleines Kind weinen hörte und es mit Wiegenliedern in den Schlaf sang.

Kluge Leute haben schon oft darauf hingewiesen, daß das Judentum keine Mythologie im landläufigen Sinn kennt, keine Symbolfiguren wie Zeus oder Wotan, die nur in den Köpfen leben. Stattdessen eine Fülle vitaler Gestalten voll menschlicher Leidenschaften und Verirrungen, die einerseits wirklich existiert haben und zum andern uns heute nach Jahrtausenden noch wie Zeitgenossen erscheinen. Für die Juden ist die Wahrheit kein Lehrsatz, sondern etwas Lebendiges. Deshalb geht es stets um *unsere* Probleme, *unsere* Sehnsüchte und Ängste, wenn Wiesel die großen Dramen und kleinen Komödien der hebräischen Bibel nachzeichnet. Im Grunde sind es immer Geschichten vom Kampf des Menschen mit Gott. Nach der jüdischen Tradition verbietet er seinen Kindern weder die kritischen Fragen noch das verzweifelte Hadern; ganz im Gegenteil, er liebt es sogar, wenn sie ihn mit theologischen Argumenten oder einfach durch die Hartnäckigkeit ihres Bittens besiegen und barmherzig stimmen.

Hätte Gott sein Menschenschöpfungswerk sonst mit dieser fleischgewordenen Frage begonnen, die Adam heißt? Adam, der armselige, willensschwache Tropf, der in alle Fallen hineintappt und in dem wir uns alle wiedererkennen, Adam, scheinbar Gottes erster grandioser Mißerfolg – und dann doch eine Hoffnungsfigur wie seine Gefährtin Eva: Sie werden mit dem Tod konfrontiert, aber sie resignieren nicht, sondern bekämpfen ihn dadurch, daß sie das Leben weitergeben und beginnen, die Welt zu gestalten, der Zukunft ein menschliches Gesicht zu geben.

Und die bedrückende Geschichte von Kain und Abel:

Tragen wir sie nicht beide in uns, den naiven Träumer Abel, der Gott ein schönes Opfer bereitet, statt seinen schwerblütig-depressiven Bruder zu trösten, und Kain, der vielleicht aus Verzweiflung gemordet hat, aus Enttäuschung über die mitleidlose Vertreibung seiner Eltern aus dem Paradies? Hat er Gott durch seine Tat drastisch klar machen wollen, wohin es führt, wenn er seine Schöpfung nicht mehr liebt?

Vielleicht ist es ein Irrtum zu meinen, Glauben bedeute die Generalabsolution für Gott: Mag er hart und grausam scheinen, er wird schon alles recht machen. Vielleicht heißt Glauben auch, ihn hartnäckig zu bedrängen wie ein Kind, das sich von seinen Eltern geliebt weiß und einfach nicht begreift, warum sie sich dann manchmal so unfair verhalten. Vielleicht gehört zum vertrauten Umgang mit Gott der Mut, ihm bohrende Fragen zu stellen und bittere Vorwürfe zu machen. Wenn das so ist, dann ist Elie Wiesel ein exemplarischer Glaubender.

Warum hat Abraham nicht sofort protestiert, als ihm Gott zumutete, seinen Sohn zu schlachten? Wußte er nicht, daß Gott sich nach jüdischer Tradition an sein eigenes Gesetz zu halten hat, auch an das wichtigste von allen „Du sollst nicht töten?" Wiesel, ein Querdenker wie alle guten Talmudgelehrten, kann sich die Geschichte nur so erklären, daß Abraham Gott herausfordern wollte: „Wir werden sehen, ob du bis zum Äußersten gehst!" Und Gott habe tatsächlich nachgegeben.

Und Hiob, der den in seinen Heimsuchungen so gefühllosen, ungerechten Gott vor den Richterstuhl des sinnlos geschundenen Menschen fordert und von eben diesem Gott gegen die geschwätzige Theologie seiner selbstgefälligen, alles sauber erklärenden Freunde verteidigt wird?

Geschichten gegen die Melancholie

Der Bibelinterpret Wiesel glaubt Hiob seine allzu flinke Kapitulation nicht (wie übrigens viele Experten, die das Happy-End für eine nachträgliche Glättung halten). Der wirkliche Hiob hätte nicht so schnell aufgegeben, behauptet er. Er hätte Gott allenfalls die eigenen Leiden verzeihen können, aber nicht seine getöteten Kinder. Deshalb vermutet Wiesel, Hiob habe seine frommen Bekenntnisse nur gespielt, um den Gegner zu täuschen und Gott schließlich mit einem bitteren Lachen um seine Glaubwürdigkeit zu bringen.

Gott unter Mordanklage
– und die Engel weinen

„Er hat nie den Nacken gebeugt", sagt Wiesel über Hiob, das rebellische Opfer aus biblischen Zeiten. Es klingt wie ein Selbstportrait. Wie ein moderner Hiob macht Elie Wiesel dem Weltenschöpfer, der Auschwitz nicht verhindert hat, den Prozeß. Er zweifelt nicht an seiner Existenz – die „Gott-ist-tot-Theologie" ist alles andere als jüdisch und nicht in den KZs entstanden –, aber an seiner Kraft und Güte. Als seine Kinder gefoltert und verbrannt wurden, als man ihre armen Körper zu Seife und Lampenschirmen verarbeitete, mit ihren Haaren noch ein Geschäft machte, hat er sich da nicht auch als ein so gleichgültiger Zuschauer erwiesen wie der Zeuge mit den leeren Augen damals in Sighet?

Es gibt Fragen, die können in den Wahnsinn treiben: Wie konnte ein Kulturvolk Millionen Menschen ausrotten, nur weil sie Juden waren? Wie konnte die übrige Welt dazu schweigen? Wie kann man nach dieser Erfahrung weiter an die Kraft des Guten, an einen Lebenssinn, an Gott glauben?

Eine Antwort hat Wiesel bis heute nicht gefunden: „Sobald man aufbricht, um zu begreifen, erreicht man die Finsternis", zieht er nüchtern Bilanz. „Gott? Er bleibt der Gott der Finsternis. Der Mensch? Eine Quelle der Dunkelheit. Das höhnische Lachen der Mörder, die Tränen der Opfer, die Gleichgültigkeit der Zuschauer, deren Komplizenschaft und Selbstzufriedenheit, die Rolle Gottes in all diesem Geschehen: Ich verstehe nicht. Eine Million dahingeschlachteter Kinder: Ich werde niemals verstehen."

Vor allem Gott, diesen Zuschauergott, könne sie nicht begreifen, klagt die Mutter des Erzählers im *Fünften Sohn*. Worauf ihr Mann murmelnd erwidert: „Und wer sagt dir, daß Er, daß Gott es versteht?"

Keinen Trost vermag die Legende im *Midrasch* zu spenden, Gott habe alle Qualen der Juden in Ägypten zugelassen, seinem Volk zur Prüfung – aber als der Pharao verfügte, die jüdischen Neugeborenen lebendig in die Pyramiden einmauern zu lassen, und der Erzengel Michael eines dieser verängstigten Kinder zum himmlischen Richter emportrug, da war Gott entsetzt und beschloß auf der Stelle, sein Volk aus Ägypten herauszuholen. Als kleiner Junge hat Elie diese Geschichte geliebt – jetzt liest er sie mit Empörung: „Ein einziges jüdisches Kind bewegte Gottes Herz, aber eine Million jüdischer Kinder bewegten Ihn nicht?"

In Auschwitz hat er erlebt, wie drei ebenso fromme wie gelehrte Rabbiner beschlossen, über Gott wegen dieses Blutbades zu Gericht zu sitzen, ein *Din-Toive* zu veranstalten, ein rabbinisches Schiedsgericht streng nach den Regeln der Tradition. Mehr als drei Jahrzehnte später brachte er seine Erinnerung auf die Bühne: In Wiesels Schauspiel *Der Prozeß von Schamgorod* zerrt eine reisende jüdische Komödiantentruppe in einem Dorf irgendwo am Dnjepr Gott vor Gericht, während sich draußen der christliche Mob aus Ukrainern und Kosaken zum Pogrom versammelt.

Der jüdische Gastwirt Berisch, dessen Tochter sie vor seinen Augen stundenlang geschändet haben, übernimmt die Rolle des Anklägers. Er kündigt dem gleichgültigen Herrn des Universums die Gefolgschaft auf: „Ich werde seine Schuld herausschreien. Mit dem letzten Tropfen meiner Kraft werde ich protestieren." Der wortgewandte Verteidiger, der zum Gehorsam gegenüber Gottes unerforschlichen Ratschlüssen auffordert, entpuppt sich am Ende als Satan persönlich.

Was für ein Messias das schon sein könne, „der sechs Millionen Tote verlangt, bevor er sich zu erkennen gibt", will ein zorniger Patriarch Abraham vom Tribunal des Himmels wissen – in Wiesels bedrückender, von Darius Milhaud vertonter Kantate *Ani Maamin* („Ich glaube"). 1973 konnte das Premierenpublikum in der New Yorker *Carnegie Music Hall* Zeuge sein, wie die Glaubensväter der Bibel im Himmel Klage über den Holocaust führen. Jakob assistiert Abraham: „Du hast versprochen, über Israel zu wachen", hält er Gott vor. „Wo bist du? Wo bleibt dein Versprechen? . . . Ist das dein Segen?"

Doch während alle Engel in Tränen ausbrechen und die Chöre des Himmels eine Antwort fordern, verharrt Gott in Schweigen. Die Patriarchen kehren zur Erde zurück, um ihrem Volk die Nachricht zu bringen, daß Gott es verlassen hat. „Gott weiß – also will er es." Sie wissen aber auch, daß sein Volk weiter an ihn glauben wird, Gott zum Trotz, den Mördern zum Trotz, und daß dieser Glaube die Schöpfung retten wird.

Keiner der Patriarchen bemerkt beim Verlassen des Himmels die Tränen in den Augen Gottes.

Glauben am Rand des Wahnsinns

Was zunächst wie blasphemische Rebellion aussehen mag, erweist sich als Zeugnis eines trotzigen Glaubens: Auch Hiob hat Gott anerkannt, indem er ihm die Stirn bot. Und im biblischen Hiob-Buch gibt Gott dem Rebellen recht und nicht seinen neunmalklugen Freunden mit ihren spitzfindigen theologischen Beweisführungen.

Für Elie Wiesel ist Glauben keine billige Vertröstung und keine philosophische Erklärung, die im Interesse der reinen Lehre über Leichen geht, sondern ein Risiko und ein Ringen, mehr verzweifelte Frage als dogmatische Antwort: „Man begreift es nicht mit Gott. Und man versteht es nicht ohne ihn."

Wie man denn nach Auschwitz noch an Gott glauben könne, fragt der junge Gregor in seinem Roman *Die Pforten des Waldes* einen weisen Rabbi. Dessen Antwort: „Wie kannst du nach dem, was uns geschehen ist, *nicht* an Gott glauben?"

In der Synagoge gibt es keine Kniebänke. Juden stehen vor Gott, wenn sie beten – ausgeliefert und selbstbewußt zugleich: Hier bin ich, ich habe mit dir zu reden! Zweifel und Anklage gehören zu diesem Gebet, manchmal wohl auch eine Portion Zynismus. In *Gezeiten des Schweigens* hat Wiesel das „Gebet eines Verrückten" aufgezeichnet:

„Ach Gott, gib mir die Kraft, gegen dich zu sündigen, mich deinem Willen zu widersetzen, dich gefangenzusetzen, dich lächerlich zu machen!"

Das ist Ketzerei, Rebellion, Empörung, himmelweit entfernt von der sanften Korrektheit, die bürgerliche Religion für den Umgang mit Gott vorschreibt – aber es ist ein Gebet, voller Leidenschaft und enttäuschter Treue. Im selben Ton schroffer Verzweiflung streiten Verliebte um die Reste ihres verlorenen Paradieses.

Vielleicht ist auch die erwähnte Kantate das Gebet eines Verrückten. *„Ani maamin,* ich glaube", heißt es hier, „trotz Treblinka. *Ani maamin,* wegen Belsen. *Ani maamin,* wegen und trotz Majdanek."*

Nicht nur trotz, sondern *wegen* der Vernichtungslager an den Herrn der Welt glauben? Sich für Gott entscheiden, der den Sinn kennen mag, wider alle Vernunft und Erfahrung? Bleibt so ein Vertrauen am Rand des Wahnsinns als einzige Möglichkeit, weil man sonst Amok laufen oder sich aufhängen müßte?

Wiesels Glaubensgründe gehen tiefer, viel tiefer. Die jüdische Mystik hat immer schon das Bild von der *Schechina,* der Herrlichkeit Gottes, im Exil gekannt, von einem Gott, der seine Kinder in die Verbannung begleitet und mit ihnen leidet.

War er, der Auschwitz hat geschehen lassen, am Ende auch dort in den Hungerbunkern und Gaskammern? War das seine Form der Hilfe, der Erlösung, mit den Opfern zu leiden?

Bekannt ist die Geschichte von einem zarten Jungen, der in Auschwitz wegen Sabotage gehängt wurde und mehr als eine halbe Stunde in einem endlosen Todeskampf zwischen Himmel und Erde schwebte. Wo denn jetzt Gott sei, wollte jemand wissen, bestimmt kein Zyniker, nur ein Verzweifelter.

Und Elie hörte eine Stimme in sich antworten: „Wo er ist? Dort – dort hängt er, am Galgen . . ."

Fragen, keine Antworten. Allenfalls die Ahnung einer Antwort. Die alte Legende von dem Kelch neben Gottes Thron, in den alle unsere Tränen fließen; wenn er voll sein wird, dann endlich wird der Messias kommen. Und gleich wieder die schmerzgepeinigte Frage, ob dieser Kelch denn keinen Boden habe.

Die Geschichte vom weinenden Gott: Als er die Leiden seiner unter den Völkern zerstreuten Kinder sieht, vergießt er zwei Tränen, die in den Ozean tropfen. Beim Fallen machen diese Tränen einen solchen Lärm, daß man es von einem Ende der Welt bis zum anderen hört.

Vermag Gottes Weinen die zu trösten, die nach seinem machtvollen Eingreifen schreien? Und sein Mitleid jene zu besänftigen, die nach seiner Gerechtigkeit rufen? Oder stürzten die Unrechtsstrukturen in der Welt tatsächlich zusammen, würde sich nur das Bewußtsein durchsetzen, daß Gottes Platz unter den Opfern ist und niemals auf seiten der Täter? Liegt die einzige Hoffnung in der Erkenntnis, daß er die an sein Herz nimmt, die in seinem Namen sterben, nicht aber, die in seinem Namen töten?

Den Tod überleben

Einer, der fast seine ganze Familie in den KZs verloren hat, darf seinen verbissenen Prozeß gegen den schweigenden Gott so unentschieden enden lassen: die unlösbaren Probleme stehen lassen und weiterkämpfen, in dem wahnwitzig-tapferen Vertrauen, daß Gott dort in den Opfern anwesend war und jetzt mit denen geht, die sich den Glauben an das Leben nicht rauben lassen. „Trotzdem" heißt das Zauberwort.

Geschichten gegen die Melancholie

Elie Wiesel besucht im Sommer 1987 das KZ Auschwitz

Trotzdem leben. Trotzdem hoffen. Trotzdem singen. „Natürlich macht es dem Tod Spaß, in unseren Reihen zu wüten", räumt ein leiderfahrener Rabbi im *Fünften Sohn* ein. Aber was bedeutet das schon: die zahllosen Verfolgungen und Pogrome? „Es bedeutet, daß wir dem Tod zum Trotz leben, daß wir trotz des Todes leben, daß wir den Tod überleben!"

Seit er das begriffen hat, damals in New York, lange nach der Befreiung aus dem Reich der Nacht, seither ist Elie Wiesel auf der Suche nach dieser Kraft tief im Menschen, die stärker ist als der Tod. Denn wenn Verzweiflung Hoffnung gebären kann, dann gibt es noch einen Sinn in der menschlichen Existenz.

„Du willst über das Böse triumphieren? Großartig. Beginne damit, deinesgleichen zu helfen. Über den Tod triumphieren? Ausgezeichnet. Beginne damit, deinen Nächsten zu retten."

Das ist der Weg. So knapp, wie eine Kampfparole, ist er ausgerechnet im *Schwur von Kolvillág* formuliert, Wiesels eher pessimistischem Roman über ein Pogrom in Osteuropa in den zwanziger Jahren.

Das ist der Weg, aus der Besessenheit vom Tod wieder in das Leben zu finden: sich nicht im Leiden einzuspinnen, so entsetzlich es gewesen sein mag, sondern sich gegenwärtiger Not zuzuwenden. Wer sich heute anstrengt, besiegt den Tod von gestern – und verhindert ihn vielleicht morgen. Wer andere rettet, triumphiert am Ende über das Böse.

Wenn jemand leidet, wenn jemand einsam ist, hat niemand das Recht, sich fortzustehlen oder die Augen zu verschließen. Wenn jemand Unrecht erleidet, darf niemand sich abwenden, wer leidet, hat Vorrang. Sein Leiden gibt ihm das Recht dazu. Wenn jemand neben dir weint, so hat

Geschichten gegen die Melancholie

er Anspruch auf dich, auch wenn sein Leid ihm von euerm
gemeinsamen Gott auferlegt wurde. Über einen Menschen,
der leidet, zu wachen, ist dringlicher als an Gott zu denken.

ELIE WIESEL IN „ADAM
ODER DAS GEHEIMNIS DES ANFANGS"

Man müsse Glück schaffen, um gegen die Welt des Un-
glücks zu protestieren, hat Camus gesagt. Durch Helfen wieder leben lernen, das rät Wiesel den in Mißtrauen und Bitterkeit Erstarrten. Niederschmetternde
Erfahrungen in Kraft verwandeln. Neue Hoffnung erfinden, wenn alle Hoffnung ausgelöscht scheint. „Dem
Menschen ist es gegeben", schreibt Elie Wiesel mit der
verzweifelten Liebe, die das Privileg der Ketzer ist,
„dem Menschen ist es gegeben, die göttliche Ungerechtigkeit in menschliche Gerechtigkeit zu verwandeln."

Und er erinnert sich ein wenig beschämt: Nach jenem
Prozeß in Auschwitz, in welchem Gott schuldig gesprochen worden sei, habe einer der gelehrten Rabbiner auf seine Uhr – die er sich dort irgendwie bewahrt
hatte – geblickt und gesagt: „Es ist Zeit für das Gebet."
Und Gottes unbarmherzige Richter beugten ihre Häup-
ter und beteten.

Ob Elie Wiesel daran auch im Sommer 1979 gedacht
hat, als er zusammen mit den anderen Mitgliedern des
US Holocaust Memorial Council Auschwitz besuchte?
Die Konfrontation mit dem Ort, an dem man seinem
Vater, seiner Mutter, seiner kleinen Schwester ihr Le-
ben geraubt hatte, muß entsetzlich gewesen sein. Die
KZ-Überlebenden gingen mit wankenden Schritten,
einander fest an den Armen haltend, noch einmal die
Wege von der Rampe zu den Baracken, zu den Hinrich-
tungsstätten, zu den Gaskammern.

„Jeden Wunsch, zu heulen, zu schreien, zu weinen,

galt es zu unterdrücken", vertraute Wiesel später einem Interviewer an. „Während einer unendlichen Zeitspanne hielten wir Stille. Dann, ganz leise zuerst, schließlich immer lauter schreiend, begannen wir wie Verrückte das ewige Gebet der Juden zu sprechen: *Schema Jisrael*, nur das. ,Höre Israel, der Herr ist unser Gott, Gott ist einzig . . .' Einmal, zweimal, fünfmal . . . Taten wir das, weil damals die Opfer, die spürten, daß das Ende nah war, dasselbe Gebet zu sprechen begannen?

Für mich bedeutete es, daß trotz zweitausend Jahren der Leiden und der Verfolgung durch alle Mächte des Bösen und des Exils noch ein Jude da ist, der ,Schema Jisrael' sagt.

Es war wie eine Herausforderung, nicht wie eine Unterwerfung."

Die Auferstehung
der lebendig Begrabenen

Ruth Pfau
(geboren 1929),
Ärztin und Ordensfrau in Pakistan,
arbeitet mit Phantasie und Leidenschaft
gegen die Lepra

Lepra ist keine Krankheit.
Lepra ist ein Sterben, lange vor dem Tod.
1980 entdecken Ruth Pfau und ihr Helferteam im pakistanischen Grenzdörfchen Serbal in einer winzigen Felshöhle, zwei Schritte tief, zwei Schritte breit, hinter einer übermannshohen Steinmauer die 14jährige Adina. Die eigene Familie hat das Mädchen vor zwei Jahren hier eingemauert, weil es die Symptome der Lepra zeigte. Als die Helfer das halbnackte Kind finden, kann es kaum laufen. Die Muskeln sind durch die zweijährige erzwungene Ruhe erschlafft.

Lepra ist keine Krankheit. Lepra ist Ausschluß aus der Gemeinschaft der Menschen, Lebendigbegrabenwerden.

In Ruth Pfaus Krankenhaus in Karachi wird eine Dame der besseren Gesellschaft eingeliefert: zerfallende Leprageschwüre, entsetzlich geschwollene Glieder. Die Patientin kann sich nur noch kriechend fortbewegen. Ihr gutsituierter Mann hat ihr das Bett auf die Straße gestellt; sie solle sich in seinem Haus nicht mehr blicken lassen. „Du kannst ja betteln gehen", hat er ihr geraten. Nach etlichen Monaten intensiver Behandlung geht es der attraktiven Frau so gut, daß sie auf der Station zu helfen beginnt. Zu ihrem Mann, der jetzt wieder Interesse zeigt, will sie nie mehr zurückkehren.

Lepra ist keine Krankheit. Lepra ist Strafe für irgendwelche Sünden, glauben immer noch viele Menschen, nicht nur in den sogenannten unterentwickelten Ländern. Lepra ist ein Fluch, der zum Paria macht. Als Ruth Pfau mit ihrer Arbeit begann, half ihr manchmal ein junger pakistanischer Arzt – unter der Bedingung, daß niemand davon erfahren dürfe. Er fürchtete um seine Zulassung.

Das Wunder, das Ruth Pfau und ihre Helferteams in dieser Hölle vollbringen, sind nicht die medizinischen Heilungserfolge. Das Wunder besteht darin, daß die lebenden Toten aus ihren Gräbern auferstehen, daß Parias wieder zu Menschen werden.

Über halsbrecherische Felspisten, Tausende von Metern hoch, bahnt sich der Hilfstrupp einen Weg durch das Gebirgsmassiv am Indus, hoch im Norden Pakistans. Die Fahrbahn ist gerade so breit wie der Jeep und nur in glücklichen Momenten zu erkennen, weil ein peitschender Sturm Sand aufwirbelt und alle Sicht nimmt. Wenige Kilometer vor dem Ziel endet die Straße an einem gähnenden Abgrund; unten schäumt der reißende Fluß. In den Felsen ist ein Eisenhaken gehauen, an dem ein armdickes Drahtseil hängt; das andere Ende hat man auf der gegenüberliegenden Seite der Schlucht an einem Baum befestigt. Einer nach dem andern besteigen die Helfer jetzt ein gefährlich schaukelndes Sitzbrett, das mit einem dicken Wollstrick über das Drahtseil ans andere Ufer gezogen wird, während unten in schwindelnder Tiefe der Indus rauscht.

Als sie alle – auch die deutsche Ärztin – glücklich auf der anderen Seite angekommen sind, im Dorf Palbaldo, rennt ein Leprapatient auf sie zu, Tahmasab heißt er. „Früher konnte ich nur krächzen wie ein heiserer Rabe", erzählt er ausgelassen, die Krankheit habe ihm die Stimme geraubt. „Die Kinder haben mich ausgelacht, Freunde wandten sich von mir ab . . . und jetzt, jetzt kann ich wieder singen!"

„Allah ist groß", stimmt ein glücklicher Tahmasab

an. „Und seine Werke wunderbar", fallen die Mitpatienten ein. Solche Wunder erlebt Ruth Pfau jeden
Tag in Pakistan, seit sie damit begonnen hat, den Ausgestoßenen ihre Menschenwürde zurückzugeben.

Bombenalarm und Kirschblüte

Sich kühlen Herzens derartigen Abenteuern wie der
Überquerung der Indusschlucht auszusetzen, hat die
Ärztin wohl schon in ihrer Jugend gelernt. Die Schul-
zeit in den Weltkriegsjahren mit Bombennächten und
Flüchtlingselend war ein hervorragendes Überlebens-
training.

Eine Freundin von damals erinnert sich, mit welchem Erfolg Ruth ihr Organisationstalent bei der damals üblichen – und lebenswichtigen – Schulspeisung
erprobte: Wenn jemand schwänzte, ging die kostbare
Portion Graupensuppe nicht verloren, sondern kam
mittels eines von ihr erfundenen Systems wechselseitig
ausgestellter Vollmachtserklärungen irgendeiner Mit-
schülerin zugute, die den zusätzlichen Teller Suppe besonders nötig hatte. Ruth habe von früh auf Autorität in
der Klasse genossen, „und ihre Einfälle hatten den Vor-
zug, auch zu funktionieren".

Ruth Pfau ging in Leipzig zur Schule, wo sie am
9. September 1929 als Tochter eines Buchhändlers geboren worden war. Der Vater habe in kein Klischee ge-
paßt, sagt sie: „Ein wenig Biedermeier und doch erfolgreicher Geschäftsmann. Unter heutigen Kategorien ein
Alternativer."

Kein Wunder, daß man sich in dieser weiblich dominierten Familie – fünf Schwestern und ein kleines Brüderchen, das nicht mal ein Jahr alt wurde – über das

Die Auferstehung der lebendig Begrabenen

bierernst-martialische Gehabe der Nazis amüsierte. Die „Bizepskultur" im *Bund Deutscher Mädel (BDM)* habe sie nicht ausstehen können, erzählt sie, obwohl sie die Leiterin ihrer Gruppe anschwärmte – wie es die meisten Dreizehnjährigen tun. Doch plötzlich verkündete diese Traumfrau, als es um Nietzsches starke Männer ging: „Die größte Tapferkeit ist, unberührt zuzusehen, wenn ein anderer leidet." Ruth rannte aus der Gruppenstunde nach Hause und heulte fassungslos.

Dann kamen die Luftangriffe auf Leipzig. Die vertrauten Straßen, wo sie als Kind gespielt hatte, in rauchende Trümmerhaufen verwandelt. Aus den Ruinen grub man blutüberströmte Menschen heraus. Ruth reagierte darauf zunächst mit panischer Angst – „jahrelang konnte ich nicht im Dunkeln sein" – und später mit einer abgebrühten Abenteuerlust, die ihr selbst unheimlich war: Die prickelnde Spannung beim Herumspazieren auf Wegen, wo noch nicht explodierte Bomben lagen, beim Helfen in Notunterkünften und Feldküchen – das sei wohl auch ein Stück Verdrängung der furchtbaren Wirklichkeit gewesen.

1943 fielen Bomben auf ihr Elternhaus, die Familie Pfau war nun obdachlos. Auf dem zentral gelegenen Leipziger Hauptbahnhof strömten die Flüchtlinge aus allen Himmelsrichtungen zusammen. Die BDM-Mädel schleppten 14 Stunden am Tag Koffer, gaben Essen aus, hörten hilflos zu, wenn über die besten Fluchtwege zwischen russischen und amerikanischen Linien gestritten wurde. Währenddessen heulten immer wieder die Luftschutzsirenen.

Doch eines Tages war der Krieg vorbei, und die Kirschbäume blühten. Ruth Pfau: „Das war für mich eine Schlüsselerfahrung, daß das Leben stärker ist als der millionenfache Tod." Dieses Urvertrauen verließ sie auch nicht, als die schwerkranke Mutter nicht mehr stillen konnte und das Brüderchen starb, als sich die ganze Familie um einen kleinen Kachelofen drängte, weil es kaum Kohlen gab, und Ruth nachts um drei aufstand, um in Ruhe lernen zu können: Das Leben ging merkwürdigerweise weiter, und auch die schlimmste Situation war nicht ganz aussichtslos.

Verliebt in Gott und einen Studenten

Kurz nach der Währungsreform 1948 floh Ruth Pfau über die „grüne Grenze" in den Westen, wo ihr Vater Arbeit gefunden hatte. In Mainz begann sie Medizin zu studieren, wechselte dann nach Marburg. Das Motiv ihrer Berufswahl? Als Ärztin könne sie im Fall eines neuen Krieges sicher sein, dem Leben und nicht dem Töten zu dienen . . .

Sie las Sartre, Camus, Kierkegaard, Marx, besuchte kommunistische Versammlungen, wurde als Kandidatin des *Sozialistischen Studentenbundes* in die Studentenvertretung gewählt. „Nie wieder Krieg, nie wieder Nazi-Zeit, nie wieder Judenverfolgung!" schwor sie sich und probierte sämtliche weltanschaulichen Angebote durch – ohne irgendwo wirklich gefesselt zu sein. Bloß Politik zu treiben war ihr zu wenig. Sie fragte nach dem Sinn von Leben und Leiden, nach einer Liebe, die über den Tod hinaus Bestand haben sollte – und wurde mitleidig belächelt.

Das Christentum war ihr bis dahin eigentlich nie als realistische Möglichkeit erschienen. Die Eltern gehörten einer winzigen protestantischen Sekte an, die Ruth und ihre Geschwister genauso langweilte, wie die Kinderbibelstunde. Bloß aus intellektueller Redlichkeit beschäftigte sie sich nach all den Philosophien und Parteien jetzt auch noch mit dem Christentum; sie wollte nicht etwas ablehnen, was sie gar nicht kannte. Zu ihrem großen Erstaunen sah sie sich zum erstenmal mit ihren grüblerischen Fragen ernstgenommen – ohne so etwas wie eine blitzartige Erleuchtung vom Himmel zu erleben. Wie sie zum Glauben gekommen sei? „Es war sicher umgekehrt. Der Glaube kam zu mir, er hat mich gefunden."

Über sehr menschliche Wege, wie es scheint. Ruth verliebte sich unsterblich in einen Theologiestudenten, ging täglich zur Morgenandacht der evangelischen Studentengemeinde, um ihn zu treffen, fand „vieles kleinkariert, das meiste fremd", fragte Kollegen und frommen alten Frauen die Seele aus dem Leib, wie man das denn mache, Christ zu sein. Eine Niederländerin, KZ-Überlebende, sagte ihr, das gehe bloß mit Beten. „Sie hat es wohl für mich getan."

1951 ließ sie sich in der Studentengemeinde taufen – um wieder eine Enttäuschung zu erleben: Die jungen Christen waren so schrecklich humorlos, parallel zu einem Karnevalsball hatten sie gemeinerweise einen Wortgottesdienst angesetzt. Ruth dachte, „ich könnte beides mitnehmen", schlüpfte in ihrer Maskerade in die hinterste Bank – und wurde böse angestarrt. Das konnte sie nun absolut nicht verstehen, warum ihre neue Liebe, Christus, eifersüchtig auf den Karneval sein sollte! „Was sollte ich mit einem Herrgott tun, der sich für Fastnachtsbälle nicht interessierte? Besonders, wenn ich dabei war?"

Zum Glück entdeckte sie einen neuen Mann, einen Katholiken, und eine neue Form von Frömmigkeit, sinnlich, fröhlich, bodenständig. Menschen, die sich bei der Fronleichnamsprozession auf offener Straße hinknieten. Weihrauch und Blumen. Die wunderbar sympathischen Mönche von Maria Laach im Rheinland – bisher hatte sie gedacht, Klosterbrüder gebe es nur in Bayern oder in Novellen.

Ruth war begeistert. Dazu kam eine logische Überlegung: Wenn man schon an Gott glaubte, dann mußte dieser Gott die endlichen Denkkategorien des Menschen übersteigen, dann konnte man über den Wahrheitsgehalt seiner Offenbarung nicht selbst befinden. Warum dann die katholische Kirche ablehnen, die sich seit fast zwei Jahrtausenden bemühte, die Lehre rein zu erhalten? Zwei Jahre nach ihrer Taufe wurde Ruth katholisch.

Entscheidend sei bei der Begegnung mit dem Christentum für sie gewesen, „das Du dort zu entdecken, wo es mit dem Eigentlichen zusammenfällt. Den Sprung zu machen. Sinn kann man letztlich nur erreichen durch einen Sprung. Er ist da. Wie die Liebe schon da ist, für die, die lieben. Ob der Sprung ins Leere geht oder ob er aufgefangen wird und trägt, das kann man nicht abstrakt entscheiden, das zeigt sich im Leben".

„Bloß kein banales Leben!"

Ruth Pfau bestand das medizinische Staatsexamen in Marburg mit Auszeichnung, machte ihr Praktikum an einem Krankenhaus im Sauerland, promovierte mit einer Arbeit „Über Schwangerschaftsunterbrechungen mit besonderer Berücksichtigung der neuropsychiatrischen Indikationen". Jedes Wochenende kam ihr Freund aus Mainz, sie fühlte sich glücklich mit ihm – aber ihr Herz war nicht so restlos erfüllt, wie sie es sich gewünscht hatte. „Das Eigentliche muß noch darüber hinaus liegen", sagte sie sich, zerrissen von einer Sehnsucht, die sie sich selbst nicht genau erklären konnte.

Und dann diese schreckliche Schere zwischen der todbringenden Armut der Dritten Welt, über die sie sich sehr wach informierte, und den Anfängen des Wirtschaftswunders daheim in Deutschland. Sie verstand zwar das Bedürfnis der Kriegskinder und Ausgebombten, sich nach all den Entbehrungen endlich wieder etwas zu gönnen, doch: „Dieser Nachholdrang war mir zu selbstbezogen, zu egoistisch. Zudem verstand ich nicht, welches Vergnügen im Völlegefühl liegen sollte."

Ruth saß mit Kollegen im Ärztecasino, sie hatte gerade ihren Führerschein gemacht. „Wir unterhielten uns, welche Kiste wir kaufen würden. Den Käfer? Orangefarben oder taubengrau? Oder doch besser einen Opel? Plötzlich dachte ich: Wenn *das* der Sinn des Lebens ist. Verdienen. Auto kaufen. Verdienen. Auto wechseln . . . Ich wollte raus. Bald, möglichst sofort."

Im Grunde gab es nur zwei Alternativen: sich umbringen angesichts der schreienden Ungerechtigkeit überall auf dem Erdball oder sich in einen Glauben hineinwerfen, der stark genug war, dieser kaputten Welt die Stirn zu bieten, ja sie wenigstens an dem einen oder anderen Ort zu erlösen. „Nichts kann ich für mich so schwer akzeptieren wie ein banales Leben", stellte Ruth Pfau fest und beschloß, ihr gerade erst entdecktes Christentum auf die denkbar radikalste Weise zu verwirklichen: in einem Orden, der die Nähe zu Christus und die Arbeit an den Brennpunkten der Not verband.

Die von ihr gewählte Gemeinschaft hatte einen fürchterlich altmodischen Namen – *Töchter vom Herzen Mariä* –, aber ein hochmodernes Programm: Gegründet in den Jahren der Französischen Revolution als „eine Art religiöse Untergrundbewegung" (Ruth Pfau), arbeiten die „Töchter" ohne Klausur, ohne äußere Kennzeichen, als ganz normale Lehrerinnen, Sozialarbeiterinnen, Büroangestellte, Verkäuferinnen mitten in der Welt, manchmal in ihrer Familie lebend, oft ganz allein, nur durch regelmäßige Gruppentreffen, das intensive Gebet und die sogenannten „evangelischen Räte" Armut, Ehelosigkeit, Gehorsam miteinander verbunden. Häufig springen sie dort ein, wo andere Ordensschwestern nicht mehr wirken können, etwa weil man sie vertrieben hat.

Ruth Pfau begann ihr neues Leben als Ordensfrau 1957 mit gespannter Freude, aber auch viel Realismus: „Wenn man einmal ‚drin' ist, dann stößt man selbstverständlich auf die Kleinkariertheiten, mit denen man bei seinen großartigen Visionen nicht gerechnet hat." Zum Glück erkennt und fördert der Orden ihr fachliches Talent: Nach einem Noviziatsjahr in Paris wird sie zur internistischen Spezialausbildung nach Köln, anschließend zur Weiterbildung in Gynäkologie und Geburtshilfe nach Bonn geschickt.

Und dann die Frage, ob sie nach Indien gehen wolle. Zehn, zwölf, schließlich achtzehn Monate wartet sie vergeblich auf ein Visum – und fliegt im März 1960 kurzentschlossen nach Karachi, weil auch die Mitschwestern in Pakistan eine Ärztin angefordert haben.

Die Ankunft in Karachi ist ein Schock. Noch im Wintermantel und „ziemlich flugkrank", wie sie notiert, taucht die deutsche Ärztin in ein mörderisches Tropenklima ein: 40 Grad Hitze unter einer glühenden Sonne, mehr als 80 Grad Luftfeuchtigkeit, schon auf dem Flughafen ein lärmendes Tohuwabohu aus tausend fremden Geräuschen, auf den Straßen ein Durcheinander

von pausenlos hupenden Taxis, hochbeladenen Last-
karren, bedächtigen Kamelen, flitzenden Rikschas,
buntbemalten Bussen, vollgepackt bis zum Dach, Men-
schentrauben auf jedem Trittbrett. „In welchem Anflug
geistiger Umnachtung", fragt sie sich, hat sie sich freiwillig hierher gemeldet?

Die Hafen- und Industriestadt Karachi platzt zu diesem Zeitpunkt aus allen Nähten. Immer neue Flücht-
lingswellen branden aus den umgebenden Wüsten
heran, in weniger als einem Jahrzehnt wächst die Ein-
wohnerzahl von 350 000 auf 900 000. Massen ausgehun-
gerter Elendsgestalten ohne Arbeit und Zukunftshoff-
nung kämpfen um jeden Quadratmeter Lebensraum.

Mittendrin in diesem niederdrückenden Inferno die
Töchter vom Herzen Mariä, die Kinder unterrichten,
Kranke versorgen, Sterbende von den Straßen aufsam-
meln. Die findige Schwester Berenice, eine Apotheke-
rin aus Mexiko, leitet vormittags einen Kindergarten
für den Nachwuchs der Oberschicht – davon lebt die
kleine Ordensniederlassung – und geht nachmittags in
die Slums.

Als Ruth ihr Englisch so weit aufgefrischt hat, um
sich verständlich machen zu können, nimmt sie Berenice in den verrufensten Bezirk von Karachi mit, gegen
den sich die übrigen Elendsviertel wie ein etwas ver-
schlamptes Paradies ausnehmen: In der Nähe des
Hauptbahnhofs und eleganter Geschäftsstraßen haben
die aussätzigen Bettler Pappkartons und verfilzte
Schilfmatten zusammengebaut, vor Schmutz starrende
Säcke über ein paar Bambusstöcke gehängt. Man
braucht viel Phantasie, um in den armseligen Gebilden
menschliche Behausungen zu erkennen.

Zur Regenzeit verwandelt sich die Senke, in der dieses Dorf aus Müll steht, in einen stinkenden See. Bis zu

den Knien waten die Bewohner in den Abwässern der umliegenden Stadtbezirke. Oder sie hocken in nassen Lumpen auf ihrer aus Bambus geflochtenen Bettstatt. Es gibt kein Wasser – das muß gekauft und in die Hütten geschleppt werden –, natürlich auch keinen Strom und kein Licht, nicht mal Abortgruben.

Mitten in all dem Dreck und Elend steht ein aus alten Holzkisten zusammengenagelter Schuppen: die Lepra-Ambulanz, die eine französische Mitschwester auf einem illegal besetzten Stück Land gegründet hat. Auch hier kein Wasser, keine Elektrizität – dafür Überschwemmungen, wenn der Regen herunterprasselt. Schüsseln, Eimer, Sterilisationsgeräte schwimmen dann durcheinander, die Seife löst sich zu einer schmierigen Brühe auf, Maisvorräte für die Halbverhungerten quellen zu dreifachem Umfang auf. Alle die modernen Hilfsmittel, die Ruth Pfau von ihrer exquisiten medizinischen Ausbildung gewöhnt ist, gibt es hier nicht – nur Menschen, die helfen.

Natürlich existiert auch kein Wartezimmer. Die Leprakranken stehen stundenlang in einer Schlange vor der Bretterhütte, oder sie legen sich auf den Erdboden. Überall Gestank, Lärm – und Fliegen, zahllose Fliegen, auf den dreckverkrusteten Körpern der Patienten, auf dem Behandlungstisch, an den winzigen Fenstern. Und in der Nacht, das weiß man, werden die Ratten kommen und die gefühllosen Hände und Füße der Kranken anfressen, die davon nichts merken ...

„Was mich aber damals noch mehr erschüttert hat", berichtet Ruth Pfau, „das war dieser eine Patient. Nicht älter als ich, noch keine Dreißig: Mohammed Hassan. Er kam aus dem Norden Pakistans, aus den Bergen. Und er kroch, auf Händen und Füßen, in den Bretterverschlag. Auf allen vieren, wie ein Hund. Vielleicht

Die Auferstehung der lebendig Begrabenen

hätte mich das noch nicht so aufgebracht. Aber dann dies: Seine Mitpatienten traten gleichmütig zur Seite, keiner regte sich auf. So, als sei das eine Selbstverständlichkeit. Etwas, wogegen sich aufzulehnen keinen Sinn hat: daß ein Mensch so auf Händen und Füßen durch Staub und Schmutz kriechen müsse ... Dieses Ja zur Entwürdigung hat mich fast betäubt. Daß diese Menschen dachten, ihr Zustand sei normal."

Damals, an diesem ersten Tag im Aussätzigenviertel, hatte Ruth Pfau einen Anfall produktiver Wut: „Berenice, das kann nicht so weitergehen", stammelte sie zornig, „etwas, irgend etwas werden wir tun!" Angst und Ekel bei der Ankunft in Karachi hatten sich in eine energiegeladene Liebe verwandelt. „Blitzartig", so wird sie es später beschreiben, „liefen in diesen Minuten die Fäden meines Lebens zusammen. Es war, wie wenn man seine große Liebe trifft: ein und für allemal. Dies war nun entschieden und galt für imer."

Operation in der Leichenhalle

Wenn es einen Beweis gibt, daß Phantasie und Hartnäkkigkeit die Welt eher verändern als ausgeklügelte Pläne und teures technisches Know how, dann hat ihn Ruth Pfau hier in ihrer windschiefen Bretterhütte erbracht.

„Eigentlich bestand unsere ‚Armenklinik' nur aus Verpackungsmaterial", erinnert sie sich. Sie improvisiert einfach, zaubert Verbandsmaterial aus Bettüchern, macht bei ihren Untersuchungen die fehlenden Apparate durch besondere Gründlichkeit wett, gewöhnt die mißtrauischen Patienten an Wachsbäder und Massagen, organisiert Antibiotika, Cortison und Vitaminpräparate von deutschen Spendern. Mit Fachkliniken hält sie Kontakt, um deren Labors und Röntgeneinrichtungen nutzen zu können. Und bald beginnt sie zu operieren, assistiert von einem Patienten, der mit einem Bambuswedel die Fliegen verjagt – auf einem Holztisch, später, ein Riesenfortschritt, in der Leichenhalle des Städtischen Krankenhauses. „Nicht einmal eine Garage hätte ich für meine Aussätzigen bekommen."

Trotzdem läuft sie beharrlich von Pontius zu Pilatus, um auf das verdrängte Elend der Leprösen aufmerksam zu machen und Hilfen anzuregen. „Ich mache alle Vormittage meine Runde durch Karachi", erzählte sie damals einem Interviewer, „und schiebe an jeder Ecke irgend jemanden, der mit meinen Lepraplänen etwas zu tun hat, ein Stückchen vorwärts. Ein ziemlich zeitraubendes Geschäft, aber die einzige Möglichkeit, etwas zu erreichen."

Als ihr der erste Patient stirbt – an einer Nierenkomplikation, extrem gefährlich bei jahrelang unbehandelter Lepra –, weint sie hemmungslos, fühlt sich schuldig, glaubt das Vertrauen all ihrer Schützlinge verloren zu haben. Doch die kommen zu ihr und erzählen begeistert, so einen schönen Tod sei noch keiner bei ihnen gestorben, so behütet und umsorgt.

Nachts, wenn der letzte Patient gegangen ist, büffelt Ruth Pfau Urdu – die amtliche Sprache in Pakistan –, verbessert ihr Englisch, arbeitet sich durch amerikanische Standardwerke über Leprabehandlung. Und dann geht sie für zwei Monate nach Vellore in Südindien, um sich dort von dem international renommierten orthopädischen Chirurgen Paul Brand in Wiederherstellungsoperationen ausbilden zu lassen.

Wieder „daheim" in Karachi, erlebt sie, wie die Patientenzahl auf 2500 im Monat hochschnellt. Vor allem Frauen strömen scharenweise mit ihrer über Jahre hinweg nicht behandelten Lepra in die Ambulanz; von einem männlichen Mediziner lassen sich strenggläubige Musliminnen nicht anfassen. Ruth Pfau legt Krankenkarteien an, beschafft Geräte für Untersuchungen und Infusionen, schult die ersten freiwilligen Helfer. In einer Ecke des Bretterverschlags hockt so ein Famulus, selbst ein Patient, das Mikroskop auf den Knien, stolz auf seine wichtige Tätigkeit, und macht mit Feuereifer Labortests.

Bei ihren pakistanischen Kollegen dagegen stößt die Deutsche auf entsetzte Abwehr, wenn sie jemanden um seine Mitarbeit bittet. Lepra? Um Himmelswillen! Unmöglich, gesunde Kinder leprakranker Eltern in die Schule schicken zu wollen; die Schulleiter fürchten den Protest anderer Familien: Lepra, das Sterben lange vor dem Tod. Aussätzige gehören ins Getto, hinter Mauern!

Dabei wissen die Mediziner seit langem, daß Lepra keineswegs in jedem Fall ansteckend und vor allem heilbar ist, sogar im weit fortgeschrittenen Stadium. Lepra wird nicht vererbt, sondern durch einen dem Tbc-Bazillus verwandten Mikroorganismus verursacht. Die Symptome: Hautausschlag, Nervenverdickung, Gefühllosigkeit. Der Kranke spürt nicht mehr, wenn er sich verbrüht oder an einer Glasscherbe verletzt. Erst später, wenn die Krankheit verheimlicht und nicht behandelt wird, verwandeln sich die Flecken auf der Haut in fausttiefe, eiternde Wunden, bilden sich die Gliedmaßen zurück, verfaulen Arme und Beine, fallen Finger- und Zehengelenke ab, entstellen nußgroße Knoten das Gesicht.

Auch dann noch kann die Lepra gestoppt, und in früheren Stadien kann sie völlig geheilt werden. Die Behandlung ist einfach und billig: Bäder, Massagen, Bewegungstherapie, früher lebenslang einzunehmende

Tabletten, um die Bazillenvermehrung zu stoppen, heute ein kombiniertes Präparat für gerade 30 Mark, das die Krankheit in 6 bis höchstens 36 Monaten völlig ausheilt. Um die Ansteckungsgefahr auszuschließen, genügt in der Regel ein kurzer Krankenhausaufenthalt mit einer medikamentösen Stoßtherapie.

Klinikärzte und Regierungsbehörden wissen das natürlich auch in Asien und Afrika. Aber die jahrhundertealten Schauermärchen, tief in das Bewußtsein von Generationen eingegraben, erweisen sich nicht selten als stärker: Lepra, ein dunkles Schicksal, gegen das kein Kraut gewachsen ist. Lepra, Strafe des Himmels für sexuelle Verirrungen oder für Fehlverhalten in einem früheren Leben. Lepra, ein schleichender Tod, der automatisch durch jede Berührung weitergegeben wird und deshalb die völlige Isolation des Betroffenen verlangt. Auch im angeblich aufgeklärten Europa hat zum Beispiel das griechische Parlament erst 1955 die Absonderung der Leprakranken abgeschafft.

In einer Bretterhütte im dreckigsten Revier von Karachi verbindet eine Ärztin aus Deutschland 16 Stunden am Tag stinkende Wunden, beschriftet Karteiblätter, gibt Ratschläge und muß sich doch sagen, daß all ihre Arbeit nur einen Tropfen im Ozean menschlichen Elends bedeutet. Hat es überhaupt einen Sinn, gegen diese Mauer aus Ignoranz und Vorurteilen anzurennen? „Es gibt nur zwei Möglichkeiten", sagt sie heute dazu. „Entweder du fährst heim auf dem kürzesten Wege. Oder du steigst aus dem Boot aus und versuchst, übers Wasser zu gehen, und fängst einfach an. Ich kam mir reichlich verrückt vor damals. Heute weiß ich, daß es die einzig logische Antwort auf dieses Elend war."

O ja, es schien zum Verzweifeln: Alleingelassene Kranke und Sterbende, die wahnwitzige Kluft zwi-

Die Auferstehung der lebendig Begrabenen

schen gepflegten Superreichen und leprazerfressenen Habenichtsen, Hunger, Schmutz und Ratten überall, die Ausbrüche unkontrollierter Gewalt, Korruption, Schmuggel und Mädchenhandel, die Flucht in Alkohol und Opiumrausch – und Ruth Pfau brachte es fertig, in diesem Sturzbach von tausend nie zu lösenden Problemen und erbarmungswürdigen Menschenschicksalen eine Herausforderung zu sehen und sogar ein Geschenk: Freiheit.

Denn „eine fast rauschhafte Freiheit" gebe das Gefühl, handeln zu können, ohne nach dem Erfolg zu fragen. „Diese Freiheit liegt in der Entscheidung, daß man sich hinstellen kann und sagen: Ich sehe nicht mehr länger zu."

Die Klinkbesetzer auf dem Eselskarren

Und immer noch operiert die Ärztin auf dem lächerlichen Holztisch ihrer Bretterhütte oder auf dem Erdboden kniend, neben sich den getreuen Fliegenjäger mit seinem Bambuswedel. „Ich dachte, es käme nie wieder, daß ich in einem weißen Kittel Visite machen würde. Mit einem Kollegen einen Fall diskutieren. Einen Wasserhahn aufdrehen, über einem Waschbecken mit Seife und Handtuch."

Nie hätte sie mit dem Wunder gerechnet, das zwei Jahre nach ihrer Ankunft in Karachi geschieht: Mit Geld vom deutschen Hilfswerk *Misereor* kann im Herzen der Stadt ein gerade für „normale" Patienten fertiggestelltes Krankenhaus mit komplettem Operationssaal, Röntgenraum und Labor gekauft werden. Die Schwestern erwarten freilich wüste Proteste der Nachbarn, und sie wissen, was für ein zweischneidiges Schwert das pakistanische Recht ist: ein Kinderspiel, irgendwelchen unerwünschten Personen per einstweilige Verfügung den Einzug in ein Mietobjekt zu verwehren – und fast unmöglich, jemanden aus einem Haus herauszuklagen, wenn er erst einmal darin wohnt.

Darauf bauen die offensichtlich recht weltklugen Töchter Mariens ihren Überraschungscoup auf: In finsterer Nacht stapeln sie das armselige Mobiliar aus der Bretterhütte auf einen Eselskarren, schleppen die Gerätschaften zur Kliniktür herein und bestellen für den nächsten Tag in aller Herrgottsfrühe ein paar Patienten. Damit ist ihr Provisorium vor dem Gesetz erst einmal ein anerkanntes Krankenhaus.

Fensterscheiben setzen sie lieber noch keine ein – ein weiser Entschluß, denn so können sie die von feindseligen Anwohnern geworfenen Steine, Tomaten und faulen Eier ohne Glasbruch entsorgen. Die Klinik übersteht drei Prozesse und trotzt sogar dem Räumungsbefehl des Bürgermeisters; der sieht sich das Haus an und läßt das Papier beschämt in einer Schublade verschwinden.

Während vierzig amerikanische Matrosen – ergebene Fans der resoluten Ärztin – sämtliche Räume streichen, elektrische Leitungen legen, zahllose Dosen Bier leeren und lärmend Witze machen, beginnt Ruth Pfau bereits auf einem Untersuchungsbett zu operieren; ein Helfer hält eine Schreibtischlampe über die Szenerie. Kaum ist die Klinik verputzt und eingerichtet, verhandelt sie über ein neues Stockwerk, denn die Patienten werden immer mehr.

Mit dem Umzug in das imposante und repräsentative neue Gebäude – wenn man es mit der Ambulanz aus Kistenbrettern vergleicht – scheint ein Damm gebrochen: Fachärzte und Pfleger stoßen zu ihrem kleinen Team, die Kollegen von der Städtischen Hautklinik

Die Auferstehung der lebendig Begrabenen

überweisen Patienten zur Begutachtung, Ruth Pfau hält Vorträge für Ärzte und eine Menge Ausbildungskurse. Ihre Klinik wird in Fachkreisen zum Begriff. Bald geht man nicht mehr nach Indien, wenn man sich über Lepratherapie informieren will, sondern nach Karachi zu Ruth Pfau.

Schließlich erfolgt die offizielle Anerkennung als Ausbildungsinstitut. Jetzt kann es geschehen, daß ein halbes Dutzend Angestellte des Städtischen Krankenhauses wie brave Schulkinder vor einem der einheimischen Helfer Ruth Pfaus sitzen und sich dankbar erklären lassen, wie man Lepra diagnostiziert.

Eines Tages steht eine elegante Pakistanerin vor der Klinikchefin; in ihrem kostbaren Seidensari wirkt sie wie eine Maharani. Sie sei Hautärztin, in England ausgebildet, gibt sie zu verstehen, sie besitze eine Privatklinik und wolle bei der Lepraarbeit helfen, in ihrem eigenen Krankenhaus könne sie währenddessen ein junger Kollege vertreten.

Ruth Pfau ist verärgert, derlei romantische Anwandlungen vornehmer Damen hat sie schon öfter erlebt. Wenn jemand aus ihren Gesellschaftskreisen auffallen wolle, fährt sie die Besucherin an, solle er sich jemand anderen aussuchen. Die pakistanische Kollegin, Dr. Zarina Faselbhoy heißt sie, lächelt – und kommt von da an dreimal pro Woche.

Sie packt in Dreck und Hitze mit an, ohne Arroganz. Sie lernt von Ruth Pfaus Fachwissen und nimmt ihr mit selbstbewußtem Charme schwierige Verhandlungen mit einheimischen Behörden ab. Die Pakistanerin und die Deutsche, die weltgewandte Muslimin und die etwas öffentlichkeitsscheue Ordensfrau werden gute Freundinnen; bei Festen werfen die Mitarbeiter vom Klinikpersonal duftende Blumengirlanden über die beiden und amüsieren sich königlich, wenn sie aus den zarten Fesseln nicht so schnell herausfinden: Aha, in Allahs Augen sind sie Schwestern!

Auch der Wiederherstellungschirurg Dr. Delawar Abbas betreibt in Karachi eine Privatklinik für begüterte Patienten, die seine astronomisch hohen Honorare bezahlen können. Die Begegnung mit der energischen Deutschen fasziniert ihn so, daß er ohne Rücksicht auf abergläubisches Gerede seiner Landsleute ab sofort unentgeltlich in der Lepraklinik mitmacht und zahlreiche Kollegen und Zeitungsredakteure für ihre Arbeit interessiert.

So findet sich allmählich ein hochmotiviertes, fachlich hervorragend gerüstetes Team zusammen. Das Krankenhaus im Zentrum von Karachi, ursprünglich einstöckig, wächst zu einem Mini-Wolkenkratzer von acht Stockwerken hoch, in den Außenbezirken arbeiten drei fliegende Ambulanzen. Die Ausstrahlung der Klinik ist in ganz Pakistan zu spüren: Noch ein paar Jahre, und in sämtlichen Missionskrankenhäusern beider Konfessionen werden Aussätzige behandelt – von Fachleuten, die bei Ruth Pfau ihre Ausbildung gemacht haben.

Finanziert wird das alles nicht nur von den vielen großen und kleinen Spendern im Ausland, die vom Engagement der deutschen Ärztin begeistert sind. Auch bei den pakistanischen Mitbürgern gelingt es ihr, Betroffenheit zu wecken. Die zahllosen Patienten brauchen orthopädische Schuhe, und der dafür benötigte Schaumgummi ist teuer. Einem jungen Muslim bei einer Regierungsbehörde kommt das Problem zu Ohren; er fährt mit Ruth Pfau zu einer Gummifabrik und hält den Chefs dort auf Urdu eine richtige Standpauke (ohne zu wissen, daß die Deutsche versteht, was er

Die Auferstehung der lebendig Begrabenen

sagt): „Also verdienen werdet ihr dabei nichts", eröffnet er den versammelten Managern, „aber schließlich könnt ihr auch mal was Allah zuliebe tun. Sie hat eine volle Universitätsausbildung und hätte eine Menge Geld machen können, aber sie zieht es vor, hier in dem Drecksviertel für unsere Leute zu arbeiten, und dann noch für Leprakranke. So können Christen sein. Es ist eine Schande, daß wir nicht mehr tun! Wir sollten uns wirklich nicht lumpen lassen."

Unmittelbar nach diesem Appell wird Ruth Pfau höflich auf Englisch gefragt, wieviel Schaumgummi sie denn für ihre Schuhproduktion benötige.

„Weil der Mensch eine Würde hat"

Eine andere Frage hört sie immer wieder, manchmal klingt sie bewundernd, manchmal spöttisch, verständnislos: „Warum machen Sie das eigentlich?"

Sie versorgt einen sterbenden Bettler, wäscht ihm den Schmutz vom Körper, säubert seine Wunden, während ihr Kollege, ein muslimischer Arzt, daneben steht. Er darf den Bettler nicht anfassen, er würde sich als strenggläubiger Muslim verunreinigen. Aber er will von der Ordensfrau wissen: „Bitte sag mir, warum machst du das eigentlich?" Ruth Pfau weiß keine andere Antwort darauf, als daß es doch die normalste Sache von der Welt sei. „Selbst für einen Atheisten ist es doch etwas ganz Natürliches, daß der Mensch eine Würde hat, die fraglos ist."

16 Stunden Arbeit am Tag, ohne Entspannung, ohne Urlaub, bringen sie an die Grenzen ihrer Leistungsfähigkeit. Flirrende Hitze, Malaria-Infektionen, der ständige Ärger mit Behörden und böswilligen Nachbarn,

das quälende Bewußtsein, immer nur einen Bruchteil der allgegenwärtigen Not beheben zu können – all das übersteigt die Kräfte eines einzelnen Menschen. Und dann die unzähligen verrückten Situationen, die blitzschnelles Eingreifen erfordern, aber auch Fingerspitzengefühl und Galgenhumor: In den Hinterhof der Klinik hat man ein Hotel gebaut. Eines Tages in der Trockenzeit gibt es kein Wasser, und der Hotelkoch hat die Stirn, den für ernste Notfälle reservierten Wasservorrat zu plündern, um heimlich seine Teller zu spülen. Ein Patient ertappt den Verschwender auf frischer Tat und will ihn außer sich vor Zorn erschlagen; Ruth Pfau kann die Kämpfenden im letzten Moment trennen.

Nein, oft fühlt sie sich am Ende und möchte am liebsten den ganzen Kram hinwerfen. „Wenn ein Teil meiner Leprapatienten auf Arm- und Beinstummeln in die Ambulanz gekrochen kommt und wenn mich ihre triefenden, entzündeten, blinden Augen ansehen, oder wenn ich die Babys in der Hand halte, nackt und dürr wie Äffchen – dann habe ich anfangs manchmal nicht gewußt, ob ich lästere oder ob ich bete, wenn ich dann halblaut vor mich hinsage: ‚. . . also hat Gott die Welt *geliebt*'."

Pakistan, das sind nicht nur die Aussätzigengettos, das sind verheerende Sandstürme und Heuschreckenplagen, das sind Pockenepidemien, Typhus und Cholera, Arbeitslosigkeit, Wohnungsnot und Bevölkerungsexplosion: „Wohin man auch kommt, man sieht Kinder, Kinder, Kinder . . ." Kinder, die in den gigantischen Slums aufwachsen, heiraten und sterben, ohne je eine grüne Wiese gesehen zu haben. Und doch ist sie oft wahnsinnig glücklich, die verrückte Deutsche ohne Wohnkomfort, Freizeit und Urlaub. „Manchmal", gesteht sie, „liebe ich Pakistan so intensiv, daß es mir weh-

Die Auferstehung der lebendig Begrabenen

tut. Ich habe das Gefühl, als fügten sich die Dinge von selbst unter meinen Händen ... und daß Pakistan beginnt zurückzulächeln, wenn ich es anlächle ... Ich habe rundherum das Gefühl, am richtigen Platz zu sein, wo ‚Er' mich haben will."

Pakistan, chaotische Großstädte, in denen das Leben wimmelt wie in einem Ameisenhaufen, und endlose Wüsten, wo man tagelang nicht einmal einem Ziegenhirten begegnet. Pakistan, Slums voller Schmutz, Hitze und Gestank und die grandiose Schönheit der schimmernden Himalaya-Gletscher. Pakistan, das Land der bejammernswerten Elendsgestalten und der Lebenskünstler, die im Müll hausen und lachen können. Die Islamische Republik Pakistan mit ihren 130 Millionen Einwohnern (im Jahr 2000 werden es 162 Millionen sein), etwas mehr als doppelt so groß wie das wiedervereinigte Deutschland. 44 Prozent der Bevölkerung sind jünger als 15 Jahre, jeder Dritte ist ein Analphabet. Trotz wirtschaftlicher Reformpolitik und Öffnung nach außen erreicht das Land gerade ein Fünftel des iranischen bzw. knapp zwei Prozent des US-amerikanischen Bruttosozialprodukts.

Alle paar Jahre flammen bürgerkriegsähnliche Wirren auf: Baluchis gegen Panjabis, Urdusprachige gegen Sindisprachige, Proleten gegen Konzernherren. Flüchtlingsströme blockieren die Straßen. Die Menschenrechte sind in diesen Zeiten nicht viel wert in Pakistan. Autoritäre Militärs, islamische Fundamentalisten, behutsame Modernisierer kämpfen um die Macht; im Ausland kennt man meist nur die verwirrend schöne Benazir Bhutto vom Bildschirm, die als Volkstribunin auftritt und der Korruption beschuldigt wird wie viele andere Politiker auch.

Und man weiß, daß Indien und Pakistan in ihrem

Dauerkrieg um Kaschmir bereits zweimal nahe daran waren, ihre Atombomben zu zünden. Während Indien den Volksaufstand in Kaschmir mit einer halben Million Soldaten niederzuschlagen versucht, bildet Pakistan muslimische Untergrundkämpfer aus; verhandlungsbereit scheint keines der beiden Lager zu sein.

„Ich liebe Pakistan", bekennt die Gastarbeiterin aus Deutschland hartnäckig. „Ich liebe es mit blutendem Herzen."

Menschen, die es gar nicht gibt

Zwei Schwerpunkte prägen die erste Phase von Ruth Pfaus Lepraarbeit in Pakistan, die von 1960 bis etwa 1965 dauert: Bewußtseinsbildung – also Aufklärung und Sensibilisierung von Ärztekollegen, Regierungsbehörden und breiter Öffentlichkeit – und das Aufspüren der Betroffenen. Eine Aufgabe, an der sich Herkules und Sisyphus gemeinsam die Zähne ausgebissen hätten. Denn in Pakistan kann man nicht einfach Plakate mit der Aufforderung aushängen, Leute mit bestimmten Krankheitssymptomen hätten sich schleunigst in irgendeiner amtsärztlichen Praxis einzufinden. Und schon gar nicht lassen sich Reihenuntersuchungen organisieren wie in einem perfekt verwalteten Staatswesen mit Geburtenregistern und Personalausweisen.

In Pakistan gibt es Dörfer, die auf keiner Landkarte verzeichnet sind, und zahllose Menschen, die für die Behörden nicht existieren. Um sie zu erreichen, marschiert Ruth Pfau wochenlang durch öde Hochtäler und über kahle Gebirgspässe, wo kein Geländewagen mehr fahren und nicht mal ein Pferd hochklettern kann, wagt sich auf schwankende Hängebrücken, überquert tückische Gletscher. Wenn das Team Glück hat, findet sich eine fensterlose Berghütte zum Übernachten, sonst bleibt nur der harte Erdboden. Der Wind bläst nachts so eisig, daß Finger und Zehen im Schlafsack klamm werden. Am Tag dann wieder flirrende Hitze, eine „Sprechstunde" auf einem überdachten Felsvorsprung oder an einem Dorfbrunnen. Die Mahlzeiten bestehen aus einer Handvoll Reis, Tee; ein Hirsebrotfladen gilt schon als seltene Delikatesse.

Einmal sind sie 175 Kilometer weit mit dem Landrover durch die Felswüste von Makran im Süden Pakistans gefahren und haben auf der ganzen Strecke ein einziges Dorf passiert. Plötzlich taucht in dem Geröll am Straßenrand wie ein Geist ein Mann auf einem Fahrrad auf, der erste Mensch, den sie seit Stunden sehen. Ruth Pfaus Chauffeur wirft einen kurzen Blick auf die Gestalt und knirscht lakonisch durch die Zähne: „Fall!"

In der Tat, der Mann hat das narbige „Löwengesicht" eines Leprösen. Verängstigt will er das Weite suchen, als der Wagen in der gottverlassenen Einöde neben ihm stoppt und vier junge Männer auf ihn zukommen. Englisch und Urdu spricht er auch nicht. Sie müssen erst ein halbes Dutzend Dialekte ausprobieren, um ihm zu erklären, daß sie ihn behandeln wollen. „Allah ist gut", staunt er, als er endlich begreift . . .

Ruth Pfau könnte heulen vor Zorn, wenn sie wieder irgendeinen lebendig Begrabenen findet: etwa jenen Sohn wohlhabender Leute, den seine feige Familie zwanzig Jahre lang in ein Hinterzimmer gesperrt hat, damit keiner die Schande sieht. Zum Glück gibt es auch Signale, daß sich etwas ändert. In der steinigen, trostlos dürren Hochebene von Ranikot ist zu der Zeit, als Ruth Pfau nach Pakistan kam, ein Mann namens Fateh Mohammed an Lepra erkrankt. Seine entsetzten Stammesangehörigen verboten der Familie den Zugang zum lebenswichtigen Brunnen und vertrieben sie in den äußersten Winkel der Bergwüste. Bevor er starb, grub der Ausgestoßene dort noch mit seinen wunden Händen, unterstützt von seinen beiden Söhnen, einen Brunnenschacht, bis er auf das Grundwasser stieß. Die Familie schaffte es irgendwie zu überleben. Sie säte Hirse zwischen die Steine und fand ein Stückchen Weideland für ihre Ziegen.

Die Lepra hatte sich inzwischen im ganzen Tal ausgebreitet, und weil beinahe jede Familie einen Aussätzigen zu Hause hatte, kam die Ausgrenzung der Kranken einfach aus der Mode. Ein paar Jahre nach Fateh Mohammeds Tod trifft das Team von Ruth Pfau in dem Bergtal ein, stößt auf die Vertriebenen, beginnt Fatehs bereits stark von der Lepra gezeichneten Sohn, seine Mutter und den kleinen Enkel zu behandeln. Wieder einige Jahre später ist die ganze Familie gesund, und die Dorfgemeinschaft hat jetzt sogar das Heiratsverbot für Aussätzige aufgehoben. Wer noch Angst vor der unheimlichen Krankheit hat, wird auf Fatehs muntere Nachkommen verwiesen: Man sieht es doch, Lepra ist heilbar! Im Tal von Ranikot geht eine Hoffnungssonne auf.

Wie ein viel zu schönes Märchen klingt auch die Geschichte von Hashim, aber sie ist wahr: Hashim stammt aus einem Fischerdorf am Arabischen Meer. Der Sechsjährige bekam plötzlich ein aufgedunsenes Gesicht, Geschwüre an den Ohren, ekelerregende Wunden an Händen und Füßen. Seine Spielkameraden warfen Steine nach ihm, sobald er sich sehen ließ. Schließlich jagten ihn die Dörfler in die Sandwüste, wo ihm sein älterer Bruder eine Lehmhütte baute und ihn mit Wasser und Essen versorgte. Eines Tages fand er die Hütte leer und zusammengestürzt. Wilde Tiere hatten den kranken Jungen wohl verschleppt und getötet wie andere Aussätzige auch.

Doch Hashim war in Ruth Pfaus Krankenhaus in Karachi gelandet. Eine Kamelkarawane hatte ihn halbtot in der Wüste aufgelesen. Obwohl seine Lepra bereits ein lebensbedrohliches Stadium erreicht hatte – „ich dachte, Hashim sei ein alter Mann", erinnert sich die Ärztin, „so hatte ihn die Krankheit entstellt" –, konnte man ihn gesund machen. Er begann, als Hilfspfleger in der Klinik zu arbeiten, heiratete und kehrte stolz im Team von Ruth Pfau in sein Dorf zurück, das ihn 15 Jahre zuvor vertrieben hatte.

Es gab ein großes Gelage, die Dorfgenossen und Hashim tranken aus demselben Krug, und am selben Abend noch kamen ein paar Schicksalsgefährten zur Behandlung, denen es bisher gelungen war, ihre Leprasymptome zu verbergen. An der ganzen Küste eilte dem Team jetzt die unglaubliche Botschaft voraus, daß seine Medikamente imstande seien, den Aussatz zu besiegen. Bald darauf eröffnete Ruth Pfau zwei Außenstationen, wo 140 Patienten regelmäßig behandelt wurden.

Mutprobe über dem Abgrund

Solche Erlebnisse vermögen vielleicht für die ständige Lebensgefahr zu entschädigen, welche die abenteuerliche Arbeit einer Lepraärztin in den pakistanischen Wüsten und Bergmassiven mit sich bringt. Straßenkarten gibt es keine, die 35 verschiedenen Sprachen in Pakistan – Hunderte von Dialekten gar nicht eingerechnet – machen eine Verständigung oft unmöglich, die Wege verdienen diesen Namen kaum.

Wichtig ist für mich die Wegerfahrung. Es gibt einen Weg nach Astor, so selbstmörderisch und lebensgefährlich, daß selbst die erfahrensten Jeepfahrer vorher gedopt sind. Man fährt so einen Weg nur, wenn man entweder sechzehn ist oder später, wenn man Chunza-Wasser getrunken hat. Es gibt aber nur diesen Weg . . .

Als wir losfuhren, war ein Jeep vor uns gefahren. Der hatte Radspuren hinterlassen. Wenn man im Wagen sitzt, sieht man nur den Abgrund. Der Jeep ist ja ein wenig breiter als die Radspuren. Da aber vor uns ein Wagen gefahren war, konnte man sehen, daß selbst an den engsten Stellen die Straße breit genug war. Zumindest so breit, daß er gerade noch mit den Rädern durchgekommen war. Ich starrte 20 Kilometer fasziniert auf diese Radspuren und dachte: Der ist ja auch durchgekommen.

Dann kommt man um die Ecke und sieht die Hängebrücke vor sich und eine ganz enge Schlucht, durch die der Wind ständig faucht. Die Brücke bewegt sich infolgedessen, und man muß davorstehen, bis sie kommt, und den richtigen Augenblick abwarten, um mit den Rädern draufzufahren, damit sie stabilisiert wird. Aber auf der anderen Seite, da weitet sich alles, da ist das Abenteuer vorbei.

Mir ging in diesem Moment etwas auf, was ich nie wieder aus dem Kopf brachte: die Frage der Nachfolge. Du läufst ja nur hinterher. Wenn Er es geschafft hat, warum sollst du es nicht schaffen? Er hat es sogar garantiert: „Ich bin der Weg!" Ich weiß nicht, wie man im Westen eine solche Urerfahrung vermitteln kann.

Ruth Pfau in „Wenn du deine grosse Liebe triffst"

„Diese schmalen Pfade, aus dem Stein herausgehauen, sind nicht breiter als ein Vorortbalkon", berichtet die Ärztin über ihre halsbrecherischen Touren im Nanga-Parbat-Gebiet. „Manchmal haben sie es nicht ganz zu

Die Auferstehung der lebendig Begrabenen

Jeepbreite gebracht, in solchem Falle sind ein paar Baumstämme über zwei Felsenvorsprünge gelegt und mit ein wenig Geröll überstreut, so daß man es nicht merkt, wenn man darüber fährt. Die Kurven sind oftmals so scharf, daß man sie kaum im ersten Anlauf nehmen kann; man fährt auf die Felswand zu, bis man das erste Knirschen hört; dann stellt der Fahrer den Motor ab und läßt den Wagen zurückgleiten, bis einer von hinten ‚Halt' schreit und einen Felsbrocken hinter die Räder schiebt, um ein weiteres Abgleiten zu verhindern – denn 20 Zentimeter weiter fällt die Bergwand steil zum Abgrund ab, in dem ein Wildbach (800 Meter tiefer) gurgelt und schäumt. Man fährt im offenen Jeep, daß man notfalls noch herausspringen kann . . ."

Bei Regen wirkt der aufgeweichte rote Lehm dieser Gebirgspfade wie Schmierseife. Wenn der Wagen gegen den Felsen rutscht, macht das weiter nichts. Wenn er nach der anderen Seite ausbricht, erstirbt jedes Gespräch im Jeep, denn da ist der Abgrund . . . Später ging so eine „Autostraße" in einen 18 Kilometer langen Fußpfad über, so schmal, daß man nicht zwei Füße nebeneinander stellen konnte. Und am Ende bestiegen die Helfer Gebirgspferde, die offenbar nichts dabei fanden, beim Erklimmen der Felsen fast senkrecht zu stehen.

„Unglücklicherweise bin ich ja nicht schwindelfrei", merkt Ruth Pfau lakonisch an und schwärmt allen Ernstes von der „unvergeßlich schönen" Landschaft des Nanga Parbat.

„Gehen Sie nicht so, daß Sie hinunterschauen", rät ihr einer vom Team, als der Weg um eine Bergnase herumführt. In die im Felsen eingeschlagenen Trittmarkierungen kann man gerade einen Fuß hineinstellen, den zweiten muß man vorsichtig um den Felsen herum in die nächste Mulde setzen. Ein paar hundert Meter weiter unten gurgelt ein Gebirgsbach. Die Ärztin hat schreckliche Angst, aber was soll sie machen? Zurück kann sie jetzt nicht mehr.

Nach 20 Minuten kommt eine Hängebrücke, die noch schlimmer aussieht als der Gebirgspfad: „Drahtseile, über die Planken gelegt sind. Sobald man drauftritt, beginnt das Ganze über dem Abgrund zu schaukeln. Man kann aber, wenn man die Balance verliert, nicht auf die Seite treten. Dann kippt die Planke um . . . Ich sagte: ‚Ich kann nicht, da falle ich herunter.'" Kurzentschlossen trägt sie einer ihrer kräftigen Assistenten auf den schwankenden Planken hinüber; Ruth Pfau kneift die Augen zu – und lacht ein bißchen unsicher, als sie auf der anderen Seite sind. Ihr Träger grinst auch. „Wenn es schiefgegangen wäre, dann wären wir wenigstens beide im Heiligen Krieg gefallen", sagt er. Er ist ein Muslim.

So nebenbei werden auf solchen Gewaltmärschen natürlich auch die kaum zu zählenden Kranken und Verwundeten verarztet, die vertrauensvolle Dorfbewohner aus allen Hütten und Winkeln herbeischleppen. Soll das Leprateam sie vielleicht heimschicken und an das Krankenhaus in der nächsten großen Stadt verweisen? Die dazu notwendige Reise scheitert meist schon am fehlenden Geld.

Hätte Ruth Pfau den verzweifelten Vater abweisen sollen, der sie in dem 3000 Meter hoch gelegenen Himalaya-Dorf in seine Behausung zerrte? Seine Tochter habe gerade entbunden, stammelte er, aber die Nachgeburt komme nicht heraus! In einem finsteren Winkel entdeckt die Ärztin das Mädchen, dessen Gebärmutter vollständig herausgedrückt ist. Seine Mutter fungierte als Hebamme und meinte, das sei die Nachgeburt, und versuchte, sie herauszuholen . . . Es ging um Leben und

Die Auferstehung der lebendig Begrabenen

Tod. Aber das Team, zu Fuß unterwegs, hatte weder ein Narkosemittel noch sterile Instrumente dabei, nur eine Packung Papiertaschentücher und zwei Aspirin-Tabletten. Das mußte für die Notoperation genügen.

Das Kunststück gelingt, das Mädchen überlebt, und nach wenigen Stunden macht sich Ruth Pfau wieder auf den Weg durchs Gebirge, der manchmal die Qualitäten eines Seiltänzers erfordert, betend, still meditierend oder mit ihren Mitarbeitern plaudernd.

„Nur von der Tugend kann man nicht leben"

Woher nimmt die körperlich eher zarte Ordensfrau ihre Kraftreserven? Sensibel, nicht frei von Ängsten und Skrupeln, illusionslos ihre Grenzen erkennend, ist sie das Gegenteil eines robusten Dragoners. Zäh und energisch wirkt sie schon, aber eher wie eine pflichtbewußte Diakonisse oder eine bisweilen etwas strenge Lehrerin, nicht wie eine ins Abenteuer verliebte Weltreisende, der keine Gefahr zu groß und keine Aufgabe zu riskant sein kann. Sie findet es ja auch ganz normal, was sie macht. Ob Abenteuerlust mitgespielt hat beim Entschluß, nach Pakistan zu gehen? O, bestimmt, zu 80 Prozent! Aber sie will weder auf Sumpfkrokodilen reiten noch mit dem Schneemenschen vom Himalaya frühstücken. Sie will den Leprakranken helfen, so gut sie kann. Das ist alles.

Auf ihr Engagement angesprochen, untertreibt sie regelmäßig, flüchtet sich in nüchternes Understatement, rettet sich mit grimmigem Humor vor Bewunderung. Ihre Motive betrachtet sie eher selbstironisch. „Nur von der Tugend kann man nicht leben", sagt sie und gibt begeisterten Nachahmungswilligen den Rat:

„Fang nicht an, wenn es dir keinen Spaß macht!" Der
beste Heroismus führte sonst zu nichts. Humor sei unerläßlich – und die Hartnäckigkeit, am Ball zu bleiben.
„Dann, wenn das ganze Abenteuer zu Ende ist, wenn es
wirklich über weite Durststrecken nur noch so dahin-
geht, wenn es ums Weitermachen geht: dann nicht auf-
geben."

Die Attitüde der Heldin haßt sie. Was tue sie denn
schon? „Recht und schlecht" lebe sie die verrückte,
grenzenlose Liebe, die das Ordensleben bedeute, „ta-
stend und suchend, mal im jauchzenden Zugriff, mal
im trotzigen Dennoch." Im Unterschied zu all den auf-
geblasenen Kleingeistern in Politik und Kirche hält sie
sich keineswegs für unentbehrlich. Nach einer der üblichen Wahnsinnsfahrten durch irgendein Felsenlaby-
rinth stellt sie fröhlich fest, eigentlich sei es doch überhaupt nicht wichtig, ob sie lebendig zurückkomme
oder nicht. „Das gibt einen enormen Freiheitsraum!"

Verblüffend: Was andere Opfer oder Verzicht nennen
würden, ist für sie eine Erfahrung von Freiheit. Statt Bewunderung und Dankbarkeit für ihren selbstvergesse-
nen Einsatz zu erwarten, fühlt *sie* sich beschenkt: Sie ist
der Sorge enthoben, Karriere zu machen, ihre Existenz
zu sichern – ist das nicht eine fantastische Freiheit?

Und richtige Armut, wehrt sie gleich ab, die kenne
sie gar nicht. „Die Tatsache, daß man die Armut freiwillig auf sich nimmt, nimmt ja eigentlich schon die wirkliche Tragik der Armut weg. Ich weiß auch gar nicht, wie
man Armut leben kann, wenn man in einem Team
lebt . . ." Solidarität, ja, Teilen – nicht bloß ein wenig
vom Überfluß abgeben. Teilen bedeutet eine dauer-
hafte Verpflichtung. Teilen setzt die Tugend der Hartnäckigkeit voraus. Mitleid für ein paar erschrockene
Augenblicke läßt sich schnell wecken, Betroffenheit,

Die Auferstehung der lebendig Begrabenen

die verpufft, sobald das schlechte Gewissen mit einer Geste des Helfens besänftigt ist.

Doch genausowenig hält die Ordensfrau von endlosem Jammern und Analysieren. Es gehört sogar zu ihren Rezepten, himmelschreiende Not mit einer gewissen Distanz zu betrachten: „Ich lasse so etwas immer nur so weit an mich herankommen . . ., daß es mich genügend aufbringt, um mich trotz aller Widerstände und Enttäuschungen stur an dem Plan festhalten zu lassen. Sonst denke ich möglichst wenig darüber nach . . ." Ihre Sturheit (seit ihrer Kindheit gebe es keine bessere Methode, sie zu etwas zu bringen, als zu sagen, das dürfe sie nicht) verbindet sich mit einem nüchternen Gottvertrauen: Sie läßt *ihn* machen; das befreit vom verbissenen Erfolgszwang. „Es ist nicht möglich, daß er irgendwann mal mich nicht mehr durchträgt", da ist sie sich völlig sicher. „Deshalb muß man auch seinen Platz nicht behaupten . . ."

„Ich tue viel, aber ich mache wenig", sagt sie, „ich bin kein Macher-Typ." Als „Instrument" sieht sie sich, deshalb fällt es ihr so leicht, ins Risiko hineinzuspringen, sich selbst loszulassen und auch die anderen. Ruth Pfau ist einer der ganz wenigen Menschen, bei denen dienende Autorität keine raffinierte Phrase ist. Ihre Energie ermutigt. Ihre Dominanz setzt bei den Menschen ihrer Umgebung Kräfte frei, statt sie zu erdrücken.

„Fügung", sagt sie, wo andere stolz resümieren würden: „Ich habe etwas erreicht." Ein Instrument, keine Macherin. Einem Ruf folgen, nicht den eigenen Lebensplan zimmern. Im traditionellen religiösen Sprachgebrauch heißt das: Gnade. Denn ohne das vitale Bewußtsein der Nähe Gottes könnte sie das alles nicht. Natürlich hat sie Angst vor dem Tod, besser gesagt, vor manchen Arten zu sterben: „Zum Beispiel im Dunkeln irgendwo abstürzen, wo es Hyänen gibt." Wenn sie wochenlang in den Felswüsten und Flußtälern unterwegs ist und ihr Leben aufs Spiel setzt, hat sie – mit Erlaubnis des Kardinals von Karachi – geweihte Hostien bei sich.

Keine Kirche weit und breit, kein Priester, kein Gottesdienst, nicht einmal ein Mitchrist in ihrem Team junger Muslime. Aber Christus im Brot gegenwärtig, ständig neben ihr, sie in jeder Gefahr begleitend. Die Angst vor dem Sterben kann er ihr nicht nehmen, aber jetzt paart sich die Angst mit der Faszination, im Tod jemandem in die Arme zu fallen, den sie ein Leben lang gesucht hat. „Irre, total verrückt" nennt sie es selbst und wiederholt: „Eine vernünftige Liebe ist keine Liebe."

Nur Gott könne einen wirklich nehmen, so hat sie ihre Entscheidung für die Ordensexistenz begründet. „Die anderen haben ein zu kleines Herz."

Radikale Liebe. Nichts anderes bedeutet das Ordensleben für sie. „Die verrückte, totale, grenzenlose, unsinnige, verschwenderische Hingabe an eine ebenso, nein: alles übersteigende verrückte, grenzenlose, unsinnige, verschwenderische Liebe ... eine trotzige Liebe gegen und inmitten aller Mittelmäßigkeit und Anpassung." Für weniger hätte sie nicht leben wollen.

Nur deshalb das Armutsgelübde – radikale Solidarität –, nur deshalb das Gehorsamsgelübde: Verfügbarkeit, Abstandnehmen von egozentrischen Wünschen, das Wissen, wo die eigene Person unbedingt wichtig ist und wo man sich nicht so wichtig nehmen soll. Nur deshalb das Gelübde der Keuschheit: eine Geborgenheit *und* Freiheit, die es möglich machen, sich ungeschützt „allen Verwundungen der Liebe auszusezten".

Natürlich kennt sie auch depressive Phasen. Die panische Angst, einmal des Elends überdrüssig zu werden, das Häßliche nicht mehr lieben zu können. Das verzweifelte Hadern mit Gott, als der Bus mit einem Leprateam von einer der geschilderten selbstmörderischen Gebirgsstraßen in den Abgrund stürzt: 34 Tote. „Warum tust du das?" betet sie. „Warum läßt du das zu? Wäre es dir nicht ein leichtes gewesen, diese Fahrt zu verhüten?"

Die ohnmächtige Wut, als sie mit ihren Helfern 18 Kilometer zu Fuß durch das Himalaya-Massiv läuft, in leichten Sandalen, weil sie keinen Tropfen Benzin auftreiben können – und über sich einen Hubschrauber kreisen sieht, mit zwei Generälen, die zum Forellenfischen fliegen. Das haltlose Weinen, das mitten in einem Interview aus ihr herausbricht. Man hat sie gefragt, ob sie sich schon an die Not in Pakistan gewöhnt habe. Nein, die könne sie wohl nur ertragen, weil sie bei all der Arbeit kaum zum Überlegen komme!

Den eigentlichen, tieferen Grund, der das zähe Durchhalten ermöglicht, nennt sie beim Namen, als in Karachi ein Haus für „ausgebrannte Fälle" eröffnet wird, für Leprapatienten, bei denen die Hilfe erst sehr spät eingesetzt hat. In ihrer Rede formuliert die für ihren toleranten Respekt vor anderen Weltanschauungen bekannte Ärztin einen fundamentalen Unterschied zwischen Christentum und sämtlichen anderen Religionen: den Glauben an die Menschwerdung Gottes.

Gerade im täglichen Leben entscheidet es sich, ob wir Christen sind oder nicht. Es beginnt . . . bei unserer Haltung diesem „Geringsten" gegenüber, daß die Muslime uns fragen – und wir werden oft gefragt: Warum macht ihr so ein Tamtam um ein paar verkrüppelte und meistens asoziale Leprapatienten: Was für eine verrückte Idee! Glaubt ihr, daß ihr jemals Dank dafür ernten werdet? Ihr beschwört Probleme herauf – für euch selbst und für andere.

Ehrlich gesagt: Wenn man es genau überlegt, gibt es keine
Antwort auf die Frage. Zumal dann, wenn man eine
„vernünftige" Antwort erwartet. Denn die Kraft, die uns
antreibt, kann man nicht mit Vernunftsgründen erklären.
Wer wollte Liebe „vernünftig" nennen? Ist Liebe nicht –
ihrer ganzen Natur nach – ein bißchen verrückt? Und nie-
mand sollte von uns Christen erwarten, die wir der Liebe
dienen wollen, immer vernünftig zu sein . . .
In unserem täglichen Leben sind diese „Verrücktheiten"
etwas ganz Normales – sie sind unsere Form der Liebe, der
Beweis dafür, daß wir wirkliche Christen sind.
Ruth Pfau 1974 bei der Einweihung eines Pflegeheims
in Karachi für Leprakranke im Endstadium

In allen Religionen, gibt sie in dieser Rede zu bedenken, sei Gott irgendwie „draußen", und wenn man ihn treffen wolle, gehe man in die Kirche oder in die Moschee und bete zu festgesetzten Zeiten, dann habe man wieder für eine Weile Ruhe vor ihm. Doch wer ein Christ sein wolle, der könne gar nicht anders, als Gott überall und zu jeder Stunde zu begegnen.

Menschwerdung Gottes, ganz konkret in dieser Welt und in jedem Menschen: „Jesus sagt nicht: Wenn du etwas für die Armen tust, so will ich es in dein himmlisches Konto eintragen, als ob du es für mich getan hättest; sondern er sagt: Es ist kein Unterschied zwischen diesem Armen und mir – ich bin dieser Arme! Vor längerer Zeit, als mich dieses Wort zum erstenmal betroffen gemacht hat, habe ich ein gut Teil meiner Selbstzufriedenheit verloren."

Die Auferstehung der lebendig Begrabenen

Wer gibt den Geheilten Arbeit?

Etwa um das Jahr 1965 setzt die zweite Phase im Kampf gegen die Lepra in Pakistan ein: die Ausbildung einheimischen Personals. Vor allem seit es die hochwirksame Kombinationstherapie gibt, ist eine gründliche Nachbehandlung und Kontrolle wichtig. Denn die Patienten fühlen sich nach der „Stoßtherapie" mit den kombinierten Medikamenten oft schon völlig gesund, müssen ihre Tabletten aber noch zehn oder 15 Jahre lang einnehmen, um ein Wiederaufflackern der Krankheit zu verhindern.

Je weiter die Lepra beim Behandlungsbeginn fortgeschritten ist, desto länger dauert es, bis die Geschwüre – die der Patient nicht spürt und die er sich deshalb immer wieder selbst aufscheuert – völlig ausgeheilt sind. Zeit brauchen auch die Trainingsmaßnahmen für abgestorbene Muskeln und Nerven – etwa das Kneten von warmem Wachs mit Händen und Füßen, um die Glieder wieder zu aktivieren.

Einheimische Helfer können am besten mit den Widerständen ihrer Landsleute gegenüber den ungewohnten Medikamenten umgehen. Um apathische Gebirgsbewohner in den hintersten Winkeln des Himalaya dazu zu bringen, regelmäßig ihre Tabletten einzunehmen, hat das Team eine raffinierte Methode ersonnen: Die Pillen werden in Papierstreifen eingenäht, pro Wochenration ein Streifen. Jeden Freitag muß ein neues Papierband abgerissen werden – Freitag, nach dem Hauptgebet der Muslime!

Die Kurse für die medizinischen Helfer dauern neun Monate: Diagnostik, Lepra-Therapie, Buchführung, Statistik, Englisch. Nach Abschluß ihrer Ausbildung übernehmen sie die nun in rascher Folge überall in Pakistan entstehenden Außenstationen, halten Sprechstunden, durchstreifen ihr „Revier" per Motorrad, Kamel oder Auto, suchen nach unentdeckten Krankheitsfällen und versorgen die bereits Behandelten mit Medikamenten und Verbänden.

Seit sie überall ihre „Jungs" im Einsatz hat, wie sie die Helfer freundlich-respektvoll nennt, beschränkt sich Ruth Pfaus Arbeit auf eine Art Feuerwehrfunktion: „Ich plane, organisiere, überwache, springe ein, wo es nicht weitergeht, bilde aus, versuche, das nötige Geld zusammenzubringen, arbeite Berichte und Vorlesungen aus – und träume von den Zeiten, als ich noch selbst in den Sprechzimmern und in den Außenstationen saß und mich nur um meine Patienten zu kümmern hatte."

Auch die Leitung ihrer Klinik in Karachi hat sie nach 19 Jahren in die Hände von Pakistanis gelegt. Die Regierung hat sich von ihren Teams ein umfassendes nationales Leprabekämpfungsprogramm ausarbeiten lassen und Ruth Pfau 1980 zur „nationalen Beraterin" für dieses Programm ernannt; damit ist sie quasi Regierungsmitglied im Rang einer Staatssekretärin.

Die Hände kann sie freilich nicht beruhigt in den Schoß legen. Wenn eine Jammergestalt, die sie von der Lepra zerfressen und mit angefaulten Gliedern aufgelesen hat, geheilt und von geschickten Operateuren auch optisch wiederhergestellt aus der Klinik entlassen wird, fangen die eigentlichen Probleme oft erst an. Denn das medizinische Wunder tilgt keineswegs auch schon das Kainsmal „Lepra" von der Stirn des Betroffenen. Am Anfang sind viele der ehemaligen Patienten entmutigt in das Krankenhaus zurückgekehrt, weil ihnen kein Mensch Arbeit geben wollte. Der Wiederherstellungschirurg Paul Brand beobachtete entsetzt, wie sich seine Leprösen die verheilenden Wunden wieder

Die Auferstehung der lebendig Begrabenen

aufrissen, bloß um nicht aus der schützenden Klinik entlassen zu werden. Die Helfer begreifen: Rehabilitation und soziale Wiedereingliederung der Geheilten sind genauso wichtig wie die medizinische Behandlung.

Deshalb beginnen sie damit, den Patienten mit zinslosen Darlehen beim Aufbau einer unabhängigen Existenz zu helfen. Die einstigen Leprösen kaufen sich Webstühle, Nähmaschinen, Obstkarren, richten sich kleine Geschäfte und einfache Häuser ein. Diese Strategie erzielt gute Erfolge; fast keiner mißbraucht das Vertrauen der Kreditgeber. Und natürlich geht die Bewußtseinsarbeit weiter, doppelt intensiv: Wenn immer es möglich ist, übernachten die Ärzte und Hilfskräfte in den Familien von Leprösen, um den Mythos „Ansteckungsgefahr" zu entzaubern.

Warum Mustafa ein Motorrad zum Heiraten braucht

Die abergläubische Furcht vor der Krankheit ist nur eines der Probleme, die sich vor den Helfern auftürmen wie eine unübersteigbare Mauer und ihre Arbeit manchmal so sinnlos erscheinen lassen.

Problem Frauenunterdrückung: In den Gebirgsdörfern erlebt es Ruth Pfau immer wieder, wie sich ein Mann erbittert gegen die Operation seiner leprakranken Frau wehrt, weil sie in dieser Zeit als Wasserholerin, Feldarbeiterin und Viehmagd ausfällt. Lieber heiratet er eine zweite, hübschere dazu. „Ich hätte ihn kaltblütig erdrosseln können", sagt die sonst so sanfte Ordensschwester über so einen Zeitgenossen.

Sie ärgert sich, wenn sie in einer Berghütte zum Essen gebeten wird, die Männer schmausen und für die

Ruth Pfau auf einer ihrer strapaziösen „Reisen" zu Aussätzigen

Frauen nur die Reste bleiben. Für sie, die ausländische Ärztin, macht man natürlich eine Ausnahme. Sie regt sich auf, wenn die Anwesenheit männlicher Helfer bei der Behandlung einer Muslimin jedesmal schier unüberwindbare Schwierigkeiten bereitet, wie man aber dann einem mutigen Mädchen, das sich – eine Revolution! – als Leprahelferin ausbilden läßt, überall Steine in

Die Auferstehung der lebendig Begrabenen

den Weg legt. Der ärztliche Leiter eines Provinzkrankenhauses läßt die Rebellin auf die Liste der leichten Mädchen setzen und schickt ihr die Polizei ins Haus, weil sie mit einer Gruppe Männer – dem Leprateam! – losgezogen und nicht vor Einbruch der Dunkelheit zurückgekehrt sei. Ruth Pfau kocht vor Wut.

Es gelingt ihr aber auch immer wieder, Veränderungsprozesse in Gang zu bringen, Anstöße zum Umdenken zu geben, kleine, aber wichtige provokante Signale zu setzen. In einer winzigen Kreisstadt ist sie zu einem Abendessen von Medizinern eingeladen. Als sie eintrifft, sind alle Plätze schon besetzt, keiner kennt sie, kein Kollege bietet ihr seinen Stuhl an. In Pakistan bietet kein Mann einer Dame einen Stuhl an. Die pfiffige Deutsche wartet ab, bis einer der Herren kurz aufsteht, um sich ein Glas Wasser zu holen. Blitzartig erobert sie sich die Sitzgelegenheit, schlägt die Beine übereinander und verwickelt ihren verblüfften Nachbarn in ein Gespräch, als säße sie schon eine Ewigkeit da: „Und in welcher Abteilung des Krankenhauses arbeiten Sie?"

Sie kommandiert ihr Männerteam herum, in der einheimischen Tracht aus Pluderhosen und schwingendem, buntem Obergewand, und weckt bei den fasziniert zuschauenden Dorfmädchen vielleicht zum ersten Mal die Vorstellung, daß es auch anders geht und Frauen nicht bloß zum Gehorchen geboren sind. Ihre „Jungs" im Team denken ohnehin viel offener, seit sie die energische Ärztin aus Deutschland kennen. „Ich kann mit ihnen über ihr Verhältnis zu ihren Schwestern sprechen, ihren Frauen und Töchtern", erzählt sie. „Darüber, daß Gott alle Menschen gleich erschaffen hat, und daß der Koran dies sagt."

Mustafa, ein Bursche aus ihrem Team, kommt mit

einer großen Not: Er braucht unbedingt ein Motorrad. Wozu? Er will „amerikanisch heiraten", das heißt, das Mädchen seiner Wahl selbst aussuchen. Das geht nur, wenn er ein Statussymbol – das Motorrad – mitbringt. Irgendwie schafft es die Ärztin, die Maschine zu finanzieren. Mustafa hat einen Sieg über die strengen Stammesstrukturen errungen – und in der Folgezeit entdeckt und versorgt er mit seinem Motorrad, wie Ruth Pfau akribisch errechnet hat, 1243 Leprapatienten.

Problem Blutrache: An einer der tausend Gefahrenstellen auf einer Landstraße – ein plötzlicher schroffer Bodeneinbruch nach vielen Kilometern schnurgerader Strecke – vermißt Ruth Pfau das übliche Warnschild. Da müsse man die Behörden aufmerksam machen! „Das wollen wir nicht", wiegelt der einheimische Fahrer ab. „Das ist unsere Falle für die vom anderen Stamm. Wir wissen alle, daß wir hier einbiegen müssen. Aber die anderen wissen es nicht." Und er freut sich diebisch, daß kürzlich ein Jeep vom anderen Stamm hier verunglückt ist: vier Tote!

Man muß höllisch aufpassen, daß man nicht zwischen die Fronten gerät. Wenn man bei einem Stamm übernachtet, muß man beim nächsten oft erst einmal mühsam erläutern, warum man dort, bei den Feinden, gewesen ist. Und auch auf die verschiedenen „Fraktionen" im Dorf gilt es die Aufmerksamkeit geschickt zu verteilen: hier das Mittagessen, dort die Abendmahlzeit. „Die von dem einen Stamm", seufzt die Ärztin, „würden lieber ihre Lehrerstellen unbesetzt lassen und die Kinder nicht zur Schule schicken und das Krankenhaus zumachen, als daß sie die Stelle einem vom Nachbarstamm geben." Überall Feindschaft, überall das Recht des Stärkeren und das Gesetz der Kugeln.

Und auch hier gelingt es Ruth Pfau, den Panzer um

die Menschenherzen aufzubrechen, Denkweisen in Frage zu stellen, die im Lauf von Jahrhunderten zu Selbstverständlichkeiten geworden sind. Einem hilfsbereiten Rechtsanwalt in einer von der Blutrache entvölkerten Religion führt sie vor, zu welch absurden Konsequenzen dieses Denken verleiten muß: „Mein Großvater hat deinen Großvater ermordet, deshalb hat dein Vater meinen Vater ermordet. Deshalb muß ich dich ermorden, damit dein Sohn meinen Sohn morden wird." Der Advokat denkt eine ganze Weile nach, dann sagt er leise, aus dem Teufelkreis komme man wohl nur heraus, wenn man das Vergebenkönnen als eine Tugend für Männer entdeckte.

Und Gul Haider, ein junger Mann aus ihrem Team, ist ganz begeistert, als er herausfindet, daß die Anzahl der getöteten Feinde nicht der einzige Weg ist, um *Issat* zu erringen – Issat, Ehre, den höchsten Wert, den sein Stamm kennt. „Uns hat man ja gesagt, Issat wäre nur zu erreichen, wenn man jemanden umlegt. Und wenn wir gesagt hätten, wir haben drei erschossen, dann hätte der andere gesagt, ich aber schon sechs. Und Assra hätte gesagt: Ich aber schon acht. Als wir aber sagten, daß wir Lepraarbeit treiben, da war unser Issat in aller Augen fraglos. Uns hat man früher nie gesagt, daß das Morden weniger Issat bringt als der Dienst."

In Paris wissen sie alles besser

„Unterlaufen durch Erkennen", so hat Ruth Pfau einmal ihr Missionskonzept beschrieben. Gemeinsames Fragen nach Glück und Menschlichkeit, nicht arrogantes Predigen einer alleinseligmachenden Weisheit. Bereicherung eines als kostbar anerkannten fremden

Wertesystems, statt das eigene als einzig mögliche Welterklärung anzupreisen. Sie tue ihre Arbeit doch nicht, „um unser eigenes Produkt zu verkaufen", stellt die Ordensfrau klar. „Dagegen bin ich sehr empfindlich. Wer in Not ist, ist ausgeliefert. Er hat gar nicht die Freiheit, sich zu entscheiden."

So wird Toleranz möglich, ohne vor der Frage nach der Wahrheit in ein unverbindliches „eigentlich wollen wir doch alle dasselbe" zu flüchten und sich vor Kritik zu drücken, wo sie um der Menschenwürde willen angebracht ist. Der Islam sei wesentlich jünger als das Christentum und habe vielleicht deshalb das Toleranzstadium der gegenwärtigen Christenheit noch nicht erreicht, gibt sie behutsam zu bedenken. Ganz abgesehen davon, daß von Angst beherrschte Muslime ihre Leprakranken auch nicht anders behandeln als selbstgerechte Christen früher die Aussätzigen und heute die AIDS-Patienten.

Sie zeigt lieber mit dem Finger darauf, was man von gläubigen Muslimen lernen kann: Auf einer Bahnfahrt habe sie meditiert und ihr Neues Testament dabei neben sich auf den Sitz gelegt. „Ein Mohammedaner, der das sah, hat das Buch aufgenommen, sein Taschentuch ausgebreitet und es wieder hingelegt."

Und einer ihrer jungen Leprahelfer fragte sie mitleidig, ob es wahr sei, daß man überschnappe, wenn man im Westen studiere. Wieso das? Er habe gehört, westliche Studenten stellten die Frage, ob es Gott gebe! „Das war für ihn eine Frage von Verrückten . . ."

Die Frau, die weder politische noch weltanschauliche Berührungsängste kennt – „Gott sei gelobt für die Grünen!" entfährt es ihr, als sie über den zärtlich-sachkundigen Umgang junger Väter aus der Alternativszene mit ihren Babys spricht –, hütet sich vor schnellen

Urteilen, dazu sei die Wirklichkeit zu vielschichtig. Außerdem könne sie nicht erwarten, daß sich ein muslimisches Land nach ihren westlichen Ordensidealen richte. „Soll ich deswegen nach Hause gehen?" Nein, sie lebt nach ihrer Überzeugung und beantwortet die Fragen, die sie damit provoziert. Alles andere ist Gottes Sache.

Probleme hatte sie übrigens nicht nur mit mörderischen Stammesgesetzen, schwerfälligen Regierungsbehörden und fehlenden demokratischen Strukturen in Pakistan, sondern auch mit ihrem eigenen Orden: Ihre Vorgesetzten in Paris hätten lieber europäische Krankenschwestern an der Spitze der Leprateams gesehen als die muslimischen Helfer. Für Ruth Pfau war die Verantwortung gutausgebildeter einheimischer Fachkräfte freilich ein Grundpfeiler des ganzen Leprabekämpfungsprogramms – und eine wesentliche Voraussetzung, das Vertrauen der Patienten zu erringen.

Der Konflikt eskalierte. Missionare und Ordensoberinnen stellten sich gegen die deutsche Ärztin, ihre Teams wiederum fragten sie besorgt, wem sie denn nun gehöre, dem Orden oder den Patienten? Aus Paris („der Heilige Geist erleuchtete sie sogar in Leprafachfragen", merkte Ruth Pfau grimmig an) kam die Order, sie möge doch wieder aus Pakistan weggehen, statt Streit in der Kirche zu entfachen. Missionare verweigerten ihr vor versammelter Gemeinde die Kommunion.

Eine belgische Mitschwester in Karachi empörte diese rüde Behandlung allerdings so, daß die ebenfalls die Rebellion wagte: Sie nahm behutsam ein paar Hostien aus dem Tabernakel, setzte sich in einen Jeep und fuhr 2000 Kilometer durch Pakistan, um Ruth die Kommunion zu bringen – und anschließend einfach bei ihr zu bleiben, unbekümmert um die wütenden Weisungen aus Karachi und Paris. Am Ende mußte die Leitung der Töchter Mariens klein beigeben: Ruth Pfau hat sich auf einen mutigen Satz in den Ordensregeln berufen, wonach in einer Konfliktsituation der Vorteil eines Außenstehenden dem Vorteil der Gemeinschaft vorzuziehen sei, wenn es der größeren Ehre Gottes diene ...

Tiefflieger auf Menschenjagd

Heute gibt es in Pakistan ein flächendeckendes Netz von Leprazentren, die mittlerweile auch eine Reihe anderer Infektionskrankheiten – vor allem Tbc – behandeln. Lepratherapie gehört zum Ausbildungsprogramm an sämtlichen medizinischen Colleges. Der Einsatz trägt Früchte: In Karachi ist 1992 zum ersten Mal kein neuer Fall von Lepra gemeldet worden.

Im ständig neu aufflackernden Bürgerkrieg hat die Ärztin ihre Arbeit auf die Flüchtlingshilfe ausgeweitet. Im Afghanistan-Konflikt in den 80er Jahren flohen mindestens drei Millionen Menschen nach Pakistan; die rapide anschwellende Zahl von Leprakranken in den Lagern drohte den jahrzehntelangen Kampf gegen den Aussatz zunichte zu machen. Deshalb fuhr Ruth Pfau mehrmals illegal nach Afghanistan, um vor Ort helfen zu können. Es waren vielleicht ihre verrücktesten Unternehmungen.

Sie sieht Hubschrauber im Tiefflug auf Menschenjagd. Sie erlebt, wie die Bauern ihre kümmerlichen Felder nachts bestellen, weil sie nur da vor den todbringenden Fliegern verhältnismäßig sicher sind. Ein ganzes Volk sei im Konflikt der Großmächte gequält und zerrieben worden, stellt sie empört fest, ohne daß irgend jemand die Bergbauern, ihre Frauen und Kinder jemals gefragt hätte, ob sie diesen Kampf denn wollten

Die Auferstehung der lebendig Begrabenen

– und ohne daß die Welt protestiert habt. Eine merkwürdige Regierung, unterstützt von der Supermacht
Sowjetunion, habe gegen ihr eigenes Volk Krieg geführt und die ganze Infrastruktur des Landes zerstört,
Krankenhäuser, Schulen, Post, Rechtsprechung.

Verschleiert wie eine Muslimin, läßt sie sich von verschworenen Freunden durch das Land fahren, vorbei
an Posten mit Radarschirmen, Maschinenpistolen und
Raketenwerfern, ständig damit rechnend, daß irgendein Russe oder Afghane durchdreht und das Feuer auf
die vermeindlichen Spione eröffnet. Einmal rast der
von einem kaltblütigen Fünfzehnjährigen gelenkte
Jeep in atemberaubendem Tempo über Schlaglöcher
und Stoppelfelder, um den allgegenwärtigen Hub-
schraubern zu entgehen, und Ruth Pfau zählt am Straßenrand binnen weniger Minuten sieben zerschossene
und ausgebrannte Autos.

Oft genug sind es alte Bekannte aus den Flüchtlingslagern, die plötzlich als Retter aus der Not auftauchen
und ihre rabiaten Landsleute beschwichtigen: Die Ärztin und ihre Helfer kommen zwar aus Feindesland,
aber sie haben keine finsteren Absichten. Und für alle
Fälle hat Ruth Pfau ein – entsprechend zurückdatiertes
– Schreiben in der Tasche, in dem sie ihren Rücktritt
vom Amt der pakistanischen Regierungsbeauftragten
erklärt, um im Fall einer Verhaftung diplomatische
Verwicklungen zu vermeiden: Dann hat man eben nur
eine aus lauter Humanitätsduselei illegal eingereiste
Ärztin erwischt und keine Regierungsangehörige . . .
Der schlaue Vorschlag stammte von Pakistans Staats-
präsidenten Ziaul Haq höchstpersönlich.

Auf der verbrannten Erde von Afghanistan holt sie
all das namenlose Elend der Aussätzigen wieder ein,
das sie in Pakistan schon im Schwinden sah: Verfemte,

Verjagte, lebendig Begrabene. Im unzugänglichen Bergland von Badrazar findet sie in einem Stall versteckt eine junge Frau, welche die eigene Familie dort seit 20 Jahren gefangenhält und bei deren Anblick es den erfahrenen Helfern übel wird: Hände und Füße abgefressen, ein Auge völlig, das andere teilweise erblindet, die Stimme ein heiseres Krächzen. Die Tabletten wirft sie dem Team vor die Füße: „Jetzt kommt ihr, jetzt, wo mein Leben zerstört ist! Ich will sterben!"

Zwei Schafe hätte der Vater verkaufen müssen, um die Fahrt über die pakistanische Grenze ins Krankenhaus zu bezahlen. Aber zwei Schafe ist so ein Mädchen doch nicht wert! Mit viel Überredungskunst und Wagemut schaffen die Helfer die todkranke Sakia hinüber nach Pakistan, auf der offenen Ladefläche ihres Jeeps. Ein pakistanischer Polizist, der keine Afghanen nach Karachi lassen darf, rennt leichenblaß davon, als Sakia ihren Gesichtsschleier lüftet ... Monate später ist ihre Lepra ausgeheilt, und die Wiederherstellungschirurgie kann einsetzen.

Wieder bloß ein Tropfen auf den heißen Stein? Inmitten der Sinnlosigkeit von Bürgerkrieg und tausendfachem Tod ein Programm aufbauen, das dem Leben dient, zeigen, daß man an die Zukunft glaubt, unbeirrt von allen Fronten jedem helfen – ist das nicht Sinn genug, fragt die zähe Ärztin?

Ein strahlender Siegeszug ist der Kampf gegen die Lepra noch nie gewesen, viel eher ermüdende, frustrierende tägliche Routine. Ruth Pfaus Lieblingsspruch soll von Jesuiten stammen, er lautet: „Weitermachen ist Unsinn. Aber aufhören ist noch unsinniger. Also machen wir weiter!" Eine Arche zu bauen lohne sich schließlich auch, wenn man damit nur eine Handvoll Menschen aus der Sintflut retten könne.

Kürzlich war sie zu Besuch in ihrer deutschen Heimat, herzlich aufgenommen von vielen Freunden – auf ihren Vortrags- und Besprechungsreisen mußte sie keine einzige Nacht im Hotel schlafen –, angenehm überrascht von der mittlerweile erreichten Frauenemanzipation und dem vielfältigen Engagement für die Nöte in der Welt. Eine überhebliche Asketin ist sie ja nie gewesen; jetzt stellt sie nachdenklich fest: Reichtum bedeute wohl nicht nur Schuld, sondern könne auch wahrhaft menschliches Leben ermöglichen.

Aber sie vermißt auch vieles: das mühelose Miteinander, die zwischenmenschliche Wärme; die Fähigkeit, sich an der Gegenwart zu freuen; den Mut zum Wagnis. Überall, sogar unter den so schrecklich altklugen jungen Leuten, eine lähmende Angst vor der Zukunft, vor einem düsteren Schicksal, gegen das man ja doch nichts tun könne. „Man greift nicht mehr nach den Sternen, wenn man so tief gebeugt ist."

Und die Kehrseite dieser Angst: Dieselben Schüler irgendwo im Ruhrpott, die sie bei ihrem letzten Besuch vor fünf Jahren noch als naiven Sozialapostel kritisiert und den Kampf gegen ungerechte Gesellschaftsstrukturen eingeklagt haben, die sitzen jetzt brav in ihren Bänken, genießen die Dias von der pakistanischen Berglandschaft – und machen die Augen zu, als die leprazerfressenen Bewohner dieses Paradieses ins Bild kommen.

„Sie erledigten das auf der Ebene des Ästhetischen", erinnert sich Ruth Pfau. „Es ekelte sie, damit war es abgelegt ... Diese 17- bis 19jährigen Schüler eines staatlichen Gymnasiums hatten offensichtlich eine perfekte narzißtische Schutzreaktion entwickelt. Sie kamen gar nicht auf die Idee, sich auf Leid emotional einzulassen, das sie nicht unmittelbar selbst betraf ... Ich fragte mich hinterher: Können die überhaupt noch weinen?"

Krank seien nicht nur die verfaulenden, blinden, stinkenden Leprösen in Pakistan, mahnt die Ärztin, vor denen sich die feinen Kids grausen. Krank sei auch eine Gesellschaft, deren Jugend sich nicht mehr weh tun lasse.

Allein ist jeder Mensch Fragment

Martin Buber
(1878–1965),
jüdischer Religionswissenschaftler
und Sozialphilosoph,
sah in der Begegnung zwischen Menschen
Sinn und Reichtum des Lebens

„Wir können nur mit Gott reden,
wenn wir unsere Arme,
so gut wir können,
um die Welt legen"   Martin Buber

In seinem Roman *Gog und Magog* – dem einzigen, den er je geschrieben hat – schildert Martin Buber einen Traum. Er träumt von einer schwarz verhüllten Frau. Ihre Füße sind nackt, bedeckt von blutenden Wunden und vom Staub einer langen Wanderschaft. Die Frau beklagt sich, die Menschen hetzten und quälten sie. Als sie den schwarzen Schleier vom Gesicht hebt, wird klar, wer die Elendsgestalt ist: die *Schechina*, wie die jüdische Tradition Gottes Gegenwart in der Welt nennt.

Gott selbst ist mit seinem Volk in das Exil gegangen. Er verbirgt seinen Glanz, um Demütigung und Verzweiflung der Menschen teilen zu können. „Die Glorie ist drüben geblieben", läßt Buber die Schechina sagen, „mein Gesicht ist das der Kreatur."

Buber war 63 Jahre alt, als der Roman erschien. Als er noch jung war, hatte er von Visionen und Grenzerfahrungen geträumt, von einer mystischen Frömmigkeit voll heiliger Begeisterung. Doch nun hat er sich lange schon von einer solchen religiösen Sonderwelt verabschiedet. Nüchtern bekennt der alternde Mann: „Ich besitze nichts mehr als den Alltag, aus dem ich nie genommen werde . . . Ich kenne keine Fülle mehr als die jeder sterblichen Stunde an Anspruch und Verantwortung . . . Wenn das Religion ist, so ist sie einfach alles, das schlichte gelebte Alles . . ."

Kein kultisches Getto mehr, sondern Gott mitten in der Welt. Keine Trennung in geisterfüllte Feierstunden und die Banalität des normalen Lebens, sondern Weihe des Alltags. Gott wohnt in der Banalität. Er redet den Menschen durch die lästigen Herausforderungen des Alltags an.

Zur Illustration dient Buber ein Bild aus der alten jüdischen Geheimlehre: Bei der Schöpfung sind göttliche Funken in die Welt gefallen. „Dem Menschen liegt es ob, die Funken aus den Dingen und Wesen zu läutern, denen man im Alltag begegnet . . ." Auch die profanste Handlung könne in Heiligkeit getan werden, „und wer sie in Heiligkeit tut, erhebt die Funken . . . und gehst du mit den Dingen und Wesen mit Sorgfalt, Wohlwollen und Treue um, erlösest du sie".

Das meint Buber, wenn er von jenem Flickschuster erzählt, der Oberleder und Sohle zusammennäht und mit jedem Stich seiner Ahle Gott und Welt verbindet. Was wie eine ziemlich rührselige Legende für Kinder klingt, enthält eine Menge weltverändernder Weisheit. Denn wenn der Ort, an dem wir Gott begegnen, unser Alltag ist, dann meint Glaube nicht ein Gefühl, irgendwo in der Seele verschlossen, sondern das konsequente Sicheinlassen auf die Wirklichkeit. Mit Bubers Worten gesagt: „Kein Gehorsam zum Kommenden besteht ohne die Treue zu seiner Kreatur."

Weltbürger zwischen allen Stühlen

Martin Buber ist lange tot. Aber noch ist keineswegs ausgeschöpft, was er denen zu sagen hat, die glauben wollen und zweifeln müssen. Seine Lebensgeschichte machte ihn zu ihrem Bruder, denn es ist eine Geschichte zwischen Geborgenheit und Verbannung.

1878 in Wien geboren, wuchs Buber in einer großbürgerlichen Familie auf. Als er drei Jahre alt war, zerbrach die Ehe der Eltern – ein Schockerlebnis, das seine spätere Philosophie der Beziehung wohl entscheidend mitbestimmte. Prägend für ihn wurden die Großeltern: der Bankier und Gelehrte Salomon Buber, ein besessener Talmud-Forscher, und die Großmutter Adele, die als junges Mädchen auf dem Speicher die verbotenen Bücher von Schiller und Jean Paul verschlungen hatte. Ihr verdanke er die „Ehrfurcht vor dem gültigen Wort", bekannte Martin später.

Bei seinen Sommeraufenthalten auf dem väterlichen Landgut in der Bukowina und als Gymnasiast im polnischen Lemberg lernte er die Glaubenswelt des Ostjudentums kennen: begeisterte Ekstase aus Freude an Gott, aber auch jene realistische Weltfrömmigkeit, von der bereits die Rede war.

Es hielt den neugierigen, für alle geistigen Strömungen aufnahmebereiten jungen Mann nie lange an einem Ort. An den Universitäten Wien, Leipzig und Zürich studierte er Philosophie, Germanistik, klassische Philologie, Kunst- und Literaturgeschichte, Psychiatrie, Wirtschaftswissenschaft. Er begeisterte sich für Theodor Herzls zionistische Bewegung, gab der Idee aber schon sehr bald seine eigenständige Färbung: Zionismus als Treue zum Volk Gottes, als Bekenntnis zu Gottes Königtum über *alle* Menschen – ohne nationalistische Engführung.

Auf dem Zionistenkongreß 1921 in Karlsbad war es Buber, der eine Resolution durchsetzte, in der die Verständigung mit den Arabern angezielt wird. „Der Kongreß betont ausdrücklich", so heißt es darin, „daß die jüdische kolonisatorische Arbeit die Rechte und Bedürfnisse des arbeitenden arabischen Volkes nicht beeinträchtigen wird."

Allein ist jeder Mensch Fragment

Der inzwischen mit einer Nichtjüdin verheiratete Querdenker zog sich in die Stille zurück, erforschte die Tradition des ostjüdischen Chassidismus, promovierte in Philosophie und Kunstgeschichte. Dafür entfaltete er in der Zeit der Weimarer Republik eine um so breitere Öffentlichkeitswirkung: als Mitarbeiter des Freien Jüdischen Lehrhauses Frankfurt am Main, als Honorarprofessor an der Uni Frankfurt, in der Volksbildungsarbeit in Deutschland, den Niederlanden, der Schweiz, als Mitherausgeber einer anspruchsvollen Vierteljahreszeitschrift.

Als die Bedrohung durch die braunen Antisemiten immer stärker wurde, engagierte er sich für eine Rückbesinnung der deutschen Juden auf ihr kulturelles Erbe, um sie widerstandsfähiger zu machen. Drei Monate nach Hitlers Machtübernahme schrieb er in der *Jüdischen Rundschau*: „Wenn wir unser Selbst wahren, kann nichts uns enteignen. Wenn wir unserer Berufung treu sind, kann nichts uns entrechten."

Wer hätte so ein Anliegen glaubwürdiger vertreten können als dieser Weltbürger, dem jede geistige oder nationalistische Enge fremd war? In eine Schublade ließ er sich auch nicht einordnen, als er 1930 – mit 60 Jahren – nach Jerusalem emigrieren mußte und dort einen Lehrstuhl für Sozialphilosophie übernahm. Das Land war zerrissen von Spannungen zwischen der jüdischen Minderheit und den Arabern, die hier seit 1300 Jahren ihre Heimat haben. Wieder fand sich Buber zwischen den Fronten: Einerseits versuchte er die einzigartige Verbindung zwischen dem jüdischen Volk und dem Land Palästina deutlich zu machen. Gleichzeitig warb er aber dafür, daß seine jüdischen Glaubensgenossen die Rechte der Araber respektieren sollten. Buber wurde zur internationalen Autorität, ohne in der politischen Praxis viel Gehör zu finden. Er starb 1965 in Jerusalem, im biblischen Alter von 87 Jahren.

„Ich habe keine Lehre, ich führe ein Gespräch"

„Kein in Gott gesicherter, sondern ein vor Gott gefährdeter, ein immer neu um Gottes Licht ringender und immer neu an Gottes Abgründen vergehender Mensch", so hat sich Buber einmal selbst charakterisiert.

Er hielt sich für keinen Propheten und seine Philosophie nicht für den Nabel der Welt. Er wollte keine Schule gründen und diskutierte viel lieber mit Freunden und Kritikern, statt Referate und Rundfunkvorträge zu halten. Seine zahllosen Werke – fast 900 Bücher und Aufsätze – nannte er bescheiden „Atemproben" einer Idee. Und wie er selbst seine Arbeit verstand, erläuterte er ganz schlicht so: „Ich nehme ihn, der mir zuhört, an der Hand und führe ihn zum Fenster. Ich stoße das Fenster auf und zeige hinaus. Ich habe keine Lehre, aber ich führe ein Gespräch."

Vor diesem Hintergrund ist Bubers enorme Bedeutung für die zeitgenössische Philosophie zu sehen, für das Gespräch zwischen den Religionen, aber auch für die Frage, wie sich Gott inmitten einer glaubensfernen Welt finden läßt. Seine berühmte Verdeutschung der Schrift etwa diente nicht einfach literarischem Ehrgeiz oder der Befriedigung sprachwissenschaftlicher Interessen, so sehr ihn der Spieltrieb des Forschers beflügelt haben mag.

Buber hatte das Riesenwerk gemeinsam mit dem Religionsphilosophen Franz Rosenzweig begonnen und führte es nach dessen frühem Tod in jahrzehntelanger

Arbeit allein zu Ende. Gegen die abgeschliffene Geläufigkeit der tausendmal gehörten Bibeltexte strebte er eine unmittelbare Konfrontation mit dem erregenden Inhalt an. Aus abgegriffenen Formeln sollte wieder direkte Anrede werden. Deshalb bemühte sich Buber, den Wortklang des gesprochenen Textes hörbar zu machen, die ursprüngliche Rhythmik wiederzugewinnen, behutsam neue, bessere Übersetzungen zu finden. Im „Buch der Preisungen", wie er die Psalmen nennt, klingt das dann so:

> „Die Himmel erzählen die Ehre Gottes,
> die Tat seiner Hände meldet das Gewölb:
> Sprache sprudelt Tag dem Tag zu,
> Kunde zeigt Nacht der Nacht an,
> kein Sprechen ists keine Rede,
> unhörbar bleibt ihre Stimme, –
> über alles Erdreich fährt ihr Schwall,
> an das Ende der Welt ihr Geraun."

Oder beim Propheten Jesaja singt ein vom Herrn Getrösteter und Geretteter in unbändiger Freude:

> „Da: der Gott meiner Freiheit!
> ich verlasse mich,
> ich verzage nicht,
> denn mein Sieg und Saitenspiel ist oh ER,
> ER! und ward mir zur Freiheit.
> Schöpfen sollt ihr Wasser mit Wonne
> aus den Quellen der Freiheit!"

Die Wahrheit, davon war Martin Buber überzeugt, ruht immer schon im Herzen des Menschen. Aber es bedarf der Stimme Gottes, damit diese Wahrheit erwachen kann. Darum versuchte er, die Schrift zum Klingen zu bringen.

Hinhören statt lesen. Bibellektüre als Gespräch zwischen Gott und Mensch. Nichts konnte typischer sein für den dialogischen Denker Buber. Das „dialogische Prinzip" hat er selbst als den Kern seiner Philosophie bezeichnet. Buber ist beileibe nicht der erste Dialogiker gewesen und auch nicht der einzige; Hegel, Fichte, Schelling, Feuerbach zielten in dieselbe Richtung. Aber kaum einer hat das Prinzip so konseqent durchgedacht wie er, keiner so ungeschützt alles auf diese eine Karte gesetzt: Der Mensch wird erst dann richtig Mensch, wenn er lernt, Du zu sagen!

Ich und Du, Zwiesprache, Dialogisches Leben, so heißen seine Werke, *Elemente des Zwischenmenschlichen* und – seine Autobiographie – *Begegnung.* Dem Individualismus, der im deutschen Geistesleben eine starke Tradition hat, stand er ebenso skeptisch gegenüber wie den kollektivistischen Tendenzen der Moderne. Denn während der Individualismus in Bubers Augen nur einen Teil des Menschen zu erfassen vermag, macht ihn der Kollektivismus zum Rädchen im Getriebe, zum austauschbaren Bestandteil eines anonymen „Man".

Der einzelne ein Fragment, ein großartiges vielleicht, aber eben doch nur Fragment; das Kollektiv eine Anhäufung von Fragmentarischem. Der *ganze* Mensch kommt für Buber nur in der Beziehung zustande. Der personale Austausch, das Gespräch im weitesten Sinn macht aus der objekthaften Beziehung zwischen Ich und Es die Begegnung zwischen Ich und Du. In Bubers knapper, etwas widerborstiger Sprache ausgedrückt: „Ichwerdend spreche ich Du." Und: „Der Mensch wird am Du zum Ich . . ."

Ganz anders als etwa Kierkegaard, der den Rückzug,

die Abkapselung zur Voraussetzung der Gotteserfahrung erklärte, anders auch als Sartre, für den die anderen Menschen die Hölle waren, der „heimliche Tod", entwickelte Buber seine Philosophie aus der unbezwingbaren menschlichen Sehnsucht nach dem Gegenüber. Der andere bereichert mich, statt mich einzuschränken. Er setzt meine in mir verschlossenen Möglichkeiten frei. Ja, noch mehr: Ohne den anderen bleibe ich unvollständig, Fragment. Buber über den Menschen: „Aus dem Gattungsreich der Natur ins Wagnis der einsamen Kategorie geschickt, von einem mitgeborenen Chaos umwittert, schaut er heimlich und scheu nach einem Ja des Seindürfens aus, das ihm nur von menschlicher Person zu menschlicher Person werden kann; einander reichen die Menschen das Himmelsbrot des Selbstseins."

In der Gottesfinsternis glauben

Nur folgerichtig, daß für Buber in der Beziehung zwischen Menschen Gott erfahrbar wird. Religion ist für ihn „ein Gespräch zwischem Himmel und Erde", ehrfürchtige Partnerschaft mit einem anredenden und anredbaren Gott. Nüchtern und ein wenig provozierend, wie er es liebte, hat er sein Credo einmal folgendermaßen formuliert: „Wenn an Gott glauben bedeutet, von ihm in der dritten Person reden zu können, glaube ich nicht an Gott. Wenn an ihn glauben bedeutet, *zu* ihm reden zu können, glaube ich an Gott."

Tatsächlich kommt der mit Gefühlen eher sparsam umgehende Philosoph diesem ansprechbaren Gott auf eine derart leidenschaftliche, intime Weise nahe, wie wir es eigentlich bloß von Mystikern und Chassidim erwarten würden, die er so verehrte. Einem von ihnen legt er ein zärtliches Liebeslied an Gott in den Mund, in dem natürlich sein eigenes Herz spricht, ein sogenanntes *Dudele*:

„Wo ich gehe – du!
Wo ich stehe – du!
Nur du, wieder du, immer du!
Du, du, du!
Ergeht's mir gut – du!
Wenn's weh mir tut – du!
Nur du, wieder du, immer du!
Du, du, du!
Himmel – du, Erde – du,
Oben – du, unten – du,
Wohin ich mich wende, an jedem Ende
Nur du, wieder du, immer du!
Du, du, du!"

Derselbe Martin Buber, der hier so unbefangen seinen Glauben hinaussingt, weiß freilich sehr gut, daß kein Menschenwort jemals so schlimm mißbraucht worden ist wie das Wort „Gott". „Ewigkeitsblind", so sagt er, ist die Menschheit geworden, und über der Welt herrscht „Gottesfinsternis". Aber nicht nur die eigene Angst hindert die Menschen daran, am Rand des Abgrunds zu Gott zu schreien. Gott selbst verbirgt sich und schweigt!

Wieder einmal sammelt sich die Erfahrung der ganzen Menschheit wie in einem Brennspiegel im jüdischen Volk. Ein Volk, das von Gott geliebt und gefordert wurde und ihn doch nie festhalten konnte. Ein Gott, der mit seinem Volk wandert und sich in keinem Tempel einsperren läßt, der angeredet, aber nicht abge-

Allein ist jeder Mensch Fragment

bildet werden will. Der „Hiob der Gaskammern", von dem Buber einmal spricht, ist nur der vorläufige katastrophale Endpunkt einer langen, bitteren Erfahrung mit einem sich entziehenden Gott.

Ja, es ist das beladenste aller Menschenworte. Keines ist so besudelt, so zerfetzt worden. Gerade deshalb darf ich darauf nicht verzichten. Die Geschlechter der Menschen haben die Last ihres geängstigten Lebens auf dieses Wort gewälzt und es zu Boden gedrückt; es liegt im Staub und trägt ihrer aller Last. Die Geschlechter der Menschen mit ihren Religionsparteiungen haben das Wort zerrissen; sie haben dafür getötet und sind dafür gestorben; es trägt ihrer aller Fingerspur und ihrer aller Blut . . .

Gewiß, sie zeichnen Fratzen und schreiben „Gott" darunter; sie morden einander und sagen „im Namen Gottes".

Aber wenn aller Wahn und Trug zerfällt, wenn sie ihm gegenüberstehn im einsamsten Dunkel und nicht mehr „Er, er" sagen, sondern „Du, Du" seufzen, „Du" schreien, sie alle das Eine, und wenn sie dann hinzufügen „Gott", ist es nicht der wirkliche Gott, den sie alle anrufen, der Eine Lebendige, der Gott der Menschenkinder? Ist nicht er es, der sie hört? . . .

Wir können das Wort „Gott" nicht reinwaschen, und wir können es nicht ganz machen; aber wir können es, befleckt und zerfetzt wie es ist, vom Boden erheben und aufrichten über einer Stunde großer Sorge.

Martin Buber in „Begegnung – Autobiographische Fragmente"

Man wird bei Martin Buber keine frommen Sprüche über die innere Freiheit der gottverbundenen Seele finden. Wohl aber ein sehr konkretes Wissen um die schmerzlichen Prozesse des Glaubenwollens vor dem

Hintergrund von Zweifel, Enttäuschung und Wut über die Gemeinheit der Welt. Die Begegnung mit Gott hat oft genug die Gestalt eines verzweifelten Ringkampfs, und Glaube macht nicht blind, sondern tapfer. Für Buber heißt Glauben Vertrauen: „Vertrauen im unbedingten Sinn, quer durch Unheil und Verderben, nicht ‚blindes', vielmehr sehendes, einsehendes Vertrauen, nicht ‚ergebenes', vielmehr kühnes, ringendes, mitwirkendes . . ."

Er drückt sich nicht vor der Frage, wie Juden nach Auschwitz noch mit Gott leben sollen. Die Unheimlichkeit sei zu grausam, die Verborgenheit zu tief geworden.

„‚Glauben' kann man an den Gott noch, der zugelassen hat, was geschehen ist, aber kann man noch zu ihm sprechen?"

Seine Antwort ist sehr schlicht, sehr behutsam. Er gibt nicht vor, das Rätsel lösen zu können: „Die Hitlerzeit war die schrecklichste, die ich erlebt habe, aber auch in ihr war Heilsgeschichte, war Gott . . . ich kann nur nicht sagen, wie und wo. In aller Geschichte ist Heilsgeschichte, aber wir haben nicht immer genügend Glauben, um das zu erkennen." Denn auch das weiß Buber, und niemand weiß es besser als ein gläubiger, schmerzgeprüfter Jude: In der Gottesfinsternis ist das Licht nicht erloschen, nur verborgen. Der verborgene Gott ist da, er ist ansprechbar, selbst wenn er nicht antwortet. Zur gegenwärtigen Stunde ist Gott eben nur in verhüllter Gestalt anwesend, das muß man akzeptieren, tapfer, vertrauend. Wem das gelingt, für den beginnt die Finsternis zu leuchten. Dem wandelt sich die Verborgenheit Gottes zu seiner Offenbarung und sein Schweigen zur Anrede.

Aber ob Gott nun dunkel schweigt oder vernehmbar redet, in jedem Fall gilt, was jüdische Tradition immer schon gewußt hat: Die Begegnung mit ihm verändert. Kein Mensch kommt aus dieser Erfahrung so heraus, wie er in sie hineingegangen ist. Und diese Veränderung bedeutet Berufung, Sendung. „Die Gottesbegegnung", warnt Buber, „widerfährt dem Menschen nicht, auf daß er sich mit Gott befasse, sondern auf daß er den Sinn an der Welt bewähre".

Hierher gehört die alte Geschichte von den göttlichen Funken, die bei der Schöpfung auf die Welt gefallen sind und nun – in den Dingen eingeschlossen – auf

Martin Buber im Gespräch mit Romano Guardini

ihre Freisetzung warten. Denn wenn die Glaubenden durch ihr Engagement die Welt erlösen können, ist kein ängstlicher Rückzug erlaubt. Wenn Mitleiden und Mitkämpfen erlösende Kraft haben, dann bedeutet das Verharren in der Nische privater Frömmigkeit schlicht Verrat. Martin Buber sagt das mit einem Bild, das ein ganzes Leben erfüllen kann: „Wir können nur mit Gott reden, wenn wir unsere Arme, so gut wir können, um die Welt legen, das heißt, wenn wir Gottes Wahrheit und Gerechtigkeit in alles hineintragen."

Glasnost im Namen Gottes

Aleksandr Men
(1935–1990),
russischer Erzpriester,
mühte sich um Toleranz
in Gesellschaft und Kirche und warnte vor
rechtsradikalen Gewaltmenschen

„Ich verstehe nicht die Trennung zwischen
profan und sakral . . . Ein Christentum,
das nicht Leben in Fülle lehrt, sondern
Aus- und Abgrenzung, amputiert sich selbst"
ALEKSANDR MEN

„Du bist jetzt nicht allein auf der Welt
mit deinem Suchen, Grübeln und Kämpfen",
dichtete der junge russische Poet Jewgéni Jewtúschenko in den fünfziger Jahren. Damals regierte noch
Chruschtschow, und die Sowjetunion war ein Riesenreich, zusammengehalten von der eisernen Klammer
einer unbarmherzigen Doktrin, die auf alles in der Welt
eine Antwort wußte – und eine Menge Fragen nach
Sinn und Glück ausklammerte, die vor allem jungen
Menschen auf der Seele brannten. Jewtúschenko tröstete sie:

„Du, Söhnchen, gräme dich nicht . . .
Halt du nur durch, sieh dich um, höre.
Suche, suche, durchwandre die weite Welt.
Wahrheit ist gut, Glück ist schöner,
und dennoch – es gibt ohne Wahrheit kein Glück."

In diesen Jahren pilgerte die russische *Intelligenzija* –
Studenten, Wissenschaftler, Autoren der Untergrund-
presse, all jene, die sich das Denken nicht vorschreiben
lassen wollten – scharenweise in das kleine Dorf Nowaja Derewnia zwischen Moskau und Sagorsk, zu
einer nicht besonders geschmackvollen Holzkirche,
gelb angestrichen, mit dilettantisch gemalten Ikonen
und blauen Kuppeln, auf denen goldene Sterne schim-
mern wie in einer kitschigen Theaterkulisse.

Glasnost im Namen Gottes

Dennoch behaupteten manche, in diesem abge-
schmackten Ambiente schlage das Herz des geistig wachen Rußland. Denn hier in Nowaja Derewnia amtierte
ein Dorfpriester, der gegen das Betondenken in der Gesellschaft, aber auch in der eigenen Kirche kämpfte, der
sich leidenschaftlich für all die Neuaufbrüche in östli-
cher und westlicher Kultur interessierte und den Glauben, der den Russen jahrhundertelang Trost und Licht
geschenkt hatte, in das Gespräch mit der modernen
Welt zu bringen suchte. Ausgerüstet mit einem fanta-
stischen Wissen in Literatur und Musik, Philosophie
und Religionswissenschaft, entdeckte Men in der
Kunst der russischen Avantgarde die Fortentwicklung
alter Traditionen der Ikonenmalerei. Und den Jazz
liebte er nicht nur wegen seiner Wurzeln in geistlicher
Musik.

In seinem Haus, wo sich die Bücher auf selbstgezim-
merten Regalen bis zur Decke türmten und eine Sokra-
tesbüste ironisch auf das Chaos aus Manuskripten,
Briefen, Schallplatten und Ikonen blickte, trafen sich
der später ausgebürgerte Alexander Solschenizyn,
Autor des *Archipel GULAG,* und die von Stalin mit Haß
verfolgte Nadeshda Mandelstam, Witwe des im KZ
Wladiwostok umgekommenen Lyrikers, der Dramati-
ker und Protestsänger Alexander Galitsch und Gleb Jakunin, Mens Studienfreund und Amtsbruder, der als
Gründer eines unbequemen *Komitees zur Verteidigung
der Rechte der Gläubigen* neun Jahre interniert und ver-
bannt war und nach dem Zusammenbruch der kommunistischen Herrschaft als Volksdeputierter in Rußlands Obersten Sowjet einziehen sollte. Jakunin ist der
Taufpate von Mens Sohn Micha.

Sie hatten immer ein zwiespältiges Verhältnis zur Religion gehabt, die russischen Intellektuellen: Natürlich

liebten sie ihre Ikonen, im Frühjahr fasteten viele ganz selbstverständlich sieben Wochen lang bis zum Jubel der Osternacht, und der Gottesdienst mit seinen Lichtern und Liedern und endlosen Litaneien bedeutete für sie genauso wie für jede abgearbeitete alte Bäuerin einen Blick in den Himmel. Gottes Herrlichkeit zu schauen konnte einen Menschen von Grund auf verändern – auch wenn die extrem staatstreue, jeder Obrigkeit devot ergebene russische Kirche ihre Gläubigen kaum zu politischer oder sozialer Verantwortung erzog.

Gleichzeitig hegte die Intelligenzija aber eine abgrundtiefe Verachtung für die ungebildeten, meist bettelarmen und deshalb auf Tauf- und Begräbnisgelder versessenen Dorfpopen und für die vor Schmutz stinkenden Pilger, die von Kloster zu Kloster zogen, jedem abgerissenen Wunderheiler blind vertrauten und sich schrecklich vor Nachtdämonen und Atheisten fürchteten.

Aleksandr Men hatte mit diesen düsteren Jammergestalten nichts gemein. Sein Glaube war kraftvoll und angstfrei, Trost und Sicherheit spendend, aber zur Auseinandersetzung mit der Welt ermunternd. Die kaputten Existenzen fanden in Vater Men einen Freund, der sie aufbaute, die Fixer, die es in der UdSSR offiziell nicht geben durfte, die jungen Soldaten, die man fast noch von der Schulbank weg nach Afghanistan geschickt hatte und die ihre Alpträume mit nach Hause brachten.

Aber wenn eine Kolchosbäuerin aus der Nachbarschaft Probleme mit einem kranken Kalb hatte, ließ der Priester seine Schreibmaschine und seine intellektuellen Freunde im Stich und lief mit in den Stall, um zu helfen. Er habe immer zu tun gehabt, erinnert sich eine

Glasnost im Namen Gottes

Frau aus seiner Gemeinde, aber er konnte es noch so eilig haben, „er blieb bei dir stehen und gab dir etwas ab von seiner Zeit".

„Ein Stück Glück für die Menschen" sei er gewesen, sagte eine andere, weinend, als man ihn umgebracht hatte.

Katakombenchrist unter Stalin

Am 3. September 1935, fast ein Dreivierteljahr nach seiner Geburt, wurde Aleksandr Wladimirowitsch von einem im Untergrund lebenden Priester getauft, heimlich, zusammen mit seiner Mutter, einer Jüdin. Der Vater, Textilingenieur, praktizierte seinen jüdischen Glauben nicht mehr, zeigte sich aber liebevoll tolerant gegenüber seiner suchenden Frau.

1935: Stalin auf dem Höhepunkt seiner Macht. Was im Zeichen der Hoffnung und Barmherzigkeit begonnen hatte, die Rebellion der ausgebeuteten Habenichtse gegen Zarenherrschaft und Bourgeoisie, ist längst zur brutalen Diktatur einer selbstgerechten Funktionärskaste verkommen. Die Zwangskollektivierung der Landwirtschaft hat entsetzliche Hungersnöte ausgelöst und Millionen Menschen den Tod gebracht, ganze Dörfer stehen leer. Aber wer ein offenes Wort gegen den Terror wagt, wandert in die Internierungslager und Folterkeller der Staatsgewalt. Man hat ausgerechnet, daß unter Stalin dreißig- bis vierzigmal soviel Menschen im Gefängnis saßen wie zu den schlimmsten Zeiten der Zarentyrannei und daß er mehr Offiziere der Roten Armee hat hinrichten lassen, als später im Weltkrieg den Deutschen zum Opfer fielen.

Die orthodoxe Kirche war dem zaristischen System bedingungslos ergeben gewesen. Doch obwohl die

Hierarchie ihr Entsetzen über die Revolution schnell überwand und der Sowjetmacht eine Loyalitätserklärung nach der anderen lieferte, inszenierte der einstige Priesterseminarist Stalin eine Kirchenverfolgung von apokalyptischen Ausmaßen. Weil die Bolschewiken die Anziehungskraft der Religion auf Herzen und Geister fürchteten, schlossen oder zerstörten sie 50 000 Kirchen, verwandelten die heiligen Ikonen in Brennholz, steckten Priester und Diakone in die Gefängnisse; 1930 waren allein im KZ Solowki 10 000 Geistliche aller Bekenntnisse interniert. Zeitungen, Lehrer, Volksbildungsvereine zogen gegen die religiösen „Märchen" zu Felde. Auf den Straßen veranstalteten die Halbstarken Spottprozessionen und sangen:

„Drum fort nur mit den Mönchen,
den Rabbis und den Popen all –
wir misten in dem Himmel
mal aus den Götterstall!"

Wer will der Kirchenleitung einen Vorwurf daraus machen, daß sie einen Anpassungskurs fuhr, um ihren Gläubigen das Martyrium zu ersparen? Christen, die damit nicht einverstanden waren, schufen sich ihre eigene „Katakombenkirche", wie man das nannte: Gottesdienste in Privathäusern und versteckten Kapellen, Religionsunterricht in verschworenen Zirkeln. Der Blutzoll war hoch. Aleksandr und seine Mutter, die ihre Taufe in der „Katakombenkirche" empfangen hatten, überlebten – aber der kleine Junge war von Anfang an zum Außenseiter gestempelt.

Seine religiöse Erziehung hatte Mutter Maria übernommen, eine fröhliche Kraftnatur, die ein illegales Nonnenkloster in Sagorsk leitete. Und in die „Katakomben-Sonntagsschule" ging er zu Boris Wassiliew, der nicht nur Theologe war, sondern auch Völkerkundler und Anthropologe. Ihm verdankte er es nach eigener Aussage, wenn ihm Glaube und Wissenschaft niemals zum unentrinnbaren Widerspruch gerieten.

Der Mitgliedschaft bei den *Jungen Pionieren* konnte er sich nicht entziehen. Aber zu Hause las er die verbotenen Religionsphilosophen Solowjew und Berdjajew, und in einer der wenigen noch geöffneten Moskauer Kirchen betätigte er sich als Ministrant und sang im Chor mit. Als er dreizehn war, bat er im Theologischen Seminar von Sagorsk um Aufnahme, wurde allerdings höflich abgewiesen, weil er noch so jung war.

Der Hintergrund: In jenem Jahr 1948 wurde der Staat Israel geboren – für die unter Stalins Antisemitismus leidenden sowjetischen Juden ein Hoffnungssignal. Mens Familie – auch die zum orthodoxen Christentum übergetretene Mutter, die als junges Mädchen in der zionistischen Bewegung aktiv gewesen war, auch sein ebenfalls Christ gewordener Bruder, einer der besten Hebräisch-Lehrer in Moskau – nahm an der Entwicklung in Palästina leidenschaftlichen Anteil. Aleksandr meinte, befreit von der Sorge um die Bewahrung seiner Identität in der Diaspora, könnte sich das jüdische Volk in seiner nun endlich erlangten neuen Heimat offener und angstfreier mit der Botschaft des Juden Jesus auseinandersetzen, und dazu werde man Theologen und Priester brauchen, die von beidem eine Ahnung hätten: vom Evangelium und seiner jüdischen Wurzel.

Von der Absage aus Sagorsk ließ er sich jedenfalls ebensowenig entmutigen wie vom aggressiven Spott seiner Kameraden bei den „Jungen Pionieren." Er studierte wie ein Besessener, daheim, auf eigene Faust. Aleksandr Wladimirowitsch war erst vierzehn, da schrieb er bereits den ersten Entwurf zum Buch *Syn chelovecheskii* (Der Menschensohn) nieder, mit dem später die Reihe seiner religionsgeschichtlichen Veröffentlichungen beginnen sollte.

Vom eigenen Pfarrer denunziert

Ein weltfremder Frömmler ist der Katakombenchrist Aleksandr nie gewesen. Schon als Schuljunge nahm er begeistert an Kursen teil, die der Moskauer Zoo anbot, und später setzte er seine Studien an einem zoologischen Institut der Hauptstadt fort. Die Betrachtung der Natur sei für ihn so etwas wie ursprüngliche Theologie gewesen, sagte er einmal, denn Gott gebe sich in der Schöpfung genauso wie in der Bibel zu erkennen.

Men: „Ich betrat einen Wald oder ein Paläontologisches Museum wie eine Kirche. Und bis heute ist für mich ein Blütenzweig oder ein Vogel im Flug geheimnisvoller als hundert Ikonen."

Biologie wollte er studieren, nachdem ihn die Theologische Akademie zunächst einmal abgelehnt hatte. Doch als Jude und praktizierender Christ hatte Men keine Chance, von einer staatlichen Universität aufgenommen zu werden; Stalins Tod 1953, im Jahr seines Schulabschlusses, hatte den sowjetischen Juden wenigstens die geplante Deportation in den GULAG erspart.

Men fand einen Studienplatz in einem kleinen, unabhängigen Institut, das kurz darauf ins ostsibirische Irkutsk umzog. Der Biologe Men forschte in den Weiten der sibirischen Tundra nach den Geheimnissen tierischen Lebens – ähnlich wie der Paläontologe und

Anthropologe Teilhard de Chardin wenige Jahre zuvor in den asiatischen Wüsten nach den Ursprüngen der Menschheit.

Verwandte Geister: Beide Theologen und zugleich Naturwissenschaftler. Beide Visionäre ohne Denkbarrieren und Berührungsängste. Beide von ihren Kirchen kaltgestellt und schikaniert: der Jesuit Teilhard nach China ins Exil geschickt, der orthodoxe Theologe Men am Reden und Publizieren gehindert. Beide sahen die biologische Evolution sich fortsetzen in der Welt des Geistes, in der vom Menschen geschaffenen geistigen Hülle um die Erde, die Teilhard „Noosphäre" nannte und von der Men schrieb: „Sich durch die Materie auf eine höhere Stufe der Entwicklung emporzuheben, ist die kosmische Aufgabe der Noosphäre."

So nebenher eignete sich der brillante Biologe Men den Lehrstoff der orthodoxen Priesterausbildung an. Seine Studienkollegin Natalia Grigorenko erinnert sich: „Er war unter den Studenten sehr beliebt, aber es war offensichtlich, daß er seine eigenen Wege ging. Ich weiß noch, er hatte eine Schultertasche, und da hatte er immer so eine dicke Bibel drin, eine Kostbarkeit damals. Und die ganze Zeit war er besorgt um diese Tasche mit der Bibel drin. Ich selbst war wie die anderen auch weit weg von Glaube und Kirche, wir haben aber trotzdem seine Haltung mit einem gewissen Respekt akzeptiert."

Doch unter den Studenten gab es auch Spitzel des Geheimdienstes *KGB*. Sie beobachteten Mens Aktivitäten in der dem Institut benachbarten Gemeindekirche mit wachsamen Augen und meldeten ihren Auftraggebern außerdem, er führe rebellische Reden und teile sein Zimmer mit dem verdächtigen Gleb Jakunin, der damals noch Atheist war. Das genügte. Kurz vor dem

Examen flog der als Jude und Christ doppelt gebrandmarkte Querdenker von der Hochschule.

Men war es mittlerweile gewohnt, im Scheitern eines mühsam betriebenen Lebensplans ein Zeichen des Himmels zu sehen. Er komplettierte nun sein privates Theologiestudium an der Akademie des Klosters der Dreifaltigkeit und des heiligen Sergej in Sagorsk, die ihn einst abgewiesen hatte, heiratete Natalia, die sich unter seinem Einfluß hatte taufen lassen, und wurde 1960 im Moskauer Donskoj-Kloster zum Priester geweiht – von einem Bischof der „Katakombenkirche" und am selben Tag, an dem Stalins nur scheinbar moderater Nachfolger Chruschtschow im sowjetischen Fernsehen prophezeite, nur noch zwanzig Jahre, und die Religion im Land werde ausgerottet sein.

Kaum hatte er als Vikar an der großen Kirche von Tarasovka nahe Moskau zu arbeiten begonnen, setzten die Schikanen des KGB ein, denunzierte ihn der eigene Pfarrer bei kirchlichen und weltlichen Autoritäten. Von Anfang an stießen sich Amtsbrüder und Vorgesetzte an Mens unabhängigem Kopf, hielten sie seinen kulturellen Horizont für gefährlich, verwechselten sie geistige Freiheit und Freude am Gespräch mit Respektlosigkeit gegenüber der Tradition.

Leute zu denunzieren, die sich dem herrschenden Dogma verweigerten, galt im bolschewistischen Rußland als Bürgerpflicht. Die 13jährige Pronja Kolobin ging als Heldin in die Schulbücher ein, weil sie ihre Mutter als Getreidediebin angezeigt hatte. Die Behörden wurden mit Berichten über die seltsamsten Verbrechen überschwemmt; der Mann, der ein Portrait Stalins entfernt hatte, um seine Zimmerwand neu zu streichen, fiel den Denunzianten ebenso zum Opfer wie die Frau, die sich angesichts eines Leichenzugs unvorsichtigerweise bekreuzigte. In Kiew soll eine mißgünstige Xanthippe im Lauf der Jahre 8000 Mitbürger angezeigt haben.

Men wurde in das kleine Dorf Nowaja Derewnia versetzt, auf halber Strecke zwischen Moskau und Sagorsk gelegen, wo er in der Arbeitersiedlung Semchos wohnte, in einer altersschwachen Datscha am Waldrand. Den Fabrikarbeitern in den grauen Mietskasernen und den Kolchosenbauern auf dem umliegenden Land versuchte er als Seelsorger zu dienen, so gut er konnte. Er schrieb an seiner Doktorarbeit und hielt den Garten in Ordnung, weil er ein praktischer Mensch war und auch einen praktischen Glauben predigte: Die Bibel erziehe den Menschen keinesfalls zur Passivität, wie es die atheistische Propaganda behaupte. Religion ermutige zum Handeln!

Der Vikar Men war kein wilder Rabauke, der auf Biegen und Brechen den Konflikt mit seinen eher in traditionellen Bahnen denkenden Glaubensbrüdern gesucht hätte. Er hielt viel vom respektvollen Gespräch und wenig vom provozierenden Drauflospreschen. Aber natürlich brachten ihn solche Akzentsetzungen in Gegensatz zu jenen Christen, die ganz in der Sehnsucht nach dem Lichtglanz der jenseitigen Welt lebten und die Ungerechtigkeiten des irdischen Jammertals lieber still erduldeten, statt sich durch zuviel Engagement für ein menschenwürdiges Diesseits von der frommen Beschauung, vom gelassenen Einswerden mit Gott ablenken zu lassen.

Obwohl es in der orthodoxen Kirche auch eine ganz starke Tradition des sozialen Einsatzes gibt, seit Basilios der Große, Johannes Chrysostomos und andere antike Kirchenväter vehement den Egoismus der Reichen gegeißelt und die Gleichheit aller Menschen verkündet haben. Kritische Theologen wie Men entdeckten das soziale Gewissen der Orthodoxie im 20. Jahrhundert neu und begannen, über die gesellschaftlichen Konsequenzen jenes liebevollen und brüderlichen Umgangs der Menschen miteinander nachzudenken, der die orthodoxe Mentalität so entscheidend prägt.

Aber mußte man denn gleich so unbekümmert, mit weit ausgebreiteten Armen und fröhlicher Zuversicht, auf die moderne Welt der Skeptiker und Religionsfeinde zugehen, wie es dieser unverschämt begabte Dorfpriester tat? Hieß es nicht das Heiligste schutzlos der glaubenslosen Masse preisgeben, wenn man um des offenen Gesprächs willen alle gewachsenen Barrieren niederriß? Man verübelte ihm sein bewußtes Anknüpfen an kirchliche Reformbewegungen der zwanziger Jahre, seine Bemühungen, den alten Glauben mit den Hoffnungen der enttäuschten Zeitgenossen zusammenzubringen, und vor allem seine Suche nach einer neuen, frischen Sprache für die christliche Botschaft.

„Ich verstehe nicht die Trennung zwischen profan und sakral", so lautete Mens sanfte Kampfansage an eine erstarrte Religiosität. „Für mich sind das hochgradig konventionelle Begriffe ... Jeder Aspekt des Lebens, alles, was uns tief bewegt, scheint mir unmittelbar in Verbindung mit dem Höchsten zu stehen. Es ist unverzeihlich geworden, so zu leben, als wäre die Religion ein isolierter Bereich. Zum Beispiel ist wirkliche Literatur nie profan. Ein Christentum, das nicht Leben in Fülle lehrt, sondern Aus- und Abgrenzung, amputiert sich selbst, es verarmt. Ich wollte immer ein Christ sein, der nicht im Kerzenschimmer, sondern im vollen Sonnenlicht lebt!"

Glasnost im Namen Gottes

Für mich ist das Christentum, das ich bekenne, die dyna-
mische Kraft, die alle Aspekte des Lebens umfaßt, offen für
alles, was Gott in Natur und Menschheit geschaffen hat.
Ich betrachte es nicht so sehr als eine Religion, die zwanzig
Jahrhunderte alt ist, sondern als den Weg in die Zukunft.
Dieses Christentum ist eine Religion der Freiheit, es be-
kennt Freiheit als ein Grundgesetz des Geistes und be-
trachtet Sünde als eine Form von Sklaverei. Es weist Auto-
ritarismus und Paternalismus zurück, die nicht im Geist
des Glaubens wurzeln, sondern eher in der gefallenen
menschlichen Natur.
Dieses Christentum weint über Trennungen unter Chri-
sten als unsere gemeinsame Sünde und Übertretung des
Willens Christi, aber es glaubt daran, daß diese Sünde in
der Zukunft im Geist der brüderlichen Liebe überwunden
wird, eher als auf dem Weg von Stolz und überheblicher
Selbstgerechtigkeit. Daher ist das Christentum, das ich be-
kenne, offen für alles Wertvolle in anderen christlichen
Konfessionen.
Es weist auch nicht das Gute zurück, das von Ungläubi-
gen kommt, aber es lehnt Gewalt, Diktatur, Haß ab, auch
wenn sie sich mit dem Namen Christi tarnen. Es fordert
die Anwendung der Grundsätze des Evangeliums auf dem
Feld des öffentlichen Lebens, es mißt ein politisches System
an seiner Menschlichkeit, daran, was es den Menschen
gibt. Es betrachtet die Trennung von Kirche und Staat als
günstigste Bedingung für die Kirche und hält die Idee
einer Staatsreligion für gefährlich.

ALEKSANDR MEN IN „KREDO"

Wer mit dem Priester Men sprach, erlebte ein intellektuelles Feuerwerk: Der Mann sprühte von Geist und
Witz; Bilder, Zitate, komische Wortspiele sprudelten
nur so aus ihm hervor; man konnte ihn Dantes *Divina*

Commedia (die er fast auswendig kannte) mit großer Geste rezitieren hören, während er seine Gartenpflanzen goß. Die verschlungenen Gedankengänge klassischer Theologie in Ost und West beherrschte er ebenso gut wie die trockenen Schulstreitigkeiten des Dialektischen Materialismus und die erregenden Suchvorgänge in den modernen Naturwissenschaften.

Ängstlichen Gemütern in beiden Blöcken, dem stur atheistischen Lager und den ins Getto verkrochenen Kirchenleuten, mußte so ein weiter, freier Geist unheimlich sein – zumal die Toleranz in Rußland kaum Tradition hat und den aufklärerischen Regungen im 18. und 19. Jahrhundert finstere Sektenbildungen unter der aufgeschreckten Landbevölkerung antworteten: Weil sie die Volkszählung von 1897 für ein Werk des Teufels hielten, schaufelten die Bewohner eines Dorfes am Dnjestr tiefe Gruben, veranstalteten eine Begräbnisliturgie, sprangen hinein und deckten sich selbst mit Erde zu, bis sie erstickten. Es waren fanatische *Raskolniki* gewesen, „Altgläubige", die an den Riten früherer Jahrhunderte hingen und jede Anpassung ihrer Kirche an moderne Entwicklungen als Sünde ansahen.

Angst vor dem freien Denken

„Alles Übel rührt von Meinungen her", lautet ein altrussisches Sprichwort, und wer so empfand, konnte vor Mens offenem Denken nur das kalte Grausen bekommen. Vor allem seine Aufgeschlossenheit für den ökumenischen Dialog verunsicherte die in diesem Punkt eher vorsichtig taktierende russische Orthodoxie, und das kann man sogar verstehen.

Zu stark schmerzten noch die historischen Wunden,

die sich Rom und die Patriarchate des Ostens gegenseitig im Wettkampf um das Recht zugefügt hatten, die
wahre Kirche Jesu Christi zu heißen. Zu dreist hatten
die „Lateiner" in der Vergangenheit ihre sehr weltlichen Eroberungsgelüste mit solchen theologischen
Ansprüchen verbrämt (Stichwort: Kreuzzüge). Zu
schlimm war die Verfolgung durch die Bolschewiken
gewesen, zu kräftezehrend der Kampf um das Überleben, als daß man über den Tellerrand der eigenen Be-
standssicherung hätte hinausblicken können. Bedrohte
Gemeinschaften sind immer in Gefahr, zu verkrusten,
sich an das wenige zu klammern, was ihnen geblieben
ist und sichere Identität verspricht.

Und da wagte es dieser Men, dem Moskauer Patriar-
chat beispielsweise die Zulassung einer unabhängigen
orthodoxen Kirche in der Ukraine zu empfehlen!
Mochte die Kirchenführung noch so bereitwillig im
Weltkirchenrat und in der internationalen Friedensbe-
wegung (oft genug als Erfüllungsgehilfin der sowjetischen Politik) mitarbeiten, bei der Masse der Gläubigen
fanden eher beinharte Extremisten Gehör wie der Metropolit Joan von Leningrad.

„Ökumenismus ist Koketterie mit den Feinden des
christlichen Glaubens", erklärte Joan nach der von Gorbatschow herbeigeführten Wende in einem interview
mit der rechtsradikalen Zeitung *Den*. „Die Grenzen
zum Verrat sind fließend. Ökumenismus, das ist das
gut organisierte System des Bösen, so schleicht sich der
Satanismus ein! Die Grundlage des Ökumenismus besteht aus dem Ideengut der Freimaurer. Ökumenismus . . . bedeutet letztendlich den Anschluß der russisch-orthodoxen Kirche an die Religion des Satans.
Alle Strömungen, die vom Westen in den Osten kommen, sind Waffen des Feindes. Wir brauchen eine ver-

nünftige Isolierung; Rußland muß in Quarantäne gehen."

Mens größter Makel bestand in den Augen solcher Fundamentalisten freilich in seiner jüdischen Herkunft. Antisemitische Pogrome gehören zur russischen Geschichte wie der mörderische Frost zum Winter in Sibirien. Der Jude Marc Chagall beschreibt, welche Angst er als Kind vor den mit Messern bewaffneten Banden hatte, die ihm den Weg vertraten. In den Jahren vor dem Ersten Weltkrieg waren 1,25 Millionen russischer Juden nach England und in die USA emigriert, und Stalin wollte sämtliche Juden nach Sibirien deportieren lassen, weil er sich einbildete, jüdische Ärzte hätten ihn vergiften wollen.

Gorbatschows *Glasnost* beförderte mit den lang unterdrückten Freiheitsregungen auch die schlimmsten Instinkte von Nationalismus und Antisemitismus wieder an die Oberfläche.

Man gab den Juden wieder einmal die Schuld an allem Bösen in der Welt vom Stalin-Terror bis zu Hitlers Angriff auf die Sowjetunion.

Rechtsextreme Zeitungen erklärten die Erschießung der Zarenfamilie durch die Bolschewiki zu einem jüdischen Ritualmord und beschuldigten die amerikanischen Juden, Gorbatschow und Boris Jelzin gekauft zu haben. „Entlarven Sie die Werke der Antirussen", hetzte die Monatszeitschrift *Molodaja Gwardija*, „der Zionisten, von denen Christus verraten wurde! Russen, rüstet euch zum Kampf gegen die Juden! Sie setzen die heimliche Erdrosselung Rußlands fort . . ."

Und dieser unpatriotische Dorfpriester schämte sich nicht einmal, Glied der verdächtigen semitischen Rasse zu sein! Im Gegenteil, er empfand es als „besondere Verantwortung", demselben Volk anzugehören wie Je-

Glasnost im Namen Gottes

sus und die Propheten, und er schrieb gefährliche Essays über die gemeinsamen Wurzeln von Judentum und christlichem Glauben.

Überhaupt: was er so schrieb und für wen! Mens zahlreiche Bücher richteten sich an Skeptiker, Suchende, an Leute, die den Glauben wie einen Kindertraum abgelegt oder vor lauter Atheismus-Propaganda kaum eine Ahnung von Dingen jenseits ihrer Alltagswelt hatten. Seine Manuskripte, die er selbst mit aus Zeitschriften und Büchern ausgeschnittenen Fotos illustrierte, wurden im Ausland, im Brüsseler Verlagshaus *Le Foyer Oriental Chretien,* unter Pseudonym gedruckt und kursierten im russischen Untergrund als verbotene *Samisdat-*Literatur, in miserablen Kopien oder mühsam auf klapprigen Schreibmaschinen abgeschrieben.

Die wortreichen und trockenen Werke der Theologie alter Schule hätten den Menschen häufig das wahre Antlitz des lebendigen Christus verstellt, bemerkt Men nicht ganz unbescheiden im Vorwort zu seinem ersten Buch *Der Menschensohn.* Er dagegen will so von Jesus erzählen, daß man sich für ihn interessieren und ihn lieben muß.

Als Einführungen in religiöses Denken und als Grundrißzeichnungen einer gläubigen Weltsicht verstehen sich auch seine übrigen Werke, die zusammen mit dem *Menschensohn* ein siebenbändiges Kompendium der Religionsgeschichte ergeben, über 4000 Seiten stark und getragen von der mitreißend vermittelten Idee, daß die Geschichte der Menschheit das Drama einer immer neuen Entscheidung zwischen Liebe und Haß, Hoffnung und Verzweiflung ist. Und mittendrin Christus als Achse und Zielpunkt menschlicher Evolution.

Zum Beispiel der ewige Konflikt zwischen „Magismus" und Gottesglauben: „Magismus" als Versuch,
sich durch starre Rituale abzuschirmen, ohne sie mit le-
bendigem Geist zu füllen, ist für Men keineswegs auf
die Mentalität der Höhlenmenschen beschränkt.

„Die Menschen haben sich selbst den Kerker gewählt"; das gelte auch für die Zeitgenossen des
20. Jahrhunderts, wenn sie sich geistiger und sozialer
Knechtschaft auslieferten. Dagegen setzt er in seinem
Parforceritt durch die Geschichte jene großen geistigen
Lehrer, die statt „selbstsüchtiger Magie" und Absiche-
rung durch feste Regelzwänge zur Offenheit mysti-
scher Betrachtung und zum Vertrauen auf einen guten
Gott ermutigt hätten.

Geheimdienst-Akte „Missionar"

Doch der Autor von *Magismus und Monotheismus, Am
Tor des Schweigens, Ursprünge der Religion* und wie diese
intelligenten Glaubensbücher alle hießen, der bienen-
fleißige Verfasser eines siebenbändigen Bibellexikons
(das leider unvollendet blieb), der beste Kopf unter den
Absolventen der Sagorsker Akademie, der begabte
Brückenbauer zwischen Naturwissenschaft und Theologie erhielt keinen Lehrstuhl an den vom Sowjetstaat
noch geduldeten russisch-orthodoxen Hochschulen
und Seminaren in Moskau, Leningrad und Odessa, er
wurde weder zu Gastvorträgen eingeladen noch zu
theologischen Kongressen ins Ausland geschickt, und
es war wohl ein Versehen, als 1987 das theologische
Fachblatt *Bogoslovskie trudy* einen Aufsatz Mens über
biblische Theologie abdruckte, den einzigen, den er je
in Rußland publizieren durfte.

Die Kirchenleitung hielt sein Denken für „jüdisch an-
gehaucht" und viel zu liberal und meinte die einfachen
Gläubigen vor solchen Verunsicherungen schützen zu
müssen; das Argument entspricht dem alten Bild vom
wachsamen Hirten und der blöden Schafherde und
wird nicht nur in Rußland gern angewandt, wenn ein
kreatives Hirn einen neuen Gedanken ausbrütet. „Sie
hätten ihm nie erlaubt, in der Sagorsker Akademie aufzutreten", sagt seine Witwe Natalia bitter. „Sie hatten
einfach furchtbare Angst. Auch seine Bücher waren
tabu. Aber die Studenten haben sie heimlich auf der
Schreibmaschine abgetippt, vervielfältigt und unter
der Hand verbreitet."

In Moskau bildete sich ein kleiner verschworener
Kreis von Men-Anhängern, er traf sich in der *Bibliothek
für Ausländische Literatur,* die Jekaterina Geniewa heute
noch leitet, eine weltoffene, engagierte Christin wie
Aleksandr.

Ein Grund mehr für linientreue Amtsbrüder, den aus
der Reihe tanzenden Priester zu denunzieren – bei der
kirchlichen Obrigkeit, aber auch beim Geheimdienst
KGB. „Es gab eine Serie von Hausdurchsuchungen",
berichtet Mens Witwe, „eine nach der anderen, eigentlich seit der Zeit, als wir in dieses Haus gezogen sind.
Vor der *Perestroika* stand er unter ständiger Beobachtung. Aber er hat ihr Kommen vorhergesehen und
seine Manuskripte immer rechtzeitig versteckt."

Die Ideologie-Abteilung des KGB legte eine umfang-
reiche Akte über das „zu beobachtende Objekt" Aleksandr Men an und gab ihm den vielsagenden Codena-
men „Missionar". Seine Predigten wurden nicht selten
mitgeschnitten. Man bestellte ihn zu Verhören in die
berüchtigte *Lubjanka,* eine Art Gestapo-Hauptquartier
mit dicken Wänden und ausgedehnten Folterkellern,

oft mehrmals in einer Woche. Man legte ihm nahe, die Sowjetunion zu verlassen oder seinen Irrtümern öffentlich abzuschwören, was er ebenso souverän wie diplomatisch geschickt ablehnte; mehr als einmal war er in Gefahr, inhaftiert zu werden.

Der Kalte Krieg zwischen Ost und West war zwar von ersten zaghaften Entspannungsbemühungen abgelöst worden, und unter Chruschtschow hatte ideologisches und kulturelles Tauwetter eingesetzt, aber die neuerdings verordnete Kritik am Stalinismus bedeutete keineswegs das Ende des intoleranten Machtwillens: Der Volksaufstand in Ungarn wurde blutig niedergeschlagen, und in einer neuen Welle wütender Christenverfolgung ließ Chruschtschow Tausende von Kirchen und fast alle noch verbliebenen Klöster und Priesterseminare schließen. Die weltberühmte Moskauer Verklärungskirche wurde niedergerissen, um der Metro ein paar Meter Umweg zu ersparen. Chruschtschows Nachfolger, der aufgeklärt und weltmännisch auftretende Leonid Breschnew, ließ ein Dutzend psychiatrischer Kliniken für Opponenten bauen und trieb erneut 100 000 Juden in die Emigration.

In diesem Klima von Mißtrauen und Einschüchterung fand die unheilvolle Koalition aus Nationalchauvinisten, Judenhassern, fanatischen Geheimdienstlern und christlichen Fundamentalisten in Aleksandr Men den idealen Sündenbock. Er wurde in anonymen Briefen bedroht, die Presse entfachte Hetzkampagnen, und in der Breschnew-Ära tauchte zum ersten Mal jenes Flugblatt auf, das den Dorfpriester zum Freiwild erklärte:

„Sie kennen mich nicht, *Atjez* (Vater) Aleksandr, aber ich beobachte Sie seit langem. Man muß es Ihnen in allem Ernst erklären, Atjez Aleksandr: Das Problem liegt nicht in Ihrer Person, vielmehr in den sichtbaren und unsichtbaren Kräften, von denen Sie gelenkt werden. Der Judaismus verheimlicht dem jüdischen Volk mit Bedacht, daß sich im Untergrund dieser Religion ein Satanskult angesiedelt hat. Sie sind der Brückenkopf des Zionismus in der orthodoxen Kirche!"

Auf Rückendeckung durch die Kirchenleitung konnte der bedrohte Theologe nicht hoffen; sein Bischof, Metropolit Juvenali, mag immerhin eine Eskalation der Angriffe aus dem Kreis der Amtskollegen verhindert haben. „Wir haben einander verstanden", ließ Juvenali nach Mens Tod verlauten. „Beschützen konnte ich ihn zwar nicht, aber ich war bemüht, ihm nicht ungewollt zu schaden." Jedenfalls verweigerte man ihm sogar die kleine Aufwertung durch den Pfarrertitel, die ihn vielleicht weniger angreifbar gemacht hätte; fast drei Jahrzehnte lang blieb er Vikar, auf deutsch Dorfkaplan. Erst 1989 wurde er zum Erzpriester ernannt.

Militante Träume vom Großrussischen Reich

1985 war Michail Gorbatschow an die Macht gekommen, für viele im Westen eine Lichtgestalt, weil er den kommunistischen Traum durch intelligente Reformen und geistige Öffnungsprozesse zu retten suchte, aus sowjetischer Perspektive eher eine tragische Figur, denn der Versuch, dem System ein modernes, menschlicheres Gesicht zu geben, beschleunigte seine Auflösung und ließ schließlich das Riesenreich selbst zerbrechen.

Für Aleksandr Men bedeuteten Glasnost und Perestroika, wie sie Gorbatschow betrieb, freilich den Durchbruch zur öffentlichen Breitenwirkung. Men wurde zum Medienstar, Rundfunkstationen und Fernsehsender rissen sich um ihn. Auftritte in Messehallen, Universitätshörsälen, Talkshows, oft mehrmals die Woche.

Gott war kein Tabu-Thema mehr, die Menschen hungerten nach neuen Werten, für die es sich zu leben lohnte. *Nauka i religiia,* einst die führende Zeitschrift der sogenannten Gottlosen-Bewegung, übte zerknirscht Selbstkritik und publizierte eifrig Interviews mit Geistlichen. Die Kinder der Parteibonzen hängten sich goldene Kreuzchen um den Hals und drängten in die Rock-Oper *Jesus Christ Superstar,* die im Mossowjet-Theater fast zweihundertmal aufgeführt wurde. Und wer immer sich für geistige Alternativen interessierte und einen kompetenten Gesprächspartner brauchte, holte sich keinen verknöcherten Kirchenfürsten vor Kamera und Mikrofon, sondern den Dorfpfarrer Men aus Nowaja Derewnia.

„Ich denke, es ist ein großes Glück, daß jeder von uns jetzt das frei verwirklichen kann, was in ihm angelegt ist", freute sich Aleksandr, der sich nach dem jahrelangen aufgezwungenen Schweigen „wie ein endlich vom Bogen gesprungener Pfeil" fühlte. Mit seinem klassisch geschnittenen Gesicht, das an eine edle Ikone erinnerte, seiner geschliffenen Rhetorik und seinem enormen Wissensfundus bereicherte er jede Diskussion, Müdigkeit schien er nicht zu kennen.

Natürlich sei es schön, daß der Staat den Gläubigen jetzt die konfiszierten Kirchen zurückgebe und daß man sie restauriere, rief er seinen Zuhörern zu, „aber wenn wir nicht die Herzensumkehr vollziehen, nicht unser Leben ändern, werden die Kirchen leere Muscheln sein"! Er scheute sich nicht, bei einer Großkundgebung der amerikanischen Baptisten in der Moskauer Olympia-Halle über Judas zu predigen, mit deutlichen

Glasnost im Namen Gottes

Anspielungen auf die Verräter in den eigenen Reihen. Gleb Jakunin und andere Widerständler hatten durchgesetzt, daß das Parlament einige üble Fälle von Kollaboration zwischen Kirchenführern und dem Geheimdienst KGB zu untersuchen begann; die Nachforschungen wurden auf Betreiben des Moskauer Patriarchen Aleksij allerdings bald wieder eingestellt.

Zu seinem Lieblingsthema wählte Men aber sehr rasch den überall wild aufschießenden militanten Nationalismus und Antisemitismus. „Wo immer sich der Chauvinismus breit macht", sagte er bei einem seiner letzten Fernsehauftritte, „ganz gleich in welchem Volk, stimmt uns das traurig. Ich bin davon überzeugt, daß die Religion dabei nur als Vorwand benutzt wird."

Denn christliche Fundamentalisten, den Kopf voller Ängste und Feindbilder, sind leider dabei, seit nach dem Zusammenbruch des Kommunismus rechtsradikale Gewaltmenschen gegen Gesinnungsfreiheit und Aufklärung, Demokratie und Toleranz mobil machen. Sie nutzen das wirtschaftliche und politische Chaos im Land und die Verunsicherung der einfachen Leute aus, stoßen in das ideologische Vakuum, entschädigen die um Lebensmittel und Heizmaterial Schlange stehenden Menschen mit Träumen von einem neuen Großrussischen Reich.

„Wir brauchen eine eiserne Hand wie in Chile!" verkündet der ehemalige KGB-General Alexander Steriligow und empfiehlt eine harte Diktatur im Innern und konsequente Abschottung nach außen. Der schon bekannte Metropolit Joan – sein Amtssitz Leningrad heißt jetzt wieder Sankt Petersburg – sieht in westlichen Ideen wie der Religionsfreiheit, westlichen Wirtschaftsformen und westlichen Politikern das Hindernis, das einer Neubelebung der alten Reichsherrlichkeit entgegensteht. Die Schwarzhemden der rechtsextremen *Pamjat*-Bewegung blasen zur Hetzjagd auf Demokraten, Pazifisten und Juden. „Der große Durchbruch in die Reichszukunft Rußlands", sagt der von Pamjat in die Führung der *National-Republikanischen Partei* gewechselte Nikolai Lisenko, „kann nur verwirklicht werden, wenn die Quote der genetisch reinen Slawen innerhalb der russischen Elite das Übergewicht erreicht."

Und als Erzfeind machen sie alle natürlich den Zionismus und die amerikanischen Juden aus, die Rußlands Gegner auf der ganzen Welt finanzieren und schon die Oktoberrevolution inszeniert haben, wie angesehene Moskauer Historiker mittlerweile wieder behaupten, ohne rot zu werden.

„Es war richtig, den Ketzer zu töten"

Bei den von Inflation und Arbeitslosigkeit, aber auch von den Expansionsplänen mancher *NATO*-Vordenker verängstigten Menschen fallen solche Parolen auf fruchtbaren Boden. Mütterchen Rußland, das bei der Weltbank und dem einstigen Kriegsgegner Deutschland um Finanzhilfe betteln muß, soll wieder stark und mächtig werden. Und die russische Orthodoxie, wünscht sich der Schriftsteller Michail Antonow vom *Bund der Wiedergeburt des Vaterlands*, soll den verrotteten Westvölkern die „Idee Gottes" bringen, deren Verkörperung sie sei.

Vegeblich appelliert Aleksandr Men an seine Landsleute: „Das Eigene lieben, heißt nicht das Fremde hassen! Offenheit und Toleranz haben in der russischen Intelligenzija eine tiefe und starke Tradition. Viele Generationen lang galt der Nationalchauvinismus als Schande. Eine echte Hochkultur kennt keinen Chauvinismus . . ."

Lynchstimmung kommt auf, Men erhält die ersten Morddrohungen. Finster blickende Männer in schwarzen Limousinen beschatten ihn auf Schritt und Tritt. An den Moskauer Metro-Stationen tauchen die alten Flugblätter wieder auf, die den Priester als Handlanger des „Zionismus" brandmarken: „Am Antisemitismus sind die Juden selbst schuld, weil sie dem Satan dienen."

Als Men einen festen wöchentlichen Sendeplatz im Fernsehen und die Leitung einer Theologischen Sonntagsakademie in Moskau angeboten bekommt, eskalieren die Drohungen: Er soll Rußland verlassen, oder man wird ihn beseitigen. „Mach dir keine Sorgen um mich", beruhigt er einen Freund, „ich bin nur ein Werkzeug, dessen Gott sich für ein Weilchen bedient. Danach geschehe mit mir, was er will."

Am 9. September 1990 verläßt der Priester Men wie an jedem Sonntagmorgen um halb sieben Uhr früh seine Datscha, um mit der *Elektrichka*, der S-Bahn, zur Pfarrkirche zu fahren und dort die Liturgie zu feiern. Der Weg zur Haltestelle führt durch ein einsames Waldstück. Ein unbekannter Mann spricht ihn an; plötzlich stürzt ein zweiter hinter einem Baum hervor und schlägt ihm von hinten eine Axt über den Kopf.

Die Wunde ist nicht sehr tief, aber mehrere Arterien sind verletzt. Blutend torkelt der Priester ein paar hundert Meter zurück zu seinem Haus. Natalia sieht durch das Fenster im Morgendämmer eine taumelnde Gestalt, die den Klingelknopf drückt und am Gartentor zusammensackt. Sie ruft die Ambulanz an. Als sie hinausläuft und ihren Mann erkennt, kann er nicht mehr sprechen. Minuten später ist Aleksandr Men tot.

Mehr als vier Jahre dauerte es, bis das russische Innenministerium – auf Drängen des Präsidenten Jelzin – einen Tatverdächtigen präsentierte. Bis dahin hatte es immer lapidar geheißen: „Fall ungeklärt, keine neuen Erkenntnisse". Was bei einem vom KGB sorgfältig beschatteten Mordopfer seltsam anmutet.

„Man *will* den Mörder nicht finden, sonst hätte man ihn gefunden", vermuteten Insider, und für Jekaterina Geniewa, in deren Moskauer Bibliothek sich der Kreis um Men regelmäßig traf, war von Anfang an klar, wer die Verantwortung für seinen Tod trägt: rechtsextreme Kräfte im Geheimdienst, in der Pamjat-Bewegung – und in der Kirche.

Denn deren Leitungsorgane zeigten auffallend wenig Interesse daran, das Martyrium ihres Erzpriesters aufzuklären. Patriarch Alexij lobte in einem Beileidstelegramm an die Hinterbliebenen zwar Mens seelsorglichen Einsatz, vergaß aber nicht zu erwähnen, nicht alle seine Ideen seien für die Kirche akzeptabel gewesen.

Die Mordwaffe – die Axt ist das traditionelle russische Symbol der Rebellion und ein Markenzeichen von Pamjat – wies genauso unmißverständlich auf die Täter hin wie die zynischen Nachrufe in der rechtsextremen Presse. „Wir hoffen, daß Erzpriester Aleksandr Men mit seinem Tod für die Sünde des Ökumenismus gesühnt hat", höhnte das antisemitische Sonntagsblatt *Russkoje Woskresenje*. „Denn für einen Juden gibt es keinen anderen Weg zur Erlösung, als das Martyrium unseres Herrn Jesus Christus zu teilen." Und einer der Führer von Pamjat, Dimitri Wassilej, bekräftigte am zweiten Todestag des Priesters vor der Fernsehkamera: „Men war ein Ketzer, und es war richtig, ihn zu töten."

Doch statt im rechtsradikalen Sumpf zu sondieren, legte die Staatsanwaltschaft den vernommenen Zeugen allen Ernstes die Frage vor, ob es keine Anzeichen für einen jüdischen Ritualmord an dem Priester gebe.

Währenddessen macht die Entwicklung, vor der Men gewarnt hatte, rasante Fortschritte: Das Aushängeschild der Rechtsradikalen, Wladimir Schirinowski, der Rußland gern ein paar Nachbarländer einverleiben möchte und ausländischen Kritikern mit der Atombombe droht, holte bei den Parlamentswahlen 1993 ein Drittel der Stimmen. Doch der einen Monat nach Mens Ermordung gegründeten Bewegung *Russkoje Nazionalnoje Jedinstwo* (Russische Nationale Einheit) ist Schirinowski noch viel zu wenig radikal; sie beruft sich auf Hitlers *Mein Kampf*, schwärmt vom kostbaren Erbgut der russischen Rasse und weint Nazideutschland manche Träne nach; es sei nur an den Intrigen des internationalen jüdischen Kapitals gescheitert und am Weltkrieg ganz unschuldig gewesen.

Menschenfreundliche Christen, die Mens Werk fortsetzen, riskieren ihr Leben: Der Moskauer Priester Georgij Kotschetkow, der in seiner Gemeinde eine intensive diakonische Arbeit aufzog, eine Volkshochschule mit liberalem Ideengut gründete und auf das traditionelle Kirchenslawisch im Gottesdienst verzichtete – statt dessen las er das Evangelium auf russisch vor, mitten unter den Gläubigen stehend –, wurde als Verräter und Judenknecht diffamiert. Rechtsextreme Schwarzhemden verwüsteten die Gemeinderäume, Kotschetkow wurde mit zahllosen Morddrohungen eingedeckt und erlitt bei einem mysteriösen Verkehrsunfall schwere Verletzungen.

Der Patriarch sah schließlich keine andere Möglichkeit mehr, als den Priester zu suspendieren und die Pfarrkirche einem Kloster zu übergeben. Die Radikalen hatten angekündigt, Kosaken würden das Gotteshaus dem Erdboden gleichmachen.

Gott wohnt in der Blindengasse

Karl Rahner
(1904–1984),
Jesuit und Vordenker heutiger Theologie,
entdeckte Gott in der Erfahrungswelt
des modernen Menschen

„Hartes, nüchternes, bohrendes Fragen
ist schon ein Akt der Frömmigkeit"

„Der Mensch ist die radikale Frage,
. . . das absolute Geheimnis, ‚Gott' genannt,
ist die einzige Antwort"

KARL RAHNER

Der Mann war ein intellektuelles Kraftwerk. Als Professor in Innsbruck, München, Münster hat er so gut wie
nie eine Einladung ausgeschlagen, irgendwo zu sprechen oder über irgendein Thema zu schreiben, mochte
es auf den ersten Blick noch so banal und anspruchslos
erscheinen. Er diskutierte mit Studenten, Lehrerinnen,
Ordensfrauen, Ärzten, Psychiatern, er referierte in
überfüllten Hörsälen und vor kleinen Arbeitskreisen,
bei akademischen Gesellschaften und Müttervereinen,
er ließ sich geduldig interviewen, tausendmal.

Er schrieb über die Menschwerdung Gottes und über
die Zukunft Europas, über Atomwaffen, Medienethik,
Herz-Jesu-Verehrung und Auschwitz, über die Auferstehung des Fleisches und den Nutzen von Pfarrbüche-
reien. Auf nahezu 4000 Veröffentlichungen in allen
Weltsprachen hat er es gebracht, dickleibige Wälzer
und knappe Zeitschriftenartikel, tiefgründige Meditationen und glasklar argumentierende Abhandlungen,
weil er sich keiner Frage entzog und jedes Problem
ernst nahm.

Und dieser rund um die Uhr beschäftigte, stets prä-
sente, ein Dutzend Ämter gleichzeitig ausfüllende
Mensch, dessen Terminkalender allein im Herbst 1969,
mitten im Semester, fünfzehn Vortragsreisen innerhalb
von neun Wochen enthielt (Rahner pflegte nicht mit
einem Standardreferat herumzureisen, sondern seinen

Zuhörern jedesmal ein neues Kabinettstück theologischer Plackerei mitzubringen), dieser ständig voll konzentrierte Gehirnakrobat, der Buchreihen und Zeitschriften gründete, Bischöfe beriet und so nebenher die Korrekturen von 30 000 Artikeln für ein von ihm herausgegebenes zehnbändiges Lexikon las – dieses phänomenale Arbeitstier hatte offenbar einen unerschöpflichen Vorrat an Zeit, wenn ihn jemand brauchte.

Als eine Psychologiestudentin in eine seelische Krise stürzte und ihre Diplomarbeit nicht zustande brachte, schleppte der weltberühmte Professor Rahner ihr gesammeltes Material zu sich nach Hause und tippte ihr kurzerhand die gesamte Arbeit auf seiner Schreibmaschine. Im Innsbrucker Jesuitenkolleg übernahm er liebend gern den Tischdienst, weil er dabei manche Portion Fleisch und Brot für die Wermutbrüder abzweigen konnte, die ihm das Sprechzimmer einrannten.

Sie hielten ihn von der Arbeit ab, gewiß, aber Rahner fand solche Kontakte mit der rauhen Wirklichkeit interessant und lehrreich. Einem Freund berichtete er brieflich in aller Ausführlichkeit: „Obwohl der Knabe, ein alter Süchtiger, dem nicht zu helfen ist, mich schon xmal beschwatzt hat, hab ich mich eben doch wieder ins Sprechzimmer rufen lassen und ihm 70 Schilling gegeben. Ich glaub, er hat sich in seiner (Medizin)-Süchtigkeit gebessert. Er sieht auch ein bissel besser aus. Aber ein Zimmer hat er nicht, heute Nacht habe er am Bahnhof geschlafen, ins Obdachlosenheim wolle er nicht zurück, seine Frau (das hat er mir früher schon berichtet) ist ihm davongelaufen, das Austragen der schäbigen ‚Tiroler Nachrichten' bringt ihm zu wenig ein (da wird er recht haben) . . . Nochmals alle guten Wünsche. Ich muß wieder ins Sprechzimmer. Heute früh habe ich alle meine menschliche und christliche Beredsamkeit aufgeboten, jemandem das geplante Suicid auszureden. Ob es mir gelingen wird? Und was ich heute Vormittag hätte tun sollen, ist noch ungetan: der Hamburger Vortrag."

Tausend große Fragen und kleine Nöte trug man an ihn heran, und was andere Prominente an ihre Sekretäre und persönlichen Referenten delegieren, bemühte er sich postwendend zu erledigen. Eine 83jährige Pflegeheimbewohnerin aus München hatte ihm – in der Annahme, er sei noch an der dortigen Uni beschäftigt – geschrieben, sie suche einen Beichtvater; ob er nicht einmal im Monat zu ihr kommen könne? „Mit der Straßenbahn können Sie fahren", setzte sie fürsorglich hinzu, „Linie 14 Lenbachplatz zusteigen und durchfahren bis Neuhausen. Zum Kirchturm gehen, dann kommt das große Gebäude . . . Ich bezahle Ihnen schon die Fahrt."

Noch am Tag, an dem er den Brief erhielt, antwortete der fast 79jährige Rahner, er lebe mittlerweile leider in Innsbruck, werde aber sehen, ob er ihr nicht einen anderen „vernünftigen" Geistlichen schicken könne. Und auch noch am selben Tag mobilisierte er einen Münchener Bekannten, er solle doch „einen passenden Mann finden oder selbst mal hingehen. Es ist ja nicht so weit von Euch weg."

Ein Jahr später, im überfüllten Audimax der Freiburger Universität: Festakademie zum 80. Geburtstag des weltbekannten Theologen. Die ganze wissenschaftliche Welt ist versammelt, Nobelpreisträger, seine ebenfalls mit dem *Pour le Mérite* ausgezeichneten Professorenkollegen, Minister, Bischöfe. Am Ende der Feier geht Karl Rahner noch einmal ans Rednerpult und äußert leise, fast verlegen einen Wunsch: Er habe kürzlich den Brief eines Missionars aus Tansania bekommen,

„dem armen Kerl ist das Motorrad völlig kaputt gegangen, und er braucht wirklich ein neues . . . Und deswegen bitte ich Sie, wenn Sie hinausgehen und irgendeine
Mark oder so etwas haben, etwas in ein Körbchen zu
tun". Damit würde man ihm, Rahner, eine große
Freude machen, denn das sei doch eigentlich viel wichtiger als alle noch so gescheiten und tiefsinnigen Reden . . .

„Der Karl ist viel zu brummig"

Es hätte wirklich nicht der geschmacklosen Publikation
der Freundschaft zwischen Rahner und der Schriftstel-
lerin Luise Rinser mit all ihren Höhen und Tiefen von
zärtlicher Anteilnahme bis zu fordernder Eifersucht be-
durft, um zu beweisen: Dieses Paradeexemplar eines
deutschen Gelehrten interessierte sich nicht nur für
philosophische Probleme, und Menschen waren ihm
manchmal lieber als Bücher.

Die Lobeshymnen auf seine literarische Produktivität hat er ohnehin nicht so gern gehört. Ach Gott, er
gehe eben früh ins Bett und stehe früh auf, pflegte er zu
sagen, und private Hobbies habe er wenige, ins Theater
gehe er auch nicht, weil er ein bißchen schwerhörig sei –
da lasse sich „das, was ich da zusammengebracht habe,
sehr leicht bewältigen".

Überhaupt habe er ein schrecklich normales Leben
geführt, ohne große Krisen und Sprünge. Fragen nach
prägenden Kindheitserlebnissen tat er in Interviews
immer recht schnell ab: Eine „mittel- bis kleinbürgerliche Familie" wie tausend andere sei das gewesen, in
die er am 5. März 1904 in Freiburg/Breisgau hineingeboren worden sei. Sieben Geschwister, der Vater

Gymnasialprofessor mit einem bescheidenen Beamten-
gehalt. Er gab zahllose Nachhilfestunden, um alle Kinder auf die höhere Schule und die Universität schicken
zu können. Man hatte zu essen, konnte aber keine großen Sprünge machen und hatte auch keine Zeit, Probleme zu wälzen: „Die Dinge, die man zu tun und zu
lassen hatte, waren irgendwie von vornherein klar. Da
war nicht so furchtbar viel zu überlegen."

Auch über Karls Berufswahl ist wohl nicht groß dis-
kutiert worden. Die Eltern waren „normal christlich,
nicht bigott", etwas verschlossen und grüblerisch, aber
mit hintersinnigem Humor ausgestattet, wie die Leute
in der Freiburger Gegend eben sind. Und Karl – zunächst ein durchschnittlicher, etwas gelangweilter
Schüler, der sich erst später zum Primus entwickelte –
war auf dem Realgymnasium höchstens durch seine regelmäßige Teilnahme am sonntäglichen Schülergottes-
dienst und die Vorliebe für lateinische Hymnen aufgefallen, aber seine Frömmigkeit blieb dezent, und man
wählte ihn zum Klassensprecher.

Ein Realist mit einem barmherzigen Verständnis für
menschliche Grenzen muß er damals schon gewesen
sein. Sein Religionslehrer verkündete einmal, ein wirklich anständiger Kaufmann müsse in seiner Reklame
auch die Nachteile seiner Waren nennen. Karl meldete
sich und widersprach: Das klinge zwar sehr schön, sei
aber praktisch unmöglich unter den Bedingungen des
gegenwärtigen Wirtschaftssystems.

Ob es derselbe Religionspädagoge war, der Rahners
Eltern später riet, sie sollten ihrem Sohn seinen Priester-
traum ausreden? „Nein, der Karl, der ist dafür nicht ge-
eignet. Der ist viel zu kontaktarm und brummig." Was
den zeitlebens etwas eigensinnigen Menschen möglicherweise sogar darin bestärkte, 1922 mit 18 Jahren bei

Gott wohnt in der Blindengasse

den Jesuiten einzutreten, die ihr „oberdeutsches" Noviziat in Feldkirch/Vorarlberg hatten; im Deutschen Reich war der Orden ja bis vor kurzem verboten gewesen. Warum er Jesuit geworden sei, wollte ein Interviewer von dem greisen Theologen erfahren. Der erwiderte etwas unwirsch, ein Familienvater wisse nach 60 Ehejahren auch nicht mehr, warum er gerade diese Maria Meier geheiratet habe. „Ich hatte ein gewisses lebendiges Interesse an weltanschaulichen Fragen", setzte er vage hinzu.

Man weiß freilich, daß Rahner das bekannt gründliche Studium des Eliteordens mit besonderer Begeisterung absolvierte. Bei den damals noch durchweg lateinischen Vorlesungen und Seminaren war er mit solchem Eifer dabei, und durch die antiken Kirchenväter arbeitete er sich derart zäh und verbissen hindurch, daß ihm seine boshaften Kommilitonen den Spitznamen „der Holzkopf" verpaßten. Aber dieses Vergraben in Bücherbergen und endlosen Spekulationen war doch nie Selbstzweck. Er sammelte wie ein Besessener Antworten und Erfahrungen, weil er die Fragen und Probleme der modernen Menschen teilte und selbst nie aufhörte zu fragen. Studentenseelsorger wäre er damals gern geworden.

Die alte Mutter Kirche mit ihren Gebrechen *und* Schätzen und die skeptischen Menschen von heute mit ihren Sehnsüchten und Problemen ins Gespräch zu bringen, das war von Anfang an Karl Rahners Anliegen gewesen. Schon der Student benutzte eine Arbeit über die Metaphysik des Theologenpapstes Thomas von Aquin dazu, die These zu erläutern, daß der Mensch gerade zu seiner Geistigkeit, zur Erkenntnis der Wahrheit, die materielle Welt, seine Sinne und Triebe, benötige.

Philosophie studierte der junge Rahner in Feldkirch und Pullach bei München, Theologie im niederländischen Valkenburg, wo er dem „Pater Imker" bei der Bienenzucht half – mit einem Hintergedanken, wie er später gestand: Man durfte dabei rauchen, und die Liebe zur Zigarette war jahrzehntelang sein schlimmstes Laster. Nach der Priesterweihe 1932 schloß sich der zweite Ausbildungsabschnitt an: Philosophie in seiner Heimatstadt Freiburg, wo ihn Heidegger beeindruckte („er lehrte, Texte zu hinterfragen . . ., Aussagen eines Philosophen zu sehen, die eben dem Spießbürger nicht auffielen"), und Theologie in Innsbruck.

Nach zwölf Studienjahren begann er als Privatdozent Dogmatikvorlesungen für seine jüngeren Mitbrüder zu halten. Doch schon im folgenden Jahr schlossen die von vielen Österreichern begeistert empfangenen Nazis die Theologische Fakultät und später auch das Jesuitenkolleg in Innsbruck, Karl Rahner erhielt wie viele andere „Gauverbot" für Tirol. Ein Freund brachte ihn in Wien unter, wo er am Seelsorgeinstitut mitarbeitete. Jetzt unternahm er auch seine ersten Vortragsreisen. Gegen Kriegsende setzte man ihn als Aushilfsseelsorger in verschiedenen niederbayerischen Gemeinden ein.

Im Rückblick hat Rahner oft genug beschämt festgestellt, der kirchliche Widerstand gegen den Nationalsozialismus hätte deutlicher und entschiedener sein können: „Wir Pfarrer von damals haben schon genug zu tun gehabt, um uns unserer eigenen Haut zu wehren, aber wir hätten uns damals viel mehr auch der Haut anderer Leute, der Juden, der Nichtchristen und so weiter wehren sollen . . ."

Als im September 1945 der Vorlesungsbetrieb an der Jesuitenhochschule Pullach wieder aufgenommen wurde,

Gott wohnt in der Blindengasse

dozierte Rahner hier erneut Dogmatik und hielt Vorträge beim Religiösen Bildungswerk München. 1948 ging er wieder nach Innsbruck. In den folgenden zwei Jahrzehnten verwandelte der Dogmatikprofessor Rahner sein bescheidenes, mit Büchern und Manuskripten vollgestopftes Arbeits- und Wohnzimmer in eine Denkfabrik, die auf die Theologiegeschichte des 20. Jahrhunderts eine beispiellose Wirkung ausübte und die Auseinandersetzung zwischen Glaubenden und Skeptikern, Hoffnungsmenschen und Enttäuschten überall in der Welt befruchtete.

Gott ist ein Fremdwort geworden

„Vater meines Glaubens" nannte ihn einer seiner Schüler, und so haben ihn viele erlebt: als Mut machenden Wegbegleiter, der vorführte, daß tastendes Fragen bereits ein Akt der Frömmigkeit sein kann; als hilfreichen Mitdenker auf dem Weg zu einem Glauben, der sich intellektuell redlich verantworten läßt; als findigen Schatzsucher, der verschüttete Einsichten freilegte und die fatale Trennung zwischen Lehre und Leben, zwischen Dogmensystem und menschlicher Erfahrung zu überwinden suchte.

„Wer Anfang der sechziger Jahre begann, katholische Theologie zu studieren", so das Resümee eines sachkundigen Journalisten, „für den bedeutete der Name Karl Rahner ein Atemholen. Oft erscheint den Studenten das Gebilde der katholischen Dogmatik wie ein geistiges Prokrustesbett, in dem unerlaubte Gedanken einfach abgeschnitten wurden. Jedoch gab es *den* Rahner, der wieder Luft verschaffte. Mit der Kraft des überzeugenden Gedankens stieß er durch das Dickicht unverständlicher Formeln hindurch, hieb manche Scheinprobleme mittendurch und brachte längst vergessene Schätze der kirchlichen Lehre wieder zum Leuchten."

Gutgemeinte Hirtenworte und tiefsinnige päpstliche Rundschreiben verpuffen heute meist wirkungslos, weil sie den Menschen etwas beizubringen versuchen, was längst fertig formuliert und rundum zu Ende gedacht ist. Eine Gettosprache mit abgenutzten Worthülsen macht den aufregenden Inhalt der Botschaft unverständlich und nimmt dem Evangelium seine provokante Wirkung. In jenen Jahren unmittelbar vor dem Zweiten Vatikanischen Konzil empfand man diese Not noch weit stärker, denn auch die meisten Theologen, Pfarrer und Kirchenzeitungsredakteure redeten so.

Rahner dagegen meinte, man müsse doch erst einmal nach den Erfahrungen und Schwierigkeiten und dem Selbstverständnis des heutigen Menschen fragen, statt ihm ein System von Wahrheiten und Begriffen überzustülpen, das mit seiner Lebenswelt anscheinend gar nichts zu tun habe. Es ging ihm weiß Gott nicht um oberflächliche Gags, um die angegraute Kirche wieder interessant zu machen. „Mit billigen Sprüchen modern sein ist noch ärger als altmodisch und solid sein", grollte er einmal. Es ging ihm darum, die Gleichsetzung von zeitbedingter Fassade und zeitlos gültigem Inhalt zu überwinden und das Zentrum des Glaubens hinter all den Verkrustungen erst einmal wieder sichtbar zu machen.

Rahner war alles andere als ein blindwütiger Zerstörer gewachsener Werte, in die Tradition war er geradezu verliebt – aber man sollte sie nicht bloß träge zitieren, sondern sich von ihr auf den mühevollen Weg eigenen Denkens führen lassen. Natürlich dürfe kein

Dogma in seinem ursprünglich gemeinten Sinn „umgedreht" werden, betonte er immer wieder, aber alle Dogmen seien „nach vorne offen", stets neu zu durchdenken und mit frischen Fragen zu konfrontieren. Die kostbaren Worte, mit denen die Christen früher einmal ihren Glauben ausdrückten, haben eine Geschichte; und darum sind die alten Kirchenformeln nicht bloß das Ende einer langen Glaubensgeschichte, sondern auch ein Ausgangspunkt. Rahner: „Auch mit einer Definition ist die Geschichte der Wahrheit nicht zu Ende."

Das Denken früherer Geschlechter, hat er einmal gesagt, sei niemals ein Ruhebett für die später Geborenen. Er wollte den alten Glauben nicht umschreiben oder gar zersetzen, wie ihm manche vorwarfen – zuletzt das im Vatikan hochangesehene Blatt konservativer italienischer Katholiken *Trenta Giorni*. 1993, neun Jahre nach seinem Tod, bescheinigte das Magazin dem deutschen Theologen, ein astreiner „Enkel Luthers" zu sein, Christus zum bloßen Menschen zu machen und von einem persönlichen Gott nicht mehr zu reden.

Solche wüsten Anwürfe hat sich Rahner von Anfang an mit dem zugezogen, was als „anthropozentrische Wende" in der Theologie bezeichnet wird. Auf deutsch: Rahner setzt bei den Erfahrungen und Sehnsüchten des Menschen an, wenn er von der Wirklichkeit Gottes sprechen will. Statt von oben herab oder von außen her eine abstrakte Offenbarung zu verkünden, die dem Menschen als etwas Fremdes, Unheimliches, vielleicht Unnützes und Skurriles erscheinen muß, versucht er, Gott im Menschen selbst zu entdecken, in seinem Innern, in seinen tiefsten Erfahrungen (ohne ihn mit diesen Erfahrungen einfach gleichzusetzen).

Gott ist immer unendlich größer als der Mensch, Gott kann man nicht „haben" oder berechnen, Gott durchkreuzt alle menschlichen Selbstverständlichkeiten und Lebensentwürfe. Aber er soll kein Fremdwort für den Menschen mehr sein, sondern eine im Menschenleben mitgegebene Möglichkeit, die in freier Entscheidung abgelehnt und vernachlässigt oder aber angenommen und entfaltet werden kann.

Zunächst jedoch müssen diese Spuren Gottes im Menschen bewußt gemacht werden, und das ist für Rahner die atemberaubend wichtige Aufgabe heutiger Theologie. Wenn sie den Menschen kennen will, muß sie sein rationales Weltbild, sein ernüchtertes Verhältnis zur Geschichte – etwas wirklich Neues ist nicht zu erwarten – und seine Lust, sich selbst und diese Welt zu planen und zu schaffen, genauso ernst nehmen wie seine Ausrichtung auf eine Wirklichkeit, die das empirisch Erfahrbare übersteigt.

Rahner in seiner nicht gerade einfachen Sprache: „Der Mensch erfährt sich . . . als Produkt dessen, was er nicht selbst ist." Doch gerade indem er sich als „das sich selbst auferlegte Fremde und Produzierte" erfährt, als jemanden, der mehr ist als die Summe einzelner Faktoren, als Frage nach dem Ganzen, als endliches, geschichtlich bedingtes Wesen, das mit diesem Wissen bereits über seine Endlichkeit hinausgreift, gerade dann begreift er sich selbst als Subjekt und Person. Indem er sich „ins Offene gesetzt" erlebt, fragend einer „unheimlichen Unendlichkeit" ausgesetzt, ist er „sich selbst anheim- und aufgegeben" und erfährt sich „in dieser Überantwortetheit an sich selbst als verantwortlich und frei".

Ob es denn in der areligiösen Gesellschaft von heute überhaupt noch eine Möglichkeit gebe, Gott zu begegnen, wollte ein Rundfunkreporter von dem damals 70jährigen Vordenker wissen. Rahners Antwort mag

Gott wohnt in der Blindengasse

manche überrascht haben: „In der Gesellschaft wird doch trotz aller Lumperei, die in der Welt besteht, nach Freiheit, nach Glück, nach Vertrauen, nach Liebe, nach Treue und so weiter gerufen." Und alle diese so oft verratenen und doch immer wieder ersehnten Werte hätten als Basis und Ziel „jenes unergründliche, unsagbare Geheimnis, das wir Gott nennen!"

Im ganz normalen Leben steckt das Geheimnis

Die wirklichen Lebensfragen führen auf die Spur Gottes, das war sein Ausgangspunkt. Jene zentralen Fragen, die den Menschen über sich hinausführen und ihm eine Ahnung vom Ewigen vermitteln, dem er sich verdankt: Hat das Leben Sinn? Gibt es eine Liebe, die bleibt? Gibt es einen Weg aus der Verstrickung in Schuld? Lohnt sich Treue?

Solche Fragen und Erfahrungen öffnen den Menschen. Keine Liebe, die nicht eine noch größere, dauerhaftere Liebe erhoffen läßt. Keine Treue, die nicht auf restlose Geborgenheit drängt. Die Sucht nach der Wahrheit, die Verantwortung, die radikale Liebe, ohne Vorbehalt gewagt, erheben einen absoluten Anspruch, der die Erfahrung dieser Welt übersteigt. Hier kommt das ins Spiel, was die traditionelle christliche Theologie „Gnade" nennt: Gottes Anwesenheit in der Mitte der menschlichen Existenz – *jeder* menschlichen Existenz, bewußt oder unbewußt.

Wo einer plötzlich unerbittlich seine ganze Freiheit und Verantwortung begreift, wo er bedingungslos zu lieben wagt, ohne Vorbehalt und Hintertürchen, wo einer reine Schönheit erfährt oder auch ausweglose Schuld, wo eine Sehnsucht in ihm aufbricht, die unstill-

bar scheint – überall dort begegnet er Gott in der Mitte
seiner eigenen Existenz.

Wo die eine und ganze Hoffnung über alle Einzelhoffnun-
gen hinaus gegeben ist, die alle Aufschwünge, aber auch
alle Abstürze noch einmal sanft in schweigender Verhei-
ßung umfängt,
wo eine Verantwortung in Freiheit auch dort noch ange-
nommen und durchgetragen wird, wo sie keinen angebba-
ren Ausweis an Erfolg und Nutzen mehr hat,
wo ein Mensch seine letzte Freiheit erfährt und annimmt,
die ihm keine irdischen Zwänge nehmen können,
. . . wo die Summe aller Lebensrechnungen, die man nicht
selber noch einmal berechnen kann, von einem unbegreifli-
chen anderen her als gut verstanden wird, obwohl man es
nicht nochmals „beweisen" kann,
wo die bruchstückhafte Erfahrung von Liebe, Schönheit,
Freude als Verheißung von Liebe, Schönheit, Freude
schlechthin erlebt und angenommen wird, ohne in einem
letzten zynischen Skeptizismus als billiger Trost vor der
letzten Trostlosigkeit verstanden zu werden,
wo der bittere, enttäuschende und zerrinnende Alltag hei-
ter gelassen durchgestanden wird bis zum angenommenen
Ende aus einer Kraft, deren letzte Quelle von uns nicht
noch einmal gefaßt und so uns untertan gemacht werden
kann,
. . . wo die Verzweiflung angenommen und geheimnisvoll
nochmals als getröstet ohne billigen Trost erfahren wird,
wo der Mensch alle seine Erkenntnisse und alle seine Fra-
gen dem schweigenden und alles bergenden Geheimnis an-
vertraut,
. . . da ist Gott und seine befreiende Gnade.
KARL RAHNER IN „ERFAHRUNG DES GEISTES"

Wo einer sich wirklich total auf einen anderen einläßt, im Wissen um die Endlichkeit, Brüchigkeit, Unzuverlässigkeit jeder solcher Beziehung, das Risiko eingehend, enttäuscht und verraten zu werden – wo ein Mensch das fertigbringt, da bejaht er in dem geliebten Menschen zugleich den, der das radikale Vertrauen trägt und legitimiert, weil er nämlich der Grund solcher Liebe ist. Erst dann ist auch eine enttäuschte und verratene Liebe sinnvoll.

Anders gesagt: Überall dort, wo einer tapfer hofft, trotz aller herzbeklemmenden Angst, wo einer wirklich gut ist zu einem Menschen, ohne auf ein dankbares Echo zu rechnen, wo einer verzeihen kann, ohne dafür irgendwie belohnt zu werden, wo er sich rein aus seinem Gewissen heraus für etwas entschieden hat, wo er Verzweiflung annehmen und im Alltag den Tod einüben kann aus einem letzten Vertrauen heraus – überall dort macht der Mensch die Erfahrung der befreienden Gnade, überall dort tritt der verwandelnd in sein Leben ein, den die Christen – und auch andere – Gott nennen.

Der Mensch, diese armselige Frage

Sage keiner, das seien bloß fromme Träume ohne praktischen Wert oder raffinierte Krücken, mit den Narben und Ängsten des Lebens fertigzuwerden. Denn gibt es ein stärkeres Motiv, sich für andere Menschen oder eine gerechtere Gesellschaft einzusetzen, als das Wissen um eine absolute Instanz, die diesem Engagement Sinn gibt und Kraft dazu? Lassen sich Menschenwürde und Menschenrechte am Ende wirklich glaubwürdig einklagen, wenn sie nicht an einem absoluten Wert teilhaben? Was bleibt letztlich vom Leben als banale Be-

dürfnisbefriedigung, wenn die tiefen Fragen ausgeklammert werden: Sinn und Ziel, Liebe und Schuld,
Leid und Tod?

Einfach hat es sich – und uns – Karl Rahner jedenfalls
nicht gemacht. Wenn er dazu einlädt, sich Gott zu öffnen, verspricht er keineswegs eine Patentantwort auf
alle ungelösten Lebensrätsel. Die Erfahrung Gottes
schließt Dunkelheit und Enttäuschung mit ein, die Suche nach ihm wird durchkreuzt und verfinstert von
Schuld und Angst. „Unser Glaube", sagt Rahner nüchtern, „dieser bittere, schwere, aber zähe Glaube ohne
falsches Pathos, ohne Pose, ist ein ständiges Herr-hilf-
meinem-Unglauben . . ."

Mühsam umhertastend zwischen widersprüchlichen Gottesbildern, zerrieben im Dilemma, die Erfahrung Gottes benennen zu müssen, aber ihn nicht vereinnahmen zu dürfen, sich sehnend nach einem billig
zu habenden Gott, der Sicherheit gibt, und wissend,
daß das nur ein Götze wäre, sucht und hofft und wartet
der Mensch. Nur im „Modus der abweisenden Ferne",
so heißt ein Zentralbegriff bei Rahner, ist „das unendliche Woraufhin der Liebe" gegeben. „Nie kann man direkt auf es zugehen, nie es unmittelbar ergreifen." Erscheint es nicht als „unfromme Indiskretion" (Rahner),
auf die Spuren des Geheimnisses innerhalb unserer Erfahrungswelt zu zeigen und glücklich zu sagen: „Hier
ist Gott"? Und doch: Müssen wir nicht über das Unsagbare reden, wenn wir es finden oder wenigstens ahnen
wollen?

Daseinssinn und Hoffnung, Schuld und Treue, Gott
und Liebe: Den letzten Fragen kann sich der Mensch
nicht entziehen, wenn er mehr sein will als ein „findi-
ges Tier", wenn er über die ganze Wirklichkeit nachdenken und nicht nur einzelne Momente kontrollieren

Gott wohnt in der Blindengasse

will. Aber solches Nachdenken konfrontiert ihn auch immer wieder mitleidlos mit den eigenen Grenzen. Ist der Mensch nicht selbst bloß eine armselige Frage, die Frage nach dem bleibenden Geheimnis, das die Welt trägt?

O ja, auch für den Glaubenden bleiben zahllose quälende Fragen. „Mein Christentum ist alles andere als eine ,Erklärung' der Welt und meiner Existenz", gestand Rahner einmal freimütig. „Der Christ hat weniger als jeder andere ,letzte' Antworten, die er mit einem ,Jetzt ist die Sache klar' quittieren dürfte. Seinen Gott kann er nicht als einen durchschauten Posten seines Lebens einsetzen."

Denn Gott läßt sich nicht beweisen wie eine Rechenformel, Glauben bleibt ein Risiko, und der Theologe kann keinem schlüssig beweisen, warum er es eingehen sollte. Er kann bloß dafür werben und zeigen, daß es Sinn hat und das Leben tiefer, reicher macht. Auch Christus hat nicht mehr getan, als die Menschen einzuladen, sich solchen Erfahrungen zu öffnen. Auch Christus hat ihre Freiheit respektiert, nein zu solcher Öffnung zu sagen.

Allergisch reagiert Rahner allerdings auf jene überhebliche Spezies von Atheisten, die ihre Entscheidung für die einzig vernünftige, allein intellektuell redliche ausgeben. Die Abneigung, sich endgültig auf etwas einzulassen, könne ein Zeichen illusionsloser Tapferkeit sein, aber auch Schwäche und Angst vor verpflichtendem Engagement signalisieren.

Was denn bleibe, wenn das Wort „Gott" und das damit Gemeinte aus dem Nachdenken über die Welt verschwinden sollten? Ginge damit nicht auch jeder Sinn für das Ganze der Wirklichkeit und des Daseins verloren? Sind nicht Fragen und Möglichkeiten des Men-

schen im manchmal so unrealistisch erscheinenden Ja
zum Geheimnis Gottes viel besser aufgehoben als im
Zweifel? Welchen Grund sollte es geben, den Abgrund
von Sinnlosigkeit und Absurdität für wirklicher zu halten als den Abgrund Gottes? Rahner trotzig: „Es ist
leichter, sich in seine eigene Leere fallen zu lassen, als in
den Abgrund des seligen Geheimnisses. Aber es ist
nicht mutiger und es ist nicht wahrer."

Der Mensch, auf den ich mich verlassen kann

Für Rahner kann es letztlich kein philosophisches Argument und keine noch so schlüssige Denkoperation
sein, was einen Menschen zum Glauben bringt, sondern die persönliche Beziehung zu Jesus Christus. In
ihm nimmt Gott jenes konkrete Menschenantlitz an,
nach dem wir uns sehnen. Daß es Jesus von Nazaret ist,
in dem Gott greifbar nahe kommt, läßt sich allerdings
wieder einmal nicht beweisen, sondern nur im gläubigen Hinhören erfahren.

Es ist erneut ein ganz menschlicher, alltäglicher Weg,
auf dem Rahner ins Innerste christlichen Glaubens ein-
dringt: Er spricht von der Liebe zwischen Menschen –
wobei er nicht zu ausschließlich an die „holde Verzau-
berung" zweier frisch Verliebter zu denken rät, sondern eher an die „alltägliche, manchmal bittere" Liebe
beispielsweise zwischen reifen Ehepartnern, die etwas
vom Zeichen des Kreuzes an sich trage – , von dem
Wagnis, sich total auf einen anderen einzulassen, sich
ihm radikal anzuvertrauen. Anders bliebe der Mensch
ja in der Hölle seiner Einsamkeit verschlossen. Doch
wird der andere – selbst ein brüchiger, unzuverlässi-
ger, von Egoismus und Trägheit bedrohter Mensch –

stark genug sein, das Gewicht solcher Hingabe zu tragen? Rahner: „Gerät man nicht in die Hölle des anderen, wenn man seine eigene flieht?"

Nein, der Mensch, dem man sich da anvertraut, in die Hände gibt, ausliefert, der kann dieses Wagnis niemals rechtfertigen, dazu ist er zu schwach, bei allem guten Willen zu sehr mit Angst und Mißtrauen, Lebensnarben und Barrieren beladen. Wie aber, wenn in der schutzlosen, vorbehaltlosen, die ganze Existenz wagenden Hingabe an einen konkreten Menschen ein anderer Mensch mitbejaht, mitgeliebt wird, der diese radikale Liebe rechtfertigt und trägt und ihr selbst noch im Fall von Enttäuschung und Verrat Sinn gibt, weil er selbst absolut zuverlässig ist und seine Treue jedes menschliche Scheitern umfängt?

Etwas davon ahnt wohl jeder Liebende, auch wenn er nicht im Traum daran denkt, daß seine Entscheidung für einen anderen Menschen etwas mit Jesus Christus zu tun haben könnte. Denn wer wirklich liebt, der nimmt den anderen als unverfügbar und unbeherrschbar an, der läßt sich von seiner ganz persönlichen Prägung überraschen, statt ihn zur Kopie der eingenen Wunschvorstellungen machen zu wollen, der entdeckt im anderen etwas, was letztlich nicht zu durchschauen und zu vereinnahmen ist. Im anderen Menschen steckt etwas, was mehr ist als dieser Mensch, was über ihn hinausweist.

Aber wie läßt sich begründen, daß dieser absolut zuverlässige Mensch, der im andern mitbejaht und mitgeliebt wird, ausgerechnet Jesus von Nazaret ist? Über eine solche Begründung hat Rahner ein Leben lang nachgedacht, und er liefert beeindruckende Anhaltspunkte dafür: Wo in der hellen, greifbaren Geschichte hat sonst ein Mensch derart massiv Anspruch darauf erhoben, daß in der Begegnung mit ihm Gott erfahren wird? Wo ist einer, dessen Leben und Tod, dessen Geliebtsein durch zahllose Menschen soviel Mut geben könnte, sich bedingungslos auf ihn zu verlassen? Wer hat so wie er um die Abgründe menschlicher Schuld und Gemeinheit gewußt und dennoch all die erbärmlichen Menschen seine Geschwister und den geheimnisvollen Gott seinen Vater genannt?

In Jesus, dafür nennt Rahner einleuchtende Argumente, kommt beides zusammen: unsere Erdverhaftetheit und die absolute Transzendenz, die Hoffnung und Lebenssinn begründet. Er ist die Frage in ihrer bedrängendsten Formulierung und zugleich die absolute Antwort: „Der Mensch *ist* die radikale Frage, nicht indem er sie sich ‚denkt‘, sondern indem er wissend stirbt; das absolute Geheimnis, ‚Gott‘ genannt, *ist* die einzige Antwort, nicht indem er einfach ist, sondern indem er sich mitteilt; er nimmt die Frage als seine *eigene* Frage an, beantwortet sie mit sich selbst und macht so Frage und Antwort unüberholbar und zugleich eins. Betrachten wir diese Einheit, dann ist ein Gottmensch als radikale Frage im Tod und als radikale Antwort in dem, was wir ‚Auferstehung‘ nennen, das, was wir suchen."

Wenn Worte zu Christus führen können, dann sind es solche. Aber es sind eben nur Worte, Menschensilben, stammelnde Versuche, eine Straße zu bauen, an deren Ende eine Begegnung steht, die keine Worte mehr braucht und doch das ganze Leben verändert.

In unserer geduldigen Annahme des Lebens, in einer Liebe, die nichts einbringt, hat Rahner einmal gesagt, erfahren wir den Abgrund des göttlichen Geheimnisses, ahnen wir Gottes Nähe. „Aber würde ich, als eine erbärmliche Kreatur, als Eintagsfliege, als dem Tod Geweihter, als elender Sünder – das gibt es eben auch –

mich tatsächlich getrauen, wirklich zu glauben, zu hoffen und anzunehmen, daß dieser Gott diese absolute Nähe zu mir haben will, wenn ich nicht auf Jesus den Gekreuzigten, den in den Tod Hineingefallenen und Auferstandenen, blicken würde?"

Jesus, die absolute Selbstzusage Gottes, Jesus, der Mensch, in dem das alles durchdringende Geheimnis der Wirklichkeit da ist, endgültig und verläßlich. Jesus, der Mensch, in dem Gott greifbar wird. Jesus, „ein Stück der Erde", die Materie heiligend und der Anfang der gelungenen Welt. Jesus, die fleischgewordene Liebe Gottes.

Wenn ich mich ihm anvertraue – ich muß es nicht tun –, dann weiß ich: „Wir sind gerettet, weil dieser Mensch, der zu uns gehört, durch Gott gerettet ist." Das namenlose Geheimnis hat einen Namen bekommen. Ich kann es „Vater" nennen.

Wozu Schachtelsätze gut sind

Das ist, sehr knapp und verkürzt zusammengefaßt, die Grundbotschaft der Rahner'schen Theologie. Formuliert hat er sie in seinen voluminösen Aufsätzen und Büchern oft so vertrackt, daß ihm sein Bruder Hugo – selbst ein hochbegabter Theologe und Spezialist für die Kirchenväter – mit gutmütigem Spott anbot, er sei bereit, Karls Werke ins Deutsche zu übersetzen.

Ein Anfänger in der schwierigen Kunst der Rahner-Lektüre mag tatsächlich versucht sein, fluchend Carlucci zu zitieren: „Wer mit zwanzig Worten das sagt, was er mit zehn sagen kann, ist noch zu anderen Gemeinheiten fähig." Vor Kindern und in Dorfkirchen vermochte Rahner verblüffend einfach zu predigen,

Karl Rahner während der Würzburger Synode, im November 1974

und sein Vortragsstil war mitreißend lebendig. Doch kaum hatte er sich an die Schreibmaschine gesetzt, fielen ihm offenbar nur noch komplizierte Schachtelsätze ein, die kein Ende nehmen wollten.

Dabei hatte Rahners bisweilen nervtötender Schreibstil einen sympathischen Grund: Wenn er über Gott als „das absolute, aber sich immer entziehende, immer nur asymptotisch gemeinte, radikal fernbleibende Woraufhin und Wovonher der Transzendenz" nachdachte, über die Selbstmitteilung Gottes, die „als vorgegebene Bedingung der Möglichkeit ihrer Annahme" im Menschen vorausgesetzt werden müsse, „soll er sich in seiner Freiheit dieser Selbstmitteilung Gottes eröffnen oder verschließen, ohne daß diese Reaktion Gott selber auf das Niveau der Menschen depotenziert", eine Selbstmitteilung, die überdies „im Modus der Nähe

Gott wohnt in der Blindengasse

und nicht nur im Modus des abwesenden Anwesens als Woraufhin einer Transzendenz gegeben ist, in der Gott nicht zum kategorialen einzelnen wird, aber dennoch wirklich als der sich selbst Mitteilende anwest und nicht nur als das ferne, nie umfaßbare, asymptotische Woraufhin unserer Transzendenz", wenn Rahner solche Wortgebilde aufeinandertürmte wie eine verwinkelte Burg mit Mauerringen und Geheimgängen und das ineinander verschachtelte Satzwerk erst nach einer endlos langen halben Seite zum erlösenden Punkt fand – dann nahm er den armen Leser doch nur mit hinein in die lebendige Bewegung seines Denkens, die nicht vorschnell kompakte Thesen und fertige Ergebnisse präsentieren, sondern die unendlich komplexe Wirklichkeit in allen ihren Dimensionen und widersprüchlichen Möglichkeiten abschreiten wollte.

Dieses Denken bemüht sich, statt simpler Formeln das Ganze zu benennen, statt eines dürren Lehrsatzes eine beglückende Welt zu vermitteln, gleichsam ein Land zu erwandern, statt bloß ein paar Ortsschilder aufzustellen. Von einem „experimentellen Stil" der Gedankenarbeit spricht Rahners Schüler Karl Lehmann, der später als Vorsitzender der Bischofskonferenz eine vernünftige theologische Liberalität im bundesdeutschen Katholizismus zu sichern suchte: „Es wird nach allen denkbaren Richtungen eine tiefere Wesensbestimmung versucht, die traditionellen Antworten werden kritisch geprüft, alles wird nach möglichen freien Ausblicken abgetastet . . . Aber es bleibt *ein* Gedanke, der kraftvoll durchgezogen wird und der sich zugleich weigert, unleugbar mit ihm zusammenhängende Bereiche völlig auszublenden."

Hinter den Schachtelsätzen steckte natürlich auch die Absicht des von römischen Glaubenswächtern und eifersüchtigen Kollegen mit Argusaugen beobachteten Theologen, alle nur denkbaren historischen und dogmatischen Voraussetzungen abzudecken, sämtliche Früchte seines immensen theologischen Wissens in den Gedankengang hineinzupacken und so den möglicherweise Anstoß erregenden Inhalt gegen Verdächtigungen abzusichern. Und dann gab es so banale Gründe wie seinen Haß auf die Schreibmaschine; wenn er nicht frei reden konnte, tat er sich schwer und der Stil geriet ihm häufig entsprechend steif und ungebärdig. Erst spät bekam er eine Schreibkraft, und die diktierten Texte klingen tatsächlich lockerer.

Über all der Mühe beim Lesen dieser – immerhin mit dem *Sigmund-Freud-Preis für wissenschaftliche Prosa* der *Deutschen Akademie für Sprache und Dichtung* ausgezeichneten – Texte sollte man außerdem nicht vergessen, wieviel Klarheit und Transparenz er mit seinem Denkstil in das Glaubensgespräch der Gegenwart gebracht hat. Rahner war es, der viele scheinbar rettungslos überlebte Bestandteile der christlichen Botschaft für moderne Menschen wieder interessant und nachvollziehbar gemacht hat – was bei ihm niemals bedeutete, sie irgendwelchen kurzlebigen Trends anzupassen oder auf ein billiges Niveau herunterzuziehen.

Aber er warnte vor einer allzu unbekümmerten Verwendung ehrwürdiger Satzklötze und formelhafter Begriffe wie „Jesus ist Gott", „Sühnetod am Kreuz", „Erbsünde" – nicht weil das damit Gemeinte plötzlich nicht mehr wahr und gültig wäre, sondern weil mit mancher makellos über die Jahrhunderte geretteten Aussage im heutigen Verstehenshorizont magisch-mythologische Mißverständnisse vorprogrammiert seien.

Gott wohnt in der Blindengasse

Gott ist uns fern . . . es gibt eine Gottesferne, die mitten durch die Frommen und die Unfrommen hindurchgeht, die den Geist verwirrt und das Herz unsagbar bange macht . . . Das erste, was wir tun müssen, ist dies: sich dieser Gottesferne eines verschütteten Herzens stellen, vor ihr weder in frommen noch in weltlichen Betrieb fliehen, sie aushalten ohne die Narkotika der Welt, der Sünde und der eigensinnigen Verzweiflung. Welcher Gott ist Dir eigentlich in dieser Leere des Herzens fern? Nicht der wahre und lebendige Gott, denn dieser ist ja gerade der Unbegreifliche, der Namenlose, damit er wirklich der Gott Deines maßlosen Herzens sein kann. Fern ist Dir nur geworden ein Gott, den es nicht gibt: ein begreiflicher Gott, ein Gott der kleinen Gedanken und billig anspruchslosen Gefühle des Menschen, ein Gott der irdischen Sicherheit, ein Gott, der dafür sorgt, daß die Kinder nicht weinen und die Menschenliebe nicht in Enttäuschung mündet, ein sehr ehrwürdiger – Götze. Der ist fern geworden. Soll man solche Gottesferne nicht aushalten? Doch, es gilt wirklich: laß in diesem Geschehen des Herzens ruhig die Verzweiflung Dir scheinbar alles nehmen, laß sie Dein Herz zuschütten, daß scheinbar kein Ausgang zum Leben, zur Erfüllung, zur Weite und zu Gott mehr bleibt . . .

Denn, wenn Du standhältst – o das ist schon ein Wunder der Gnade –, dann wirst Du plötzlich inne werden, daß Dein Grabeskerker nur sperrt gegen die nichtige Endlichkeit, daß seine tödliche Leere nur die Weite einer Innigkeit Gottes ist, daß das Schweigen erfüllt ist von einem Wort ohne Worte, von dem, der über allen Namen und alles in allem ist. Das Schweigen ist Sein Schweigen. Es sagt Dir, daß Er da ist.

Das ist das zweite, was Du in Deiner Verzweiflung tun sollst: merken, daß Er da ist, glaubend wissen, daß Er bei

Dir ist; innewerden, daß Er im tiefsten Verließ Deines ver-
schütteten Herzens Dich schon lange erwartet, daß Er
schon lange stille horcht, ob Du nicht nach all dem geschäf-
tigen Lärm, den wir unser Leben nennen, einmal auch Ihn
zu Wort kommen läßt . . . Du sollst spüren, daß Du gar
nicht fällst, wenn Du Deine Angst um Dich und Dein Le-
ben aufgibst, gar nicht fällst, wenn Du losläßt, gar nicht
verzweifelt bist, wenn Du endlich verzweifelst an Dir,
Deiner Weisheit und Stärke und an dem falschen Bilde
Gottes, das Dir entrissen wird. Wie durch ein Wunder, das
täglich neu geschehen muß, wirst Du inne werden, daß Du
bei ihm bist.

Du wirst plötzlich erfahren, daß Deine Gottferne in Wahr-
heit nur das Verschwinden der Welt vor dem Aufgang
Gottes in Deiner Seele ist, daß die Finsternis nichts ist als
Gottes Helligkeit, die keinen Schatten wirft, und Deine
Ausweglosigkeit nur die Unermeßlichkeit Gottes, zu dem
es keine Wege braucht, weil Er schon da ist . . . Er ist da,
mitten in Deinem verschütteten Herzen, Er allein.

Karl Rahner in „Kleines Kirchenjahr"

Beispiel *Christologie*: Natürlich sei der Satz „Jesus ist
Gott" heute so exakt wahr wie zu der Zeit, als die großen Dogmen definiert wurden. Wer den Satz aber heute
ausspreche, der müsse dazusagen, daß das Wort *ist* hier
in einer Bedeutung verwendet werde wie sonst nir-
gends in unserer Sprache: nicht im Sinn von Identität,
sondern von einer „einmaligen, sonst nicht vorkom-
menden und zutiefst Geheimnis bleibenden Einheit
von real verschiedenen, einen unendlichen Abstand
voneinander habenden Wirklichkeiten". Wer sich das
nicht vorher ganz klar mache, der verfälsche die Men-
schennatur Jesu leicht zu einer bloßen Verkleidung, zur
schnell einmal angezogenen „Livree", worin Gott auf

Erden nach dem Rechten habe sehen wollen, „weil es vom Himmel aus nicht mehr ging."

Beispiel *Erbsünde*: Der gängigen, aber grundfalschen Vorstellung von einer quasi biologischen Fortpflanzung der Sünde Adams über alle Menschengeschlechter hinweg stellt Rahner das Beispiel vom Bananenkauf entgegen: Wer eine Banane kauft, denkt kaum daran, daß er ihren billigen Preis dem erbärmlichen Los der Pflücker verdankt, daß er zum eigenen Vorteil an einer Situation von Ausbeutung und ungerechter Handelspolitik partizipiert. Angesichts der Geschichtlichkeit des Menschen und einer zusammenwachsenden Welt bedeute „Erbsünde" deshalb nichts anderes als die Teilhabe des einzelnen an der schuldbeladenen – aber mit Gottes erlösender Selbstmitteilung in Jesus Christus konfrontierten – Freiheitsgeschichte der Menschheit.

Beispiel *Kreuzestod*: Als Sühne für die Schuld der Welt könne man Jesu Todesschicksal schon interpretieren – freilich nicht als Umstimmung eines zürnenden Gottes, sondern als siegreiche, unumkehrbare Manifestation der Liebe Gottes zur Welt.

Rahners „anonyme Christen": eine unverschämte Erfindung?

Mißverstanden wurden (und werden) aber nicht nur jene fossilen Elemente uralter Glaubenstradition, die Rahner von der Patina der Jahrhunderte blankzuputzen suchte; auf Fehldeutungen stießen auch seine eigenen Denkfiguren. Ganz besonders seine Lieblingsidee vom „anonymen Christentum".

Wenn Gottes Heilswille, so argumentiert Rahner, wirklich alle Menschen umfaßt, wenn Gott als das

„letzte Woraufhin" seiner Sehnsucht in jedem Menschen da ist und seine Gnade als Angebot jeder Kreatur eingeboren ist, dann kann es keine Religion geben, in der diese Gnade Gottes nicht gegeben wäre, „wenn vielleicht auch in einer unterdrückten und depravierten Weise", dann ist auch ein Atheist fähig, Glaube, Hoffnung und Liebe zu leben. „Es ist nicht so leicht, Jesus Christus zu entgehen", gab Rahner zu bedenken. „Denn es wird offenbar werden, daß viele ihn im Geringsten seiner Brüder gefunden haben, ohne ihn beim Namen nennen zu können."

Wenn Gottes Gnade und seine in Christus geschehene Selbstmitteilung als „geheime Essenz aller wählbaren Wirklichkeit" da seien, dann sage jeder zu Christus ja – bewußt oder unbewußt –, der sein Dasein geduldig als das Geheimnis annehme, das in sich das Geheimnis ewiger Liebe berge und im Schoß des Todes das Leben trage. „Denn wer losläßt und springt, fällt in die Tiefe, die da ist, nicht nur insoweit er sie selbst ausgelotet hat. Wer sein Menschsein (erst recht natürlich das des anderen) ganz annimmt, der hat den Menschensohn angenommen, weil in ihm Gott den Menschen angenommen hat."

Rahners „anonyme Christen" machten Geschichte. Denn die zum Zweiten Vatikanischen Konzil in Rom versammelten Bischöfe übernahmen sein Modell und akzeptierten feierlich, daß auch Nichtchristen und Atheisten zum Heil finden können („. . . auch den anderen, die in Schatten und Bildern den unbekannten Gott suchen, auch solchen ist Gott nicht ferne").

Doch nicht nur ängstliche Erzreaktionäre liefen Sturm gegen die Aufweichung alter Gewißheiten, auch die dialogfreudige Fraktion unter den Theologen und Religionsphilosophen übte Kritik an Rahner: Bedeutete

Gott wohnt in der Blindengasse

sein Gedankengebäude nicht eine dreiste Vereinnahmung der Nichtchristen und mangelnden Respekt vor ihrer Entscheidung? Die einen pochten auf den Traditionssatz *Extra Ecclesiam nulla salus* (Außerhalb der Kirche kein Heil) – vergaßen freilich zu erwähnen, daß diese Maxime aus einer Zeit stammte, in der die Welt überschaubar klein war, der christliche Glaube die einzig denkbare seriöse Weltanschauung bildete und die christliche Predigt so gut wie jeden erreichte.

Heute haben nicht nur Millionen Menschen von Christus nie etwas gehört; auch von denen, die über sein Evangelium informiert sind, können viele – selbst wenn sie es wollten – nicht über die Barrieren springen, die ihnen eigene Ängste und Vorurteile, aber auch das erbärmliche Erscheinungsbild der Christen in ihrer Umgebung und der institutionalisierten Kirchen errichtet haben. Zumal die von den Ängstlichen zitierte Tradition eine verhältnismäßig junge ist: Auf das vierte Jahrhundert geht die uralte Lehre von der „Begierdetaufe" zurück, wonach auch ein ungetaufter Mensch gerechtfertigt ist, wenn er nach den Normen seines Gewissens lebt.

Und dann: Wäre es wirklich so christlich, sich satt und selbstgewiß im Bewußtsein der Auserwählung zu sonnen und die Mehrzahl der Menschheit von ihrem ewigen Glück ausgeschlossen zu wähnen? Rahner: Der Mensch von heute wolle keinen Himmel, aus dem ein anderer von vornherein ausgesperrt sei! Und habe Christus seinen Freunden nicht kategorisch verboten, jemanden zu richten, das heißt sich ein Urteil anzumaßen, wer Gott näher stehe und wer das Ziel seines Lebens erreicht habe?

Wenn das so war, ließ sich die Frage freilich nicht von der Hand weisen, wozu man dann überhaupt noch das

Christentum brauche, und man stellte sie Rahner auf manchmal erbitterte Weise: „In einer römischen Zeitschrift", schrieb er einem Freund vom Konzil nach Hause, „werde ich auch wieder attackiert, weil ich . . . die Leute zu leicht in den Himmel lasse. Wozu sei dann denn die Mission da, wird gefragt."

Rahner nahm die Kritik sehr ernst. Seine Antwort: Daß jeder in Gottes Liebe geborgen sei, der sich ihm nicht aus eigener Schuld verschließe, mache doch nicht den Anspruch des Christentums überflüssig, den Menschen diese Liebe besonders klar vermitteln und bewußt machen zu können! Die Chance, die in jedem Menschen verborgen liegende Gnade fruchtbar zu machen und sich für ein Leben im Angesicht Gottes zu entscheiden, sei nun einmal größer, wenn jemand ausdrücklich um Gottes Offenbarung wisse, eindeutig zum Engagement aus dem Glauben heraus aufgerufen sei, „als wenn er nur sehr dumpf und unreflektiert sein Menschsein besitzt und vollzieht". Der Nichtchrist werde bei aller Sehnsucht nach Gottes Nähe und bei aller beeindruckenden Lebensgestaltung nach den Maßstäben von Liebe und Menschlichkeit immer ein Zweifelnder bleiben. Und ein namenloser letzter Wert sei stets etwas Ungewisses – ganz anders als ein Geheimnis, das sich „Vater" nennen lasse.

Jene, die um dieses Geheimnis wissen, haben zu triumphierender Selbstgerechtigkeit wenig Anlaß. Rahner: „Wir alle sind Anfänger im Christentum." Deshalb kann die Redeweise von den „anonymen Christen", richtig verstanden, auch keine beleidigende Vereinnahmung derer sein, die sich aus guten Gründen anders entschieden haben. Denn wenn Rahner von den „anonymen Christen" redet, will er sie nicht durch die Hintertür zu Mitgliedern des eigenen Vereins erklären oder sich ein Urteil über ihre Lebensweise erlauben, sondern seine Mitchristen provozieren: Dürfen sie sich stolz als Auserwählte fühlen – oder sollten sie nicht lieber lernen, sich darüber zu freuen, daß es Gottes Nähe und ein gelungenes Leben auch für die anderen gibt?

Und ist es wirklich so unverschämt, wenn Christen glücklich darüber sind, daß ihr Gott keine ferne Majestät ist, kein Guru für einen exklusiven Kreis ausgesuchter Getreuer, sondern daß seine überströmende, barmherzige Liebe alle, alle Menschen in ihren Bann ziehen will?

Ein Maulkorb aus Rom

Es spricht für den frischen Wind, den sich die alte Mutter Kirche auf dem Konzil ins Gesicht wehen ließ, daß Rahners Theologie so deutliche Spuren in den von den Bischöfen verabschiedeten Texten und Dekreten hinterlassen hat. Dabei wird man nicht so sehr unmittelbare Detailerfolge des deutschen Gelehrten suchen müssen wie etwa den Verzicht auf die herkömmliche Lehre von der Kinderzeugung als vorrangigem Ehezweck. Man wird eher den viel bewunderten, in der Folgezeit viel zu zögerlich praktizierten „Geist" dieses Konzils in den Blick nehmen: den Mut zum Gespräch mit modernen Weltbildern, die verlorenen Berührungsängste, die Solidarität mit Sorgen und Sehnsüchten der Zeitgenossen.

Noch erstaunlicher als dieser Gleichklang mit Rahners Denken ist aber vielleicht die Tatsache, daß man ihn überhaupt zum Konzil eingeladen hat. Denn damals – die Bischofsversammlung wurde 1962 eröffnet – war er bei kirchlichen Behörden in Rom und anderswo schon mehrfach unangenehm aufgefallen, hatte er sich Probleme und Maulkörbe eingehandelt. Seine Ordensoberen belegten ihn auf bischöflichen Druck mit Redeverbot für bestimmte Themen, manche Bildungshäuser durften ihn nicht mehr einladen, für ein knapp 400-seitiges Manuskript über die Aufnahme der Mutter Jesu in den Himmel verweigerte man ihm die Druckerlaubnis (er hatte die These vertreten, jeder Mensch, nicht nur Maria, werde von Gott nach dem Tod in einer Weise vollendet, die auch Körperlichkeit einschließe, freilich in einer uns fremden Dimension). Und als ihn Mitbrüder denunzierten, weil in seinen Vorlesungen die lateinische Sprache zu kurz komme, wurde von Rom aus ein Visitator nach Innsbruck in Marsch gesetzt.

„Es ist doch schön zu leben, wenn man nichts zu verlieren hat und nicht Prälat oder so etwas werden will", erklärte Rahner zwar lakonisch. Aber es tat dem seine Kirche leidenschaftlich liebenden Gelehrten doch weh, als ihm die Ordensleitung wenige Monate vor Eröffnung des Konzils mitteilte, er sei ab sofort einer römischen Vorzensur unterstellt. Das bedeutete, jede Zeile, die er künftig schreiben würde, müßte vor der Veröffentlichung überprüft werden!

Bei der enormen Produktivität des Theologen hätten sich die vatikanischen Instanzen damit selbst etwas Furchtbares angetan. „Ich werde auch glücklich sein, wenn ich einmal ein paar Jahre ruhig für mich schreibe und das später veröffentliche", vertraute Rahner einem Briefpartner an. „Aber ich denke: man soll es diesen gräßlichen Bonzen nicht zu leicht machen. Merken sie Widerstand, sind sie wenigstens beim nächsten Mal vorsichtiger und überlegen es sich nochmals."

Gott wohnt in der Blindengasse

Zum Glück gelang es Rahners Freunden unter den Bischöfen und Kardinälen, Rom zum Einlenken zu bewegen. Die *Paulus-Gesellschaft*, in der Theologen, Naturwissenschaftler und Politiker zusammenkamen und wo später vor allem der Dialog zwischen Christen und Marxisten gepflegt wurde, sammelte 250 Unterschriften aus der Crême de la Crême der deutschsprachigen Gelehrtenwelt; Bundeskanzler Adenauer, ansonsten ein recht konservativer Katholik, erschloß diplomatische Kanäle, um die Protestnote dem Papst direkt zu übermitteln.

Wenig später ernannte Johannes XXIII. Karl Rahner zu einem der offiziellen Konzilstheologen. Der Wiener Kardinal König nahm ihn als seinen persönlichen Berater nach Rom mit. Obwohl die erzkonservativen Kurienbeamten ihrem gerade noch entwischten Opfer zunächst mit Mißtrauen begegneten, verschaffte sich Rahner in den Kommissionssitzungen durch immenses Wissen, solide Argumentation und perfektes Latein auch bei seinen Gegnern Respekt. Den Kardinal Ottaviani, der das *Heilige Offizium* leitete, die einstige Inquisition, sprach er einmal auf die Sache mit der Vorzensur an. „Ach, wir haben ja gar nichts gegen Sie", erwiderte der Kurienbeamte. Die Vorzensur wäre ein Privileg gewesen, mit dem man ihn vor „Mißverständnissen dummer Freunde" hätte bewahren wollen.

„Eminenz, ich verzichte auf Privilegien", gab Rahner zur Antwort.

Für die deutschen und österreichischen Bischöfe hatte er Gutachten zu den von der Kurie vorbereiteten Konzilsvorlagen zu erstellen. Sein Urteil fiel vernichtend aus. Statt der strahlenden, Geist und Herzen der Menschen gewinnenden Werbung für die befreiende Botschaft Christi fand er in den Entwürfen der römischen Behörden lediglich eine müde Schultheologie, korrekt zwar und gutgemeint, aber ohne jedes erlösende Charisma und ohne Antenne für die Verstehensschwierigkeiten der Zeitgenossen.

Dürre Gesetzlichkeit statt der Zusage von Gottes vergebender, Leben schenkender Gnade. Ein erschöpfendes Sammelsurium einzelner „Wahrheiten", mit denen bloß der harte Kern der immer schon praktizierenden Gläubigen etwas anfangen konnte, nicht aber die säkularisierte Welt mit ihrer Hilflosigkeit gegenüber Transzendenz und Gotteserfahrung. Statt der mitreißenden Kraft des Evangeliums nur eine Menge Bibelzitate zur Garnierung fertiger Thesen.

Dazu all diese weltfremden Appelle! Die traditionellen Mahnungen, moralisch seichte Zeitschriften zu boykottieren, blieben ohne gleichzeitige Bemühungen um eine weniger langweilige katholische Presse fruchtlos, ließ er den Wiener Kardinal wissen; denn die sogenannte schlechte Presse werde nicht gelesen, weil sie unmoralisch, sondern weil sie interessant sei. Rom solle sich lieber einmal darum kümmern, welches Ärgernis Fernsehübertragungen päpstlicher Gottesdienste „mit dicken Prälaten unter Gähnen und mit gelangweilten Gesichtern" erregten. Und man solle in den offiziellen Verlautbarungen doch endlich mit dem „ewigen Selbstlob" der Kirche aufhören: „einfältige Sprüche, die nicht wahr sind."

Es war zum Verzweifeln! Doch Rahner verzweifelte nicht. Er argumentierte, warb, scharte Bundesgenossen um sich. Das Ergebnis ist bekannt: Der „Geist des Konzils" fegte die bängliche, mißtrauische Mentalität der ursprünglichen – fast allesamt durchgefallenen – Vorlagen hinweg. Die Kirche öffnete ihre Türen und begann, ohne Angst auf die Menschen zuzugehen.

Gott wohnt in der Blindengasse

Karl Rahner im Gespräch mit jungen Menschen

Er liebte Zirkus und Eisdielen

„Wir haben gebetet, und Gott hat nicht geantwortet", heißt es in einem frühen, sehr bekannt gewordenen Buch Rahners. „Wir haben geschrien, und Er ist stumm geblieben. Wir haben Tränen geweint, die unsere Herzen verbrannten. Wir wurden nicht vor Sein Antlitz vorgelassen."

Und als alter Mann schrieb er einem jungen Menschen, der mit dem Selbstmord eines Freundes nicht fertig wurde, auch er, Rahner, müsse sich tagtäglich weiter um seinen Glauben bemühen, müsse immer neu das Vertrauen auf den ewigen Gott lernen, in dessen Weite und Unbegreiflichkeit alle Probleme der Menschen aufgehoben seien. Wenn es so aussehe, daß ihm das leichter falle als jungen Leuten, „dann muß ich mir sagen, daß diese Leichtigkeit vielleicht nicht für einen größeren Glauben zeugt, sondern nur die Auswirkung einer gewissen Verkalkung ist, die sich mit dem Alter einstellt".

Er kam oft ein wenig mürrisch daher, gab sich kurz angebunden, knurrte Leute an, die ihn bei einer wichtigen Sache störten, und marterte sein Publikum mit Gedankenflügen, die manchmal vielleicht sogar er selbst nicht verstand – aber die Menschen liebten ihn, weil er dieselben Sehnsüchte und Fragen hatte wie sie, weil er sich genau wie sie mit einer verrückten Welt und einem scheinbar gleichgültigen Gott herumquälte. Der Professor Rahner wischte solche nagenden Zweifel nie mit einem eleganten theologischen Konstrukt vom Tisch – lieber sprach er über seine eigenen Schwierigkeiten. Und dann machte er sich zusammen mit seinen Zuhörern auf den mühsamen Weg des Trotzdem-Glaubens. Als Anwalt verstand er sich, nicht als Richter.

Denn Rahners Gott war ein barmherziger Menschenfreund – was etwas ganz anderes ist als das schwachbrüstige Produkt jener Bürgerreligion, die sich von ihrem ohnmächtigen Himmelvater nicht in die Geschäfte pfuschen läßt. Im Namen Gottes ergriff er Partei für die Kleinen ohne Recht und Stimme: Am 21. Juli 1969, eben hatte mit Neil Armstrong der erste Mensch den Mond betreten, meinte Rahner im niederländischen Fernsehen, er wolle den Triumph der Forscher gewiß nicht schmälern. Aber nun müsse man mit ebensoviel Mut und Beharrlichkeit daran arbeiten, daß die alte Erde von Hunger, Krieg und gräßlichem Unrecht frei werde. „Sonst würde dieser Tag eine Anklage sein: Eure Intelligenz hat den Weg zum fernen Mond gefunden, aber euer Herz kennt den Weg zum Elend eures nahen Bruders nicht."

Bisweilen schien er hölzern im Umgang, er konnte auch grob werden, aber dann war da wieder dieses ungeschützte Vertrauen, mit dem er auf die Menschen zuging. Komplimente machte er nie, das wäre ihm gekünstelt und nicht ehrlich erschienen, aber er nahm an den banalsten Sorgen regen Anteil, interessierte sich für tausend Dinge. In seinem eckigen Gesicht mit dem manchmal mürrisch verzogenen Mund fesselten die lebhaften Augen, die zornig funkeln und zärtlich trösten konnten, in denen viel Güte und Verletzlichkeit war, aber nie Feindschaft oder Verachtung.

Besucher fanden meist nur mühsam Platz in seinem mit Büchern und Papierstößen vollgestopften Arbeitszimmer, irgendwo am Rand eines Sofas neben bedrohlich schwankenden Manuskriptbergen, aber immer fühlten sie sich willkommen und in ihrem Anliegen ernstgenommen von diesem nachdenklich im Zimmer herumspazierenden, dann wieder aufgeregt gestikulierenden Energiebündel.

Einen „brummigen Charme" hat ihm sein kongenialer Mitbruder Mario von Galli bescheinigt; den erlebten seine Studenten, wenn er ihnen eine besonders trockene theologische Materie zugemutet hatte und die abschließende Literaturempfehlung gleich wieder in seinem knurrenden Tonfall einschränkte: „Wenn einer überhaupt Lust hat, den Quatsch anzuschauen!" Jemand wie Rahner geriet auch nicht in Zynismusverdacht, wenn er sich von der Weltpresse zu Nachrufen auf den im Sterben liegenden Konzilspapst Johannes XXIII. drängen ließ und selbstironisch bemerkte: „Gestern habe ich für die *Time* einen ferngeschriebenen Senf über den Papst nach Wien losgelassen... Ich hoffte, nicht mehr Weihrauch angezündet zu haben, als bei solchen Anlässen unumgänglich ist."

Der große Theologe Rahner konnte staunen wie ein Kind, reagierte auf alles Fremde mit unstillbarer Neugier, genoß einen Kinobesuch oder eine Zirkusvorstellung wie ein König, war Stammgast in den Innsbrucker Eisdielen und liebte technische Finessen. „Er ging mit Vorliebe in ein Geschäft für Kinderspielzeug", erinnern sich Freunde, „und ließ sich staunend vorführen, was da alles tutete und sich drehte." Er vergaß die Welt um sich, wenn er ein kniffliges Geduldsspiel in der Hand hatte, und ließ sich begeistert dazu einladen, die Tiroler Alpengipfel in einem kleinen Sportflugzeug zu umrunden.

Gott habe die guten Dinge des Lebens schließlich nicht nur für die Spitzbuben geschaffen, pflegte er zu sagen. Der Kettenraucher Rahner gab dieses Laster erst mit über 70 Jahren auf. Und einen seiner tiefschürfendsten dogmatischen Aufsätze (über die Christologie des Konzils von Chalcedon) lieferte er erst ab, als ihn der Herausgeber förmlich bestochen hatte – mit einer Riesentafel Schokolade!

Wie muß er das Image des reinrassigen Intellektuellen gehaßt haben, das an ihm klebte! Einem seiner Seminare gab er das ziemlich ernstgemeinte Motto „Wissen ist die Rache derer, die nichts verstehen". Und noch als Dekan der Innsbrucker Theologischen Fakultät pflegte er beinahe trotzig sein beachtliches handwerkliches Talent als Kupferschmied. Als englische Bomben die Kuppel des Jesuitenkollegs zerstörten, fertigte er aus den Trümmern eine ganze Ladung Leuchter und Weihwasserkessel.

Unbeschwertes Lachen, schrieb er einmal, „dieser kleine kindsköpfige Dummerling, der Purzelbäume schlägt", könne tiefer sein als jener „gequälte Tiefsinn", der es nicht aushalten wolle, ein bloßer Mensch zu sein. Denn im Lachen stecke immer auch ein heilendes Erbarmen mit dem Komischen und Lächerlichen, ein liebevolles Verständnis für die so oft schiefgegangene Weltgeschichte und die Kunst, nicht ständig so schrecklich besorgt sein zu müssen um die eigene Bedeutsamkeit und Würde.

Deshalb konnte sich Rahner – ein begnadeter Witzeerzähler – über seinen eigenen verschraubten Stil lustig machen und köstliche akademische Streiche ersinnen: In den fünfziger Jahren brachte er einmal eine höchst altertümlich formulierte Betrachtung zu dem sehr modernen Thema „Ihr müßt den Leib liebhaben" in die Vorlesung mit, die alle Studenten nach eifriger Analyse irgendeinem mittelalterlichen Mystiker zuordneten, bis der Professor Rahner vergnügt gestand, den Text selbst geschrieben zu haben.

Eines Tages hatte er eine Schar Kinder zu Besuch und wußte partout nicht mehr, was er ihnen erzählen sollte. In seiner Not zog er den Rosenkranz heraus. „Aber zum Rosenkranzbeten hatten sie auch keine Lust. Und da habe ich mir gedacht: ‚Der liebe Gott wird schon nichts dagegen haben . . .', und dann haben wir mit dem Rosenkranz einfach Eisenbahn gespielt. Die Perlen nahmen wir als Lokomotiven und als Eisenbahnwaggons."

Kritik aus Liebe

Wer sich selbst nicht so furchtbar wichtig nimmt und über soviel souveränen Humor verfügt, wie ihn Karl Rahner hatte, der kann auch die tausend Schwächen der aufgeplusterten Institution Kirche gelassen ertragen.

Gewiß, in seinen letzten Lebensjahren wurde er immer mehr zum Kämpfer. Mit ebensoviel Sachverstand wie Leidenschaft stritt er gegen römischen Zentralismus und vorsintflutliche theologische Ansichten, verteidigte er lateinamerikanische Befreiungstheologen, forderte er das freie Wort und den aufrechten Gang in der Kirche. Er geißelte die „Introvertiertheit" der meisten Amtsträger, welche „die Kirche, nicht die Menschen frei sehen" wollten. Er warf ihnen eine „kleinhäuslerische Sektenmentalität" vor und nannte es eine Schande, daß der Klerus so wenig mit gesellschaftlichen Institutionen und Machtträgern in Konflikt gerate.

Doch derselbe Karl Rahner konnte fuchsteufelswild werden, wenn jemand einen Keil zwischen ihn und seine gute alte katholische Kirche zu treiben suchte. Für die römischen Leitungsinstanzen, die „Bonzen" im Vatikan, wie er sie nannte, war er oft unbequem, aber er fühlte sich mit allen Fasern seines Herzens in dieser Kirche und ihrer Tradition beheimatet. Wenn er sie kritisierte, dann aus Liebe und aus Gram darüber, daß sie so glanzlos und müde wirkte.

Die heute so beliebte Fragestellung „Warum in der Kirche bleiben?" fand er unmöglich, die Alternative „Jesus ja – Kirche nein" unsinnig. „Man kann energisch, wild, meinetwegen bitter und rabiat vieles in der Kirche kritisieren", stellte er in einem Interview kurz vor seinem Tod klar. „Aber wenn es die Kritik eines Katholiken sein soll, dann sollte man auch dann noch merken, daß da einer ... vom innersten Selbstverständnis der Kirche selbst her argumentiert, daß der Kritiker weiß, daß die Kirche letztlich eben doch nicht eine bloß fragwürdige Organisation religiöser Bedürfnisbefriedigung ist, sondern die natürlich auch unvermeidlich gesellschaftlich strukturierte Gemeinde derer, die an

Gott wohnt in der Blindengasse

Jesus Christus, den Gekreuzigten und Auferstandenen, als an die unwiderrufliche Zusage Gottes an uns glauben."

Nein, dieses Urgestein katholischer Theologie läßt sich nicht in eine der gängigen Schubladen ablegen: konservativ – progressiv, reaktionär – aufgeschlossen, Kirchenfunktionär – charismatischer Mystiker. Rahner hat den einfach strukturierten Gemütern im eigenen Lager immer wieder klargemacht, daß Kirche eine vielschichtige Wirklichkeit ist, daß manche „drinnen" sind, die „draußen" zu sein scheinen, und umgekehrt. Aber er sah auch die modische Tendenz zur unverbindlichen Auswahlreligiosität: hier ein Häppchen Buddhismus mitnehmen, dort ein Stück Indianerweisheit und Jesus, na ja, „irgendwie gut" finden.

Dagegen stellte er die bohrende Frage, ob zum christlichen Glauben nicht auch die demütige Rückbindung an die Glaubens*geschichte* dazugehört und an die Gemeinschaft, die bei aller Unzulänglichkeit doch einen Schatz hütet. Ob christliche Praxis nicht auch konsequente Anstrengung bedeutet, statt sich in Stimmungen und Augenblickserlebnissen zu erschöpfen.

Nie war er bereit, das menschliche Subjekt zum Maßstab des Geglaubten zu machen. Der kinderfromme Pater Rahner, der seine „stille Messe" frühmorgens kurz nach fünf Uhr über alles liebte und von der schlichten persönlichen Gotteserfahrung hundertmal mehr hielt als von klugen Diskussionen über irgendwelche Lehrgebäude („ich glaube, weil ich bete", sagte er einmal), dieser Vordenker ohne elitäre Allüren verkündete mit heiligem Ernst einen Gott, der nicht von unserem subjektiven Belieben abhängt und ganz folgerichtig eine Kirche, „die mich verpflichtet, die einen Punkt bildet, an dem ich mich orientieren kann, die nicht erst gegeben ist, wenn ich mit meiner eigenen Subjektivität religiös zu sein beginne".

Die Parole „Jesus ja – Kirche nein" war ihm ein Greuel, nicht weil er vor der Macht der Institution auf dem Bauch gelegen wäre, sondern weil er in der Kirche die Sehnsüchte, Gebete und Glaubenserfahrungen von Jahrhunderten gesammelt sah, die ein einzelner nicht in arroganter Selbstüberhebung beiseite wischen darf. Tradition war ihm keine erdrückende Last, sondern ein Schatz, vielfältiger, farbiger Reichtum, den er zu neuem Glanz zu erwecken suchte. Nicht weil das so vorgeschrieben war, sondern weil er in den alten Erfahrungen und Weisheiten hilfreiche Antworten auf die tausend Fragen von heute verborgen sah.

Streng theologisch ausgedrückt: Die „Sache Jesu", wie man heute sagt, ging und geht nicht bloß in einzelnen Menschenherzen oder in der privaten Lektüre der Schrift weiter, sondern im gelebten Glauben einer Gemeinschaft. Und für Rahner war es ganz klar, bei aller kritikwürdigen Armseligkeit ihrer geschichtlichen Gestalt: Sie, die Kirche, ist berufen, den Menschen jenen Gott entdecken zu helfen, den sie längst in sich tragen, ohne es zu wissen.

Das schafft die Kirche aber nur, wenn sie zuhören kann und gesprächsfähig ist, schöpferisch, phantasievoll, solidarisch mit den Nöten und Sehnsüchten der Menschen. Wo sie sich hinter Paragraphen und Formeln verschanzt, die Türen zuschlägt und die ungewohnte Wege zu Gott Gehenden ausgrenzt, statt von ihnen Erfahrungen zu lernen, da wird der Traditionstheologe Rahner zum unerbittlichen Kritiker. Heimat in der Kirche haben, das sei etwas ganz anderes als „die egoistische, fanatisch ideologisch begrenzende Machtliebe, die an dem Gewissen vorbeisiegen will".

Gott wohnt in der Blindengasse

Vatikanischer Eklat um eine Krawatte

In zunehmenden Konflikt mit diesen engherzigen Machtmenschen kam Rahner, als er 1964 (das Konzil war noch nicht zu Ende) Innsbruck verließ und auf den renommierten Münchener Guardini-Lehrstuhl für christliche Weltanschauung und Religionsphilosophie wechselte. Das damit verbundene Prestige werde er noch gut brauchen können, vertraute er einem Freund an, denn er rechne mit weiteren „Schikanen" aus Rom, und „es ist noch lang nicht gesagt, daß meine ‚gefährlichsten' Sachen schon geschrieben sind".

Auf der einen Seite verbuchte der Jesuit ein Dutzend Ehrendoktorate, jede Menge Orden, die Berufung in illustre Gremien von der Internationalen Theologenkommission, die Papst Paul VI. eingerichtet hatte (er verließ sie wieder, weil er sie „langweilig" fand und sich über das arrogante Gehabe junger Kollegen ärgerte) bis zur Glaubenskommission der deutschen Bischöfe, man übersetzte seine Bücher in Japan, Vietnam, Korea und Afrika; und als man ihn zu einer Vortragsreise in die USA einlud, fand er sich auf einem Glasfenster in der anglikanischen *Rockefeller Chapel* in San Francisco als modernen Kirchenvater verewigt, zusammen mit Karl Barth und Paul Tillich.

Doch gleichzeitig erregte er mit seiner Vorliebe für offene Worte und couragierte Gesten immer wieder Anstoß – bis hin zu jener lächerlichen Szene im Vatikan 1979, als Papst Johannes Paul II. den 75jährigen Theologen in Privataudienz empfing und verärgert das übliche Erinnerungsfoto untersagte: Rahner war mit schwarzer Krawatte statt des unbequemen „römischen Kragens" erschienen, obwohl der Papst kurz zuvor den Wunsch geäußert hatte, der Klerus möge sich in der Öffentlichkeit wieder klarer zu erkennen geben . . .

Ernster erschien da schon der laute Streit um das Buch *Einigung der Kirchen – reale Möglichkeit*, das Rahner zusammen mit seinem Münchener Kollegen Heinrich Fries herausgegeben hatte. Darin vertraten die beiden Altmeister katholischer Theologie die These, der breite Konsens in den entscheidenden Glaubensfragen erlaube es den Kirchenleitungen nicht mehr, die konkreten Schritte zur Einheit der Konfessionen weiter hinauszuzögern.

Ihr Modell: Die Grundwahrheiten des Christentums seien für alle Teilkirchen der künftigen einen Kirche verpflichtend; darüber hinaus dürfe in keiner Teilkirche ein Satz verworfen werden, der in einer anderen verpflichtendes Dogma sei; es dürfe aber auch in keiner Teilkirche das Bekenntnis zu einem solchen Dogma einer anderen Teilkirche gefordert werden. Denn auch jetzt könne kein Katholik und kein Protestant in seiner Person alles zusammen realisieren, was mit der christlichen Offenbarung und Gnade potentiell gegeben sei; und der Reichtum aller Kirchen zusammen sei immer größer als der in einer einzelnen Kirche, „auch in Rom", vorhandene.

„Gefährliche Illusionen", schimpfte postwendend ein Leitartikel der Vatikanzeitung *L'Osservatore Romano*. Die Vorschläge aus Deutschland bedeuteten einen „Umsturz des katholischen Glaubens". Und Kardinal Joseph Ratzinger, der einst mit Rahner zusammen zu den Hoffnungsträgern unter den Konzilstheologen gehört hatte und später als Chef der vatikanischen Glaubenskongregation oberster Kontrolleur seiner ehemaligen Kollegen werden sollte, tat die Veröffentlichung als einen „Kunstgriff theologischer

Gott wohnt in der Blindengasse

Akrobatik" ab, „der leider der Realität nicht stand-
hält".

Im sogenannten katholischen Milieu der Bundesrepublik wurde es Mode, Rahner als unzuverlässigen
Kantonisten zu verunglimpfen. Wütende Kritik handelte er sich mit der Herausgabe einer *Internationalen
Dialog-Zeitschrift* ein, in der ganz selbstverständlich
auch Kommunisten schreiben durften. Und als in einer
Festschrift zu Rahners Siebzigstem Heinrich Böll ein
paar freche Worte über den Umgangsstil in der Kirche
verlor („er war das Gegenteil von einem Radfahrer",
sagte Böll später bewundernd über den Priester Rahner, „trat nach oben, war demütig nach unten"), da
wagten die führenden katholischen Verlage nicht, das
Buch zu drucken.

Angriffe kamen auch aus der progressiven Ecke:
Rahner sei altmodisch, ein unpolitischer Theoretiker.
Man verübelte es ihm, daß er die neuen Dogmen und
die holzschnittartige Weltsicht mancher kritischer Katholiken genauso nüchtern hinterfragte wie das starre
Denkgerüst der Traditionalisten. Er unterstützte die
Kritik der Marxisten an einem Christentum, das die
Entrechteten auf das Jenseits vertröste, warf ihnen aber
vor, Menschen auf dem Altar eines fernen Glücks zu
opfern. Er wies nach, daß es keine theologischen Argumente gegen eine Priesterweihe von Frauen gebe, und
votierte für eine Freigabe der Zölibatsentscheidung,
äußerte aber auch den Verdacht, hinter dem Drang vieler Kleriker zur Ehe stecke eine „bourgeoise Tendenz".

Die Lebensversicherung der Spießer

Mittlerweile hatte sich der Professor Rahner – nach einem vierjährigen Zwischenspiel als Dogmatiker in Münster – in den Ruhestand verabschiedet. Er sah den Elan der Konzilskirche verblassen, und er sprach immer öfter und trauriger von einer „winterlichen Zeit": Statt „rasant, glühend, leuchtend" die Botschaft von Gott zu verkünden, sei die europäische Kirche in die Defensive geraten, wache sie nur noch ängstlich abwehrend über die korrekte Lehre, biete sie ein müdes, kraftloses Bild. Warum gebe es päpstliche Rundschreiben über alle möglichen Themen, aber nicht schlicht über Gott und die Möglichkeit, ihn zu erfahren?

Wir sind doch, wenn wir ehrlich sind, in einem schrecklichen Maße eine spirituell unlebendige Kirche . . .
Ich rechne auch mich zu den „Kirchenbeamten". Ich meine mit diesem Wort nichts Abträgliches. Ich nenne nur in diesem Zusammenhang mich und viele andere so, um klarzumachen, daß wir Priester und Bischöfe eben durch unseren Beruf dauernd schon vorprogrammiert und abgestützt sind durch gesellschaftliche Voraussetzungen, die mit der Gewohnheit unseres Berufes, mit dem Lebensverdienst, den er gewährt, mit der Umgebung, in der wir leben, uns das Christentum leicht, fast zu leicht machen. Diesen Kirchenbeamten sage ich (und werfe damit natürlich auch einen dicken Stein in mein eigenes Glashaus): stellt euch einmal mit ein wenig existentieller Phantasie vor, ihr wäret keine Kirchenbeamten, ihr würdet auf der Straße spazierengehen mit einem Brotverdienst wie ein Straßenkehrer oder wie (wenn das besser gefällt) ein Wissenschaftler in einem Labor für Plasmaphysik, wo den ganzen Tag lang nie ein Wort von Gott fällt und doch stolze Erfolge erzielt

werden. Stellt euch vor, euer Kopf sei müde vom Straßen-
kehren oder von der Molekularphysik . . .
Und jetzt versucht, diesen Menschen dieser Umgebung
die Botschaft des Christentums zu sagen, die Botschaft
Jesu vom ewigen Leben zu predigen . . . Würden uns nicht
viele Worte im Hals steckenbleiben, die wir, ohne uns
selbst über uns zu wundern, ohne weiteres von der Kanzel
herunter predigen? . . . Habt ihr schon einmal den Schrek-
ken erfahren, daß euer Herz stillsteht, wenn ihr euch selbst
zuhört und eure Worte, die frommen und theologisch ge-
lehrten, euch selbst wie ein unerträgliches Blabla zu klin-
gen scheinen?   KARL RAHNER IN „STRUKTURWANDEL
                       DER KIRCHE ALS AUFGABE UND CHANCE"

Viel radikaler und lebendiger müsse von der Wahrheit
des Christentums geredet werden; statt dessen pflege
man eine „kleinbürgerliche Spießbürgermentalität",
entziehe sich den gesellschaftspolitischen Herausforderungen, und das sei vielleicht eine größere Irrlehre,
als wenn ein Christ an der Existenz der Engel oder der
Erbsünde zweifle! Mit ihrer „von oben verordneten Re-
stauration" verbaue sich die Kirche selbst den Zugang
zu den wirklichen Problemen der Menschen.

Rahner setzte in jenen Jahren seine Hoffnung immer
stärker auf die Neuaufbrüche in den jungen Kirchen
der Dritten Welt und auf die auch an manchen Orten
Europas entstehenden Basisgemeinden. Die Kirche
müsse lernen, daß sie nicht für sich selbst da sei, sondern für die Menschen. Dienst, gesellschaftskritischer
Dienst statt Machterhaltung.

Immer noch verwechsle man die widerborstige
christliche Botschaft mit bürgerlicher Wohlanständig-
keit, dem „Spießbürgertum", wie er gern sagte (übrigens ohne Hochmut: Professoren hätten es besonders

leicht, feige zu sein, gestand er zu, weil sie ihre Bequemlichkeit und faule Anpassung hinter allerlei intelligenten Gründen verstecken könnten).

Die Spießer, sie haben sich einen „Gott der Lebensversicherung" zurechtgezimmert; sie beten, als ob sie auf ein Amt gingen; „man braucht etwas vom lieben Gott, und so bittet man eben darum; man will es mit ihm nicht verderben, und so tut man eben seine Pflicht". Nicht dort, bei den Biederen und Selbstgerechten sei der Platz der Christen, sondern an den Rändern der Gesellschaft, an den Brennpunkten menschlicher Verzweiflung, wo wahrscheinlich auch Jesus zu finden gewesen wäre.

Deshalb hielt sich der gefeierte Professor Rahner so gern im *Caritas*-Jugendhaus in der Wiener Blindengasse auf, unter Alkoholikern, Strafentlassenen, Gestrandeten und Gefährdeten. Er fühlte sich in dieser Umgebung zwar ein wenig wie ein „Gettomensch" oder ein „sonderbares Tier", wie er sagte, aber er war schrecklich neugierig auf die Lebensgeschichten der „Blindengassler" und fasziniert von der zähen Tapferkeit, mit der sie ihr tristes Schicksal bewältigten.

In seinen letzten Lebensjahren wohnte Rahner mehrfach in der Blindengasse; mit den dort gesammelten Erfahrungen wollte er der sogenannten guten Gesellschaft vielleicht auch beweisen, wie quer das Evangelium zum Erfolgsdenken und zu den Wertmaßstäben dieser Gesellschaft liegt. Dort, unter den angeblich Minderwertigen habe er „großartige Menschen" gefunden, die auf ihre Weise hervorragend mit einem schwierigen Leben fertig würden.

Rahner fragte skeptisch, ob der vermeintlich selbstlose Dienst an den sozial Schwachen nicht oft der eigenen Bestätigung diene, und er sinnierte: „Vielleicht ist der hochmütige Antialkoholiker, der sich nie einen Rausch genehmigt, ein im Grunde genommen vor Gott engerer, egoistischerer, schlechterer Mensch als mancher Insasse der Blindengasse, auf den der Bürger herabblickt."

Mit dem Alter konnte der lebenskluge Pater Rahner gar nicht so gelassen umgehen. Er wurde immer schwerhöriger, äußerte sich manchmal wütend und verzweifelt („es ist ja gar nicht wahr, daß wir da weiser werden, wir werden dümmer"), kommentierte die regelmäßigen Ehrungen selbstironisch („der, der ich bin, grüßt trauernd den, der ich sein soll"), ließ sich aber niemals von seinem Vertrauen auf den guten Gott abbringen: In seiner Hand sei man besser geborgen als dort, wo man über sein eigenes Leben selbstherrlich verfügen wolle.

Wenige Tage nach den großen Feiern zum 80. Geburtstag wurde er mit Atemnot ins Krankenhaus gebracht. Drei Wochen später, am 30. März 1984, schlief er friedlich ein.

Um Rahner trauerte nicht nur die Gelehrtenwelt. In der Wiener Blindengasse sprach sich die Todesnachricht in Windeseile herum. Unter den Kids und Halbstarken, die dort im Jugendhaus wohnten oder, besser gesagt, gestrandet waren, besaß Rahner richtige Freunde; einer hatte ihm vertrauensvoll geschrieben: „Lieber Rahnervater, Du kennst mich aus der Blindengasse, wo Du gewohnt hast, wenn Du in Wien gewesen bist. Ich bin der Habicht und hab' alles hinter mir, Gefängnis, Psychiatrie ... Ich wollte dann Pferdepfleger werden, jetzt bin ich Schweinemäster geworden. Für Deine Briefe und die Einladung zum Geburtstag danke ich Dir. Der Habicht."

Warum das Reich Gottes
eine politische Sache ist

Der Jesuitentheologe Ignacio Ellacuría
(1930–1989),
fünf Mitbrüder und zwei Frauen wurden in
der Zentralamerikanischen Universität
von San Salvador ermordet,
weil sie Gerechtigkeit
für das ausgebeutete Volk verlangten

„Gott und sein Reich sind parteiisch"

IGNACIO ELLACURÍA

San Salvador, 16. November 1989: Um zwei Uhr nachts
dringen 30 Männer in Militäruniformen in die Gebäude
der *Universidad Centroamericana* ein. Sie ermorden den
Rektor der Universität, Pater Ignacio Ellacuría, einen
der bekanntesten lateinamerikanischen Befreiungstheologen. Sie foltern und töten den Vizerektor und
vier weitere Jesuiten, unter ihnen der Regens des Prie-
sterseminars und der Leiter des Menschenrechtszen-
trums der Universität. Drei der Opfer schleppen sie in
den Garten hinaus, um sie dort mit Maschinengewehr-
salven hinzurichten, die übrigen sterben in ihren Betten.

Drei Tage zuvor hat die Armee die Ordensniederlassung Zimmer für Zimmer durchsucht. Weil sich außerdem die Morddrohungen und Aufrufe zum Terror gegen linksverdächtige Katholiken häufen, haben sich
auch die Köchin der kleinen Ordensgemeinschaft, Julia
Elba Ramos, und ihre 15jährige Tochter Celina in das
Haus der Patres geflüchtet, wo sie sicher zu sein glauben. Auch sie werden abgeschlachtet.

Nach dem Blutbad von San Salvador erinnern sich
manche an die Generalkongregation 1974/75, die
höchste beschlußfassende Versammlung der Jesuiten:
Sie hatte den gegenwärtigen Auftrag des Ordens als
„Dienst des Glaubens und Förderung der Gerechtigkeit" umschrieben. Wie die leidenschaftlichen Diskussionen damals zeigten, war man sich im Orden darüber
klar, daß die Rückkehr zum armen Jesus den schmerzlichen Abschied von Machtpositionen und Privilegien
bedeutet. Daß Freundschaft und Schutz der Mächtigen

Warum das Reich Gottes eine politische Sache ist

verliert, wer die Liebe der Armen gewinnt. Fast lakonisch stellte die Ordensversammlung fest: „Wir werden den Auftrag des Dienstes am Glauben und der Förderung der Gerechtigkeit nicht erfüllen, ohne einen Preis dafür zu bezahlen."

Das Massaker von San Salvador macht erschrekkend deutlich, wie hoch dieser Preis für den Luxus, die Wahrheit zu sagen, sein kann. In weiten Teilen der Welt riskiert sein Leben, wer für die Würde jedes Menschen eintritt und Gerechtigkeit für die an den Rand Gedrängten verlangt. Die beiden Frauen und die sechs Jesuiten in San Salvador glaubten nicht Christen sein zu können, ohne dieses Risiko einzugehen. Sie waren nicht die einzigen. Zu Tausenden sind in den letzten Jahren Landarbeiter und Gewerkschafter, Katecheten und Lehrerinnen, Rechtsanwälte und Journalisten, Priester und Nonnen in Lateinamerika eingekerkert, gefoltert und umgebracht worden, weil sie politische Konsequenzen aus dem Evangelium gezogen haben.

In Guatemala genügte es eine Zeitlang als Grund für die Inhaftierung, eine Bibel zu besitzen. Den täglichen Terror in El Salvador konnte die sonst so lethargische Weltöffentlichkeit spätestens 1980 nicht mehr verdrängen: Soldaten der Nationalgarde vergewaltigten und ermordeten drei US-Nonnen und eine Laienmitarbeiterin. Im selben Jahr erschossen Angehörige der Todesschwadronen, in den USA ausgebildet, den kompromißlos für die Rechte des armen Volkes kämpfenden Erzbischof Oscar Romero in seiner Kathedrale.

Padre Ellacuría, seine Mitbrüder und die beiden Frauen waren nicht die ersten Märtyrer der Zentralamerikanischen Universität: Zum Lehrpersonal gehörte auch der Jesuit Rutilio Grande, der sich bei den

Herrschenden unbeliebt machte, als er beharrlich gegen die Macht einer Minderheit anpredigte und den Plantagenbesitzern vorwarf, Christus in Gestalt ausgebeuteter Landarbeiter aufs neue zu kreuzigen. „Es ist gefährlich, Christ zu sein in unserem Land!" rief er ihnen in seinen Predigten zu, und die Spitzel in den Kirchenecken schrieben eifrig mit. „Wehe euch, ihr Heuchler, die ihr euch lauthals Katholiken nennt, und innen seid ihr schmutzige Bosheit! Ihr seid Kains und kreuzigt den Herrn, welcher umhergeht mit dem Namen Manuel, dem Namen Luis, Chavela, mit dem Namen des einfachen Landarbeiters."

Kurz darauf lauerten ihm Heckenschützen auf, von der Organisation der Großgrundbesitzer bezahlt und mit Polizei-MPs bewaffnet. Als Pater Grande gemeinsam mit einem 70jährigen Bauern und einem 15jährigen Ministranten zur Messe fuhr, durchsiebten die Banditen das Auto mit Geschossen. Alle drei waren auf der Stelle tot.

Ein Land, in dem der Tod regiert

Die Kolonialherren haben dem kleinsten, aber am dichtesten besiedelten Land Mittelamerikas den schönen Namen *El Salvador* gegeben, „der Erlöser". Doch seit sich 1932 zum ersten Mal die entrechteten *Campesinos*, die Plantagenarbeiter, erhoben und von den Privatarmeen der reichen Kaffeefarmer zu Zehntausenden massakriert wurden, regiert der Tod im Land. Im Guerillakrieg starben allein in den Jahren 1980 bis 1981 mehr als 75 000 Salvadorianer, eine Million Menschen flohen über die Grenzen.

Die allermeisten Opfer gehen nach den gründlichen

Recherchen von Menschenrechtsorganisationen auf das Konto von Regierungstruppen und Todesschwadronen im Dienst der Militärs und der Großgrundbesitzer. Mit dem Töten allein gaben sich die *Weißen Krieger* und wie die staatlich geförderten Terroristen alle heißen, selten zufrieden, ihre Spezialität war das Foltern und Metzeln: Augenzeugen berichten von Männern, denen man Zunge und Hoden ausriß, von Schwangeren, denen die Leibesfrucht aus dem Bauch geschnitten und Hunden zum Fraß vorgeworfen wurde.

An der gotteslästerlichen Macht der Kaffeefarmer – ein Dutzend Familien kontrollierten zur Zeit des Massakers in der Jesuiten-Universität zwei Drittel des Bodens – hat die nach dem Ende des Bürgerkriegs Anfang der 90er Jahre sehr halbherzig durchgeführte Landreform wenig geändert: Viele Großgrundbesitzer umgingen die von der Regierung verfügte Verteilung von Akkerland an Landlose und Kleinbauern, indem sie es auf die eigenen Familienmitglieder aufteilten. Und die konservative Mehrheit der Nationalversammlung amnestierte natürlich jene Richter und Militärs, denen im Bürgerkrieg Menschenrechtsverletzungen nachgewiesen worden waren.

Immer noch ist die Mehrheit der Bevölkerung arbeitslos. Immer noch schreien Mütter und Kinder nach Essen und Medizin, Unterernährung gehört zu den ganz normalen Todesursachen. Auf dem Land leben die verelendeten Nachkommen der stolzen Mayas zu fünft oder sechst in einem einzigen armseligen Raum; auf der Suche nach Arbeit strömen sie in die Hauptstadt San Salvador, um dort die Slums zu bevölkern. In Hütten aus Lehm und Pappe mit Dächern aus Plastiksäcken vegetieren sie dahin, in der Gesellschaft von Ratten und Ungeziefer.

Ignacio Ellacuría   275

Und immer noch richten sich Wut und Gewalt der Mächtigen gegen eine Kirche, die sich bewußt auf die Seite der Habenichtse gestellt hat und in den Armen, wie es Ignacio Ellacuría formulierte, „die Adressaten der Botschaft vom Gottesreich" sieht. Christliche Basisgemeinden richten Volksapotheken ein, verteilen von ausländischen Hilfswerken finanzierte Lebensmittel, organisieren Bildungskurse.

An Ellacurías Arbeitsplatz hatte man diese Entscheidung schon früh getroffen. Die 1965 gegründete *Universidad Centroamericana José Siméon Cañas (UCA)* ist eine von Jesuiten geleitete private Hochschule mit Fakultäten für Wirtschafts-, Ingenieur- und Humanwissenschaften, einem Theologischen Institut und einem Institut für Menschenrechte. In Zusammenarbeit mit Gewerkschaftern, Menschenrechtsgruppen und den berühmten *Müttern der Verschwundenen* versuchte die Universität in den Jahren des Bürgerkriegs den Ursachen der Unterdrückung auf den Grund zu gehen, ein kritisches Bewußtsein zu schaffen und Perspektiven vor allem für die Bildungspolitik und die Beteiligung breiter Bevölkerungsschichten an gesellschaftlichen Entscheidungsprozessen zu entwickeln.

Im Kampf um die Agrarreform in El Salvador galt die *UCA* als Wortführerin. 1971 strich die Regierung sämtliche Subventionen, weil die Hochschule streikende Lehrer unterstützte. Ein Jahr später wies die Universität den Wahlbetrug bei den damaligen Präsidentschaftswahlen nach. Und als 1976 Präsident Molina eine – ohnehin bescheidene – Agrarreform stoppte, veröffentlichte Padre Ellacuría einen bissigen Kommentar unter dem Titel „Zu Befehl, mein Kapital".

Eine Universität existiere nicht im luftleeren Raum, stellte Ellacuría 1982 klar, als er den Ehrendoktorhut der kalifornischen Hochschule *Santa Clara* entgegennahm. Sie sei von der Gesellschaft bestimmt, in der sie lebe, und deshalb dazu berufen, diese gesellschaftliche Wirklichkeit zu erforschen und zu verändern. Die historische Situation El Salvadors und der Dritten Welt überhaupt sei nun aber geprägt von der „Dominanz der Lüge über die Wahrheit", vom Überfluß einiger weniger und vom Elend der vielen. Um diese Wirklichkeit verändern zu können, müsse sich die Universität „intellektuell bei den Armen inkarnieren" und „denen intellektuelle Rückendeckung bieten, die in ihrer eigenen Wirklichkeit Wahrheit und Vernunft besitzen".

Die behördlichen Repressalien gegen Studenten und Professoren, die Ausweisung etlicher Hochschullehrer, die Bombenanschläge auf die UCA – sechs Attentate allein 1976 – kommentierte Ellacuría gelassen: „Wenn unsere Universität nichts vom Leiden und vom Tod des salvadorianischen Volkes miterlitten hätte, hätte sie ihren universitären Auftrag nicht erfüllt und noch weniger ihre christliche Orientierung sichtbar gemacht."

Die Machthaber hatten die Kampfansage verstanden: Wie um zu zeigen, was sie so in Wut brachte, verwüstete ihr Rollkommando nach dem Mord an Ellacuría und seinen Kollegen auch die theologische Bibliothek der Hochschule. Die sechs Jesuiten und die beiden Frauen mußten sterben, weil sich die Ordensgemeinschaft nicht hinter ihrer akademischen Arbeit versteckte, sondern die Terrorakte der Streitkräfte öffentlich machte, die Willkür der Mächtigen an den Pranger stellte und laut die Rechte des Volkes einklagte. Weil sie nicht salbungsvoll über Liebe und Barmherzigkeit meditierte, sondern sehr konkret sagte, was Liebe und Barmherzigkeit in der aktuellen Situation El Salvadors bedeuteten.

Gottes entstelltes Gesicht in den Elenden

Als „Befreiungsfanatiker" und verkappte Marxisten hat man die Jesuiten verleumdet, als politische Hetzer, die sich weit von den Idealen des Ordensgründers Ignatius entfernt hätten. Im Gegenteil, sagt ihr Mitbruder Jon Sobrino, der sich zum Zeitpunkt des Anschlags zufällig auf einer Auslandsreise befand und dem Massaker entging: „Wir sprachen mit den Worten des Ignatius davon", erinnert er sich, „wie in der Passion die Leiden der Welt auf Christus geladen werden und seine Göttlichkeit verborgen wird . . . Ich weiß nicht, wieviel Meditation sie in ihrem Leben in dem Sinne pflegten, wie man Meditation gemeinhin versteht. Der bevorzugte Ort ihrer Kontemplation – dort, wo sie wirklich Gottes Angesicht in dieser Welt suchten – lag aber sicherlich in ihrem veränderten Handeln: da, wo sie versuchten, das verborgene und entstellte Antlitz Gottes in den Armen und Unterdrückten in das Antlitz des lebendigen Gottes zu verwandeln, der Leben gibt und die Opfer auferweckt."

„Man muß sich bewußt sein, daß der Mensch Gott nicht nur dann dient, wenn er betet!" hatte Ignatius erklärt und seine Freunde ermuntert, Gott überall zu finden. So gesehen, waren Ellacuría und seine Kollegen an der UCA ideale Jesuiten: der 70jährige Joaquín López y López, dessen größte Freude es war, mit Jugendlichen aus den ärmsten Schichten zu arbeiten, und der von ihnen zärtlich *Lolo* genannt wurde; der Soziologe und Pädagoge Segundo Montes, Leiter des Menschenrechtsinstituts, der sich um die zahllosen Flüchtlinge kümmerte (später sollten sie einer Siedlung, die sie mit ihren eigenen Händen bauten, seinen Namen geben); der Sozialpsychologe Ignacio Martín Baró, der die Deformierung von Menschen durch Armut und Gewalt erforschte . . .

Die Jesuiten der UCA beteiligten sich leidenschaftlich an den Versuchen, den Bürgerkrieg durch eine Verhandlungslösung zu beenden, sie boten sich als Vermittler zwischen Regierungsbehörden und den Guerillas der Befreiungsfront *Farabundo Martí* an, sprachen mit Militärs und Diplomaten, brandmarkten aber auch in aller Öffentlichkeit die Übergriffe der Todesschwadronen und kritisierten die üble Rolle der USA, mit deren Dollars die salvadorianische Regierung die Bombenangriffe auf Armenviertel finanzierte.

Sie alle arbeiteten außer an der Hochschule in Slumpfarreien und Basisgemeinden, bauten Gesundheitsstationen und Kinderhorte in den Dörfern auf. Manchmal diskutierten sie darüber, ob man an der UCA nicht auch am Freitag mit der Arbeit aufhören sollte wie an anderen Universitäten. Diese Gespräche, so erinnert sich Jon Sobrino, endeten jedesmal mit der Erkenntnis: „Das ist etwas für die Erste Welt. In einem armen Land wie dem unseren muß man mehr arbeiten, nicht weniger." Nein, sie hätten die akademische Arbeit nicht als Vorwand benutzt, sich vor dem gefährlichen politischen Engagement zu drücken und aus dem Elend ihres gequälten Volkes davonzustehlen, bescheinigt ihnen der überlebende Kollege Sobrino: „Die Schmerzen des Volkes bekehrten und läuterten sie, von seiner Hoffnung lebten sie, und seine Liebe nahm sie für immer gefangen."

Allzu lange, so schrieb Padre Ellacuría einmal, habe man die Seligpreisungen des Evangeliums benutzt, „um die Sanftmut und Ergebung der Unterdrückten zu preisen" – statt bestürzt zu erkennen, daß sich die Botschaft vom Gottesreich bevorzugt an die Armen richte und die Kirche zur Parteinahme für die Ausgebeuteten verpflichte. Noch einmal mit Sobrinos Worten: „Die sechs Jesuiten akzeptierten das skandalöse Wort des Propheten Jesaja: Das gekreuzigte, entstellte und gesichtslose Volk, der leidende Gottesknecht, wurde von Gott zum Licht der Völker bestimmt ... So glaubten die sechs Mitbrüder, daß man die Wirklichkeit besser von den ohnmächtigen Armen als von den mächtigen Herrschenden her erkennt."

„Ohne Verfolgung stimmt etwas nicht"

Der bestialisch ermordete Ignacio Ellacuría war es gewesen, der vom „gekreuzigten Volk" El Salvadors gesprochen und es mit dem „leidenden Gottesknecht" verglichen hatte – ein Bild des Propheten Jesaja, das bei den Juden immer schon die Qualen des ganzen Volkes meint, von den Christen bisher aber meist allein auf den gekreuzigten Christus angewandt worden war. Doch zu Füßen dieses Gekreuzigten begann ein Glaube, der den Mächtigen dieser Welt ebenso unbequem sein sollte wie die Predigt Jesu.

Ellacuría, schmächtig und schmal, aber sehr männlich mit einem interessant geschnittenen Gesicht und wachen Augen, ähnelte seinem Ordensgründer Ignatius nicht nur im Typus, er war auch Baske wie jener. Mit 19 Jahren ging er 1949 nach Lateinamerika, das er nur für ein Theologiestudium bei Karl Rahner in Innsbruck für längere Zeit verließ. 1960 nahm er die salvadorianische Staatsbürgerschaft an.

Als Leiter des *Centro de Reflexión Teológica de San Salvador* wurde er zum wichtigsten Berater des 1980 am Altar erschossenen Oscar Romero. Er lieferte dem mehr seelsorglich interessierten Erzbischof brillante gesellschaftspolitische Analysen. Ellacuría engagierte sich kenntnisreich in der Agrarreform und versuchte ohne Rücksicht auf das eigene Leben – bald stand er auf der Todesliste der rechten Terrorbanden – zwischen Regierung, Militär und Befreiungsbewegungen zu vermitteln. Er war es, der die Tochter des christdemokratischen Präsidenten Duarte aus der Geiselhaft marxistischer Guerillas freibekam.

Im Oktober 1989 machte sich der Priester vollends zur Zielscheibe des Hasses der in El Salvador Herrschenden: Vor dem Bonner Bundestagsausschuß für wirtschaftliche Zusammenarbeit warnte er vor einer weiteren Unterstützung mit der salvadorianischen Regierung, wenn nicht endlich mit entschlossenen Friedensverhandlungen, Anerkennung der Menschenrechte und einer Reform der verkommenen Justiz Ernst gemacht werde. Immerhin war die Bundesrepublik damals schon zweitstärkster Geldgeber des Landes nach den USA – die er wegen ihrer Militärhilfe ebenfalls kritisiert hatte. Einen Monat später ließen ihn die Machthaber aus dem Weg räumen.

Leute, die vom sicheren Schreibtisch aus das lebensgefährliche Geschäft der Befreiungstheologen tadeln, schildern sie gern als listige Politstrategen, die mit kühler Berechnung und einer schrecklich einseitigen Auslegungsstrategie in der Bibel herumwühlen, um Munition für ihre umstürzlerische Propaganda zu finden. Schlimmer kann man einen Theologen wie Ellacuría nicht verzeichnen. In der Tat kreisen all seine Bücher und Aufsätze um den Befreier Jesus, aber mit wieviel Liebe und diskreter Demut!

Der als politischer Aufrührer hingerichtete Nazarener habe weder den religiösen Nationalismus der be waffneten Widerstandsgruppen seines Volkes geteilt noch deren Entscheidung für die Gewalt, gibt er zu bedenken. Vor allem habe er nie das Reich Gottes mit irgendeinem auf dieser Welt zu schaffenden theokratisch-idealen Staatsgebilde gleichgesetzt – eine Versuchung aller frommen Fundamentalisten bis auf den heutigen Tag. Für Ellacuría führt so etwas nur zum „religiösen Fanatismus". In seinem Buch *Teología política* stellt er klar: „Jesus bemüht sich, eine politisierte Religion in einen politischen Glauben zu verwandeln. Er gibt nicht den Gedanken auf, den Menschen zu retten, wohl aber den einer totalen Ausdehnung dieser Rettung . . ." Das heißt: Die Rettung des Menschen führt über die konkrete Geschichte auf dieser Erde hinaus, gibt aber gerade so den irdischen Befreiungskämpfen ihre Kraft und Glaubwürdigkeit.

Manipulation der Bibel wäre es, die Botschaft Jesu in politischer Praxis aufgehen zu lassen, aber ebenso, sein Wirken der politischen Dimension zu berauben, das sieht Ellacuría ganz klar. Erlösung vollzieht sich für ihn nicht in rein geistigen Gefilden. In einer aufgewühlten Zeit, in der das unter der römischen Besatzung stöhnende jüdische Volk hochgradig politisiert gewesen sei, habe Jesus bewußt die eminent politisch besetzte Messiasrolle übernommen, sie von ihrer Beschränkung auf rein innerweltliche Veränderungen befreit, aber keineswegs jedes politischen Anspruchs entkleidet.

Schon mit seiner Antrittsrede in der Synagoge von Nazaret – „Er hat mich gesandt, damit ich den Armen eine gute Nachricht bringe, damit ich den Gefangenen die Entlassung verkünde und . . . die Zerschlagenen in Freiheit setze" – habe sich Jesus entschlossen in die politische Sendung der Propheten gestellt. Und in den Augen der Hohenpriester sei er gefährlicher gewesen als jeder bewaffnete Freiheitskämpfer; drohte er doch die religiös-soziopolitische Struktur, deren Herren sie waren, zu zerstören.

Zentrale Bedeutung kommt in dieser Rückfrage an die Absichten Jesu den Seligpreisungen der sogenannten Bergpredigt zu, die laut Ellacuría schon im Neuen Testament – wenn man die ältere Fassung bei Lukas und die neuere bei Matthäus vergleicht – eine Idealisierung und Spiritualisierung erfahren haben. Ursprünglich seien durchaus die real Armen in der konkreten gesellschaftlichen Situation Palästinas gemeint gewesen, die von den Mächtigen arm Gemachten und vor Qual Weinenden, deren Schrei Gott zu hören verspreche. Ellacuría blendet auf das *Magnificat* zu Beginn des Lukasevangeliums zurück – „Die Hungernden beschenkt er mit seinen Gaben und läßt die Reichen leer ausgehen" – und folgert: „Bei dieser Entgegensetzung steht Gott auf der einen Seite gegen die andere; gegen die Reichen, die arm machen, und zugunsten der Armen und Enterbten. Gott und sein Reich sind parteiisch, und zwar aktiv parteiisch."

Natürlich verpflichtet auch die andere, mehr geistige Deutung in den Evangelien: „Werdet arm", wird den Christen gesagt, „solange es auf der Welt Armut gibt; gesellt euch den Armen bei!" „Arme mit Geist" (Ellacuría) seien gefragt, die ihr Leiden, ihren Mangel in ein bewußtes, aktives Stadium überführen, die in der Armut liegenden Kräfte freisetzen, um in einer Haltung der Armut vor Gott eine gerechtere Welt ohne grausamen Hunger aufzubauen. Aber das Reich Gottes sei eben nicht einfach als ein inneres Leben in Gottes Nähe aufzufassen, das die Unannehmlichkeiten der trostlosen Realität ausgleiche, sondern es dränge auf Veränderung der wirklichen Geschichte.

Für Ellacuría bedeutet dies, „daß die christliche Spiritualität nicht in erster Linie als eine Reihe geistlicher Verrichtungen . . . zu verstehen ist, sondern als etwas so Neues und Unverhofftes, so Kraftvolles und Umgestaltendes, daß es zur Bekundung von Gottes einzigartiger Präsenz unter den Menschen wird . . . Er ist es, der alles neu macht, dem neuen Himmel und der neuen Erde entgegentreibt . . . Geistliche Menschen sind also nicht die, die viele ‚geistliche‘ Übungen vollziehen, sondern diejenigen, die voll des Geistes den schöpferischen und erneuernden Elan Christi, seine Überwindung der Sünde und des Todes, seine Auferstehungskraft und größere Lebensfülle erfassen; diejenigen, die zur Fülle und Befreiung der Kinder Gottes gelangen; die, welche die anderen inspirieren und erleuchten und ihnen zu einem volleren, freieren Leben verhelfen.“

Die Predigt und das Wirken Jesu beunruhigten nicht nur den Kreis der religiösen Mächte, sondern ebenso den gesellschaftlichen und politischen Bereich . . . Man kann bloß dann, wenn es zu Verfolgung kommt, von Treue zur Sache Jesu sprechen. In einer Welt der Sünde und der Ungerechtigkeit kann die Gegenwart Gottes nichts als Widerspruch und Widerstand bis zum Kreuz auslösen. Nicht nur das Leben Jesu, sondern die ganze prophetische Tradition und unzählige Zeugnisse des Neuen Testaments berufen sich auf diese Prüfung der Verfolgung, ohne die bei der Verkündigung und Verwirklichung des Evangeliums etwas nicht stimmt. Von dem ablassen, was diejenigen verletzen kann, die töten können, weil sie die todbringenden Mächte der Erde in ihren Händen haben, heißt das Evangelium verraten.

IGNACIO ELLACURÍA IN SEINEM BUCH
„BEKEHRUNG DER KIRCHE ZUM REICH GOTTES“

Warum das Reich Gottes eine politische Sache ist

Es ist grundsolide Theologie, die Padre Ellacuría da treibt, geschult an den zuverlässigen Methoden der Schriftexegese und keineswegs respektlos gegenüber dem Reichtum kirchlicher Tradition, aber es ist eine Theologie, die nicht in Lehrbüchern verstauben, sondern zum befreienden Handeln anstiften will. Tod und Auferstehung Jesu zeigen, wie seine Kirche gegen die Sünde – auch in ihrer sozialen Gestalt – kämpfen soll: entschlossen zum Leiden, ja zum Sterben, weil es keine Auferstehung ohne Tod gibt und Gott nur so wieder Mensch werden kann, um die Welt der Armen zu erlösen.

Die Rache der Todesgötzen

Mit solchen Ansichten machte man sich bei den herrschenden Ausbeutern im Land keine Freunde. Zu den Bombenattentaten auf die Hochschule – in der Druckerei, im Computerzentrum, in der Bibliothek, im Verwaltungsgebäude explodierten die Sprengkörper, insgesamt fünfzehn im Lauf der Jahre – kamen Übergriffe der Polizei; einmal blieb sie elf Stunden und stellte alles auf den Kopf. Wenige Wochen vor dem Mord an Erzbischof Romero wurde das Haus nachts unter schweres Maschinengewehrfeuer genommen. Telefonische Morddrohungen waren an der Tagesordnung. Die Militärs bezahlten Zeitungsanzeigen, in denen die Ausweisung der Jesuiten gefordert wurde; die rechte Terrorgruppe *Weiße Krieger* drohte in einem Pressekommuniqué mit „systematischer Hinrichtung". In den letzten Monaten vor dem Blutbad gab es solche kaum verhüllte Ankündigungen auch immer öfter in Rundfunk und Fernsehen.

„Seit sie unseren Bischof ermordet haben", sagte eine

einfache Salvadorianerin nach einem öffentlichen Auftritt Ellacurías unter Anspielung auf den unbestechlichen Romero, „hat in diesem Land niemand mehr so deutlich gesprochen." Wer fragt noch, warum die Jesuiten und die beiden Frauen sterben mußten? „Man tötet den, der stört", hatte Romero nüchtern festgestellt und damit nicht nur sein eigenes Schicksal prophezeit. Und hatte nicht Padre Ignacio selbst geschrieben, ohne die „Prüfung der Verfolgung" stimme etwas nicht bei der Predigt des Evangeliums? Jon Sobrino, der Freund und Überlebende, bringt es auf den Punkt: „Wenn so viele wie Jesus gestorben sind, dann deshalb, weil sie wie Jesus gelebt haben."

Es sei notwendig gewesen, die Jesuiten aus dem Weg zu räumen, fährt Sobrino fort, weil sie „die Götzen des Todes" angetastet hätten: die Götzen des Reichtums, des unbeschränkt herrschenden Kapitals und der „nationalen Sicherheit", womit in Lateinamerika jeder Polizeiterror gegen selbständig denkende Leute gerechtfertigt wird.

Wie im Fall des ermordeten Erzbischofs Romero kündigten die Behörden natürlich eine umfassende Untersuchung des Massakers an, und wie nach all den anderen Terrorakten und Blutbädern geschah zunächst gar nichts und später wenig. Die Mörder seien in der Armee oder den mit ihr verschwisterten Todesschwadronen zu suchen, behaupteten Erzbischof Arturo Rivera y Damas (Romeros Nachfolger) und sein Rechtsschutzbüro von Anfang an; und es gab klare Beweise dafür: Wie hätten rund 30 schwerbewaffnete Personen während des Ausnahmezustands in einer von Soldaten kontrollierten Zone in einen großen Gebäudekomplex eindringen, dort acht Menschen ermorden, verheerende Zerstörungen anrichten und einen weithin sichtbaren Brand legen können, ohne von irgendeiner Patrouille gestört zu werden, wenn die Überwachungskommandos nicht von der Sache wußten? „Es sind diejenigen", sagte Rivera ganz klar, „die Erzbischof Romero ermordet haben und denen 70000 Ermordete nicht genug sind."

Nach anhaltendem Druck auch aus der internationalen Öffentlichkeit wurden tatsächlich einige hochrangige Militärs verhaftet, unter ihnen der einstige Direktor der Nationalen Militärschule, Oberst Guillermo Benavides, in der Mordnacht Befehlshaber im Universitätsbezirk. Für El Salvador ein höchst ungewöhnlicher Vorgang!

Die weiteren Ermittlungen wurden dann freilich mit allen Tricks behindert und verzögert; der Untersuchungsrichter biß mit seinen hartnäckigen Versuchen, US-Offiziere und vor allem den ehemaligen Chef der amerikanischen Militärberater in El Salvador als Zeugen zu befragen, beim US-Außenministerium lange Zeit auf Granit. Als die Vernehmung vor einem eigens installierten Gericht in Washington schließlich doch noch zustandekam, untersagte man den Anwälten des Jesuitenordens die Teilnahme. Die einzige unmittelbare Zeugin des Massakers, eine aus Sicherheitsgründen in die USA ausgeflogene Salvadorianerin, wurde – wie Erzbischof Rivera in einer Predigt anprangerte – einer Gehirnwäsche unterzogen und derart massiv bedroht, daß sie ihre Aussage widerrief.

Erstaunlicherweise fällte trotz all dieser Repressalien am 28. September 1991 ein Geschworenengericht in San Salvador einen Schuldspruch über Oberst Benavides und einen Leutnant Mendoza und verurteilte beide zu je 30 Jahren Gefängnis; die sieben übrigen Angeklagten wurden freigesprochen. Nach den Drahtziehern und Mitwissern an höherer Stelle wurde nicht gefragt. Eine UNO-Kommission ließ sich nicht so schnell abspeisen; sie durchleuchtete die Verbindungen des paramilitärischen Bataillons *Atlacate* das damals das Gemetzel angerichtet hatte, sie nannte Namen und rügte, daß die „geistigen Urheber" der Morde weiter auf freiem Fuß seien.

Wohl auch aus diesem Grund reichten die zentralamerikanischen Jesuiten ein Gnadengesuch für Oberst Benavides und Leutnant Mendoza ein. Im Zuge einer Generalamnestie für sämtliche Menschenrechtsverletzungen aus der Zeit des Bürgerkrieges wurden die beiden aus der Haft entlassen, nur ein Jahr nach ihrer Verurteilung.

„Wenn sie mich töten", hatte schon Erzbischof Romero prophezeit, „werde ich im Volk von El Salvador wieder auferstehen." Die Ideen der Massakrierten haben ihre Mörder nicht umbringen können, und ihre leidenschaftliche Liebe zu den Armen hat durch das Zeugnis ihres schrecklichen Todes eine ungeahnte Leuchtkraft erhalten: Sofort nach dem Blutbad boten sich Jesuiten aus allen möglichen Ländern an, nach El Salvador zu kommen und das Werk der Ermordeten fortzusetzen.

Lumpensammler, Hausbesetzer, Straßenpriester

Abbé Pierre
(geboren 1912),
zeigt mit seinem Projekt „Emmaus",
was Gescheiterte leisten können:
Müllmänner bauen Häuser für Obdachlose

*„Der Geist Gottes spricht zu uns vor allem
durch das Leiden unserer Brüder"*

*„Ein Gesetz ohne Gerechtigkeit muß man im
Namen des Evangeliums notfalls bis zum
Jüngsten Tag übertreten"* ABBÉ PIERRE

Im Januar 1954 bewegte sich ein äußerst merkwürdiger Trauerzug über einen armseligen Friedhof am Rand von Paris: Eine junge Arbeiterfamilie trug ihr kleines Kind zu Grabe. In der schneidenden Kälte einer Winternacht war es in dem alten ausgedienten Autobus erfroren, in dem die Familie hausen mußte. Eine erschwingliche Wohnung hatte sie nicht finden können.

Auffällig war nicht der ärmliche Aufzug der Trauergesellschaft. Wer hatte in diesen Blechhütten und Behelfswohnungen am Saum der Metropole schon überflüssiges Geld? Es wunderte sich auch niemand über die Tränen in den Augen der harten Männer, die dem kleinen Sarg folgten: Straßenarbeiter mit schwieligen Fäusten, schlecht bezahlte Handlanger, Arbeitslose. Gesichter, die vom Suff und von Schlägereien gezeichnet waren. Manche davon ehemalige Knastbrüder, abgebrüht und erfahren im Elend. Aber sollten sie über ein so verdammt früh erloschenes Leben nicht weinen dürfen?

Aufsehen erregte etwas ganz anderes: Mitten unter dieser abenteuerlichen Gesellschaft abgerissener Habenichtse schritt barhäuptig der französische Minister für Wiederaufbau, mit zusammengebissenen Zähnen, die Scham im Gesicht. Von weitem folgte seine Staatskarosse mit der Trikolore. Wenige Tage zuvor hatte der Staatsrat im Palais Bourbon ein Notprogramm zum Bau von Wohnungen für die unzähligen Obdachlosen abgelehnt. Ein ehemaliger Parlamentskollege hatte den Gesetzentwurf angeregt, ein Priester, den ganz Frankreich unter dem Namen „Abbé Pierre" kannte, einst Widerstandskämpfer gegen die Nazi-Besatzer und nun wortgewandter Freund der an den Rand Gedrängten, der Menschen ohne Wohnung, ohne Arbeit, ohne Lebenschance, ohne Hoffnung.

Am Tag der Beerdigung des erfrorenen Kindes hätte der Minister eigentlich einen Repräsentationstermin in Choisy-le-Roi gehabt, eine Einweihungsfeier von Luxusbauten. Doch Abbé Pierre hatte ihn gebeten, einen Vertreter zur Schickeria zu senden und statt dessen auf den Vorstadtfriedhof zu kommen. Wenige Minuten vor Beginn des Begräbnisses entschied sich der Minister. Seine Geste machte Schlagzeilen. Kurz darauf beschloß die Nationalversammlung, mehrere tausend Notwohnungen bauen zu lassen.

Wie hatte der Abbé Pierre in einer seiner berühmt gewordenen Reden gesagt? „An uns selbst liegt es, die Augen offenzuhalten und zu sehen, was not tut. An uns ist es, die Zügel in die Hand zu nehmen und den Behördenapparat sinnvoll zu dirigieren!" Oder an anderer Stelle: „Wir halten es für ein Verbrechen, einen unverhältnismäßig großen Teil des französischen Nationaleinkommens zur Finanzierung von ‚Palästen' zu verwenden ... Denn ein Verbrechen ist es, riesige Summen aufzuwenden für Verschönerungen, die nur der Eitelkeit der Wohlbehausten und Glücklichen schmeicheln, während Unzählige sich in Elendsquartiere verkriechen müssen ... Die Schönheit einer Stadt liegt nicht in ihren Museen, nicht in ihren Theatern und Parkanlagen, ja nicht einmal in ihren Kathedralen ...

Die wahre Schönheit, die wahre Größe einer Stadt besteht vor Gott und den Menschen darin, daß sie frei ist von Elendsquartieren und Obdachlosen."

Beliebter als Belmondo

Der Abbé, den in Frankreich jeder kennt, der Straßenpriester von Paris und Vater der Armen, hat nichts von einem Volkstribunen an sich. Er ist klein und schmal, hinter einer schrecklich altmodischen Brille verstecken sich wache, grundgute, etwas melancholische Augen. Über der abgeschabten Kutte trägt er einen Regenmantel oder Parka, auf dem schütteren Haar sitzt das typische Beret der Franzosen.

Der Abbé wirkt nicht durch imposantes Auftreten oder rhetorisches Feuerwerk, sondern durch seine unbedingte Glaubwürdigkeit. Keine öligen Phrasen, keine Anbiederei, um billigen Beifall einzuheimsen – da redet wirklich einer, wie er denkt, und er lebt, wie er redet. Die armen Tröpfe, die er um sich sammelt, wissen: Der kümmert sich um uns, weil ihm die Not das Herz abschnürt, nicht weil er uns in die Kirche locken will.

Glaubwürdigkeit ist das Charisma, das Abbé Pierre populärer gemacht hat als den Kino-Charmeur Belmondo und den Meeresforscher Cousteau, wenn man seriösen Umfragen glauben will. Und dann hängt ihm natürlich der Mythos des Widerstandskämpfers an, was in Frankreich enorm viel zählt – sehr zum Ärger der rechten *Front National* um Le Pen, die den Priester als verkappten Marxisten bekämpft.

Es waren eher verschlungene Wege, die den 1912 als Sohn eines vermögenden Seidenfabrikanten in Lyon geborenen Henri Grouès, wie er mit bürgerlichem Namen hieß, in die Widerstandsbewegung der *Resistance* führten. Mit 18 hatte er das väterliche Erbe an die Spitäler und Armen von Lyon verschenkt und war in den Kapuzinerorden eingetreten. Er hat nie genau verraten, warum er Priester geworden ist: Von „Stunden der Seligkeit" hat er erzählt und von der Angst, von Gott verlassen zu sein, von der atemberaubenden Begegnung mit dem „Felsblock Gott" und dem Geheimnis, das die „behutsame Freiheit Gottes" mit der „anfälligen, umdunkelten Freiheit des Menschenkindes" zusammenführt.

Mit seiner kranken Lunge war er dem harten Klosterleben auf die Dauer nicht gewachsen. Henri mußte den Orden nach sieben Jahren verlassen. Als Pfarrseelsorger in Grenoble entwickelte er ein auffallendes Geschick dafür, jüdische Familien vor der Gestapo zu retten: Im Schutz der Nacht holte er sie in seine Wohnung, um sie am nächsten Tag bei Freunden, in Heimen und Klöstern zu verstecken. Andere Verfolgte führte er über die Alpengletscher in die sichere Schweiz: Menschenschmuggel in 3200 Metern Höhe!

Ein jüdischer Student, aus Polen stammend, bestürmte ihn verzweifelt um gefälschte Papiere; er war den Häschern gerade noch entronnen. Henri brachte ihn in der Dachkammer einer couragierten Dame unter. Während er sich die Hacken nach den lebensrettenden Geburts- und Taufurkunden ablief, die beweisen sollten, daß die Familie des Gejagten seit Generationen arisiert war, kam der vor Angst halb wahnsinnige junge Mann jeden Tag ins Pfarrhaus. Henri beschwor ihn, auf seinem Speicher zu bleiben, nur noch wenige Tage, und die Papiere würden fertig sein. Als die kostbaren Dokumente endlich eintrafen, eilte der Abbé sofort zu dem Versteck – und fand den Studenten erhängt.

Sein Leben lang machte er sich Vorwürfe, zu wenig geduldig mit dem jungen Menschen gewesen zu sein, ihm in seiner Todesangst nicht genug Kraft gegeben zu haben.

Als geistlicher Betreuer der Resistance in der Chartreuse und im Vercors erhielt er den Decknamen *Abbé Pierre*, unter dem er später bekannt werden sollte. Zweimal wurde er verhaftet; er floh aus dem Gefängnis, ging 1944 nach Afrika, war als Seelsorger bei der Marine tätig – und zog nach Kriegsende für die sehr volksverbundene *Republikanische Partei* in das Pariser Parlament ein.

Das Wunder von Emmaus

Und dann begann alles mit einem Haus. Mit einem viel zu großen Haus. Der frischgebackene Abgeordnete Henri Grouès brauchte eine Bleibe und fand in einem Pariser Vorort ein spottbilliges, verfallenes Gebäude, zwei Stockwerke hoch, mit Garten und Pavillons, aber im Krieg ausgeplündert und völlig heruntergekommen. Keine Heizung, kein elektrisches Licht, morsche Böden, durchgerostete Dachrinnen.

Das reizte den handwerklich talentierten Abbé. Er schreinerte, zementierte, legte Wasserrohre und elektrische Leitungen. Bald war das Riesenhaus wieder bewohnbar – doch was sollte er mit so einem Schloß? Er kaufte auf den Flohmärkten Feldbetten, Matratzen, Decken, Stühle, Öfen zusammen, und bald war das Gebäude Treffpunkt von Jugendverbänden und Arbeitervereinen aus dem ganzen Umland. Wochenenden, Tagungen, Exerzitien. Das französische Jugendherbergswerk veranstaltete internationale Begegnungen bei dem gastfreundlichen Parlamentarier: 7000 Gäste aus 45 Ländern wurden in einem einzigen Jahr gezählt.

Eines Tages läutete man Sturm beim Abbé: Selbstmordversuch in der Nachbarschaft! Ein Sträfling war nach 20 Jahren Zwangsarbeit begnadigt worden und hatte sich bei seiner ehemaligen Familie eine so unbarmherzige Abfuhr geholt, daß er sich die Pulsadern aufschnitt. Ach, er solle doch lieber etwas ganz Neues anfangen und sich auf seine Kräfte besinnen, sagte der Abbé gelassen: „Es gibt genug Leute mit ähnlichen Problemen, wir machen hier bei mir eine Wohngemeinschaft auf!"

Das war der Anfang von *Emmaus*, wie das Heim nach der liebenswürdigen Geschichte im Evangelium genannt wurde: Auf dem Weg nach Emmaus trafen die völlig verzagten Freunde des gekreuzigten Jesus den Auferstandenen und faßten einen verrückten neuen Mut. Abbé Pierres Gründung sollte bald ganz ähnliche Wirkungen ausüben. Heruntergekommene Arbeitslose, politische Flüchtlinge ohne Aufenthaltserlaubnis, entlassene Strafgefangene, die jetzt auf den Straßen herumirrten, Penner und Alkoholiker, halbe Kinder, die ihren hilflos prügelnden Vätern davongelaufen waren, das ganze Strandgut einer selbstgerechten Gesellschaft sammelte sich bei Abbé Pierre – und baute sich eine neue Existenz.

Denn das unterschied Emmaus von den üblichen Fürsorgeeinrichtungen und Obdachlosenasylen: Wer hier ankam, wurde nicht mildtätig verarztet, gönnerhaft betreut oder bürokratisch verwaltet, sondern sinnvoll eingesetzt, in einem Team gleichberechtigter Kameraden. Arbeit statt Almosen. Etwas tun statt immer nur warten. Niemandem etwas schulden. Der Abbé fragte nicht nach vergangenen Verfehlungen oder frommen Bekenntnissen. Er gab den armseligen Randexistenzen das Bewußtsein, gebraucht zu werden, Fähigkeiten zu besitzen. Er gab ihnen ihre zertretene Würde zurück.

Es kam der einstige Lastwagenfahrer, der nach der Heimkehr aus dem Krieg sein Häuschen zerstört gefunden hatte; seine Frau war mit einem Deutschen durchgebrannt. Welchen Sinn sollte er noch im Leben sehen? Er, der erfahrene Trucker, rammte in einer Regennacht einen Peugeot, in dem eine Frau und ihre kleine Tochter starben; er sank zum Handlanger und Fürsorgeempfänger herab. Es kam ein Junge, der keine Eltern mehr hatte und aus dem knastähnlich geführten Erziehungsheim ausgerissen war. Es kam ein Fremdenlegionär, der endlich etwas aufbauen und nicht immer nur zerstören wollte. Es kam ein Priesterseminarist mit viel Idealismus und naiven Träumen, aber er besaß auch zwei Hände zum Zupacken.

Die zusammengewürfelte Gemeinschaft lebte von den Abgeordnetendiäten des Abbé und von dem Geld, das er von seinen amüsierten Parlamentskollegen schnorrte. Ehemalige Kriegsgefangenenbaracken wurden erworben, abmontiert, in Emmaus wieder zusammengebaut und zu Notwohnungen umfunktioniert.

Höchste Zeit, denn jetzt standen bereits komplette Familien vor der Tür, junge Ehepaare mit kleinen Kindern, die man auf die Straße gesetzt hatte, weil sie die Miete nicht mehr bezahlen konnten! Der Abbé entfernte den – von einem kommunistischen Zimmermann aus einer im Garten gefällten Akazie zurechtgesägten – Altar und die Monstranz aus der gerade fertiggewordenen Kapelle, stellte ein paar Betten auf und quartierte eine Familie ein, „als ob Jesus Christus selbst sie bei sich aufgenommen hätte", wie er sagte. Hintergründig fügte er hinzu: „Und weil Er selbst dieser Familie Seinen Platz abgetreten hatte, konnte vielleicht auch anderen Menschen ein Licht aufgehen . . ."

Frankreich litt damals in der ersten Nachkriegszeit unter einer unbeschreiblichen Wohnungsnot. Es gab viel zu wenig Quartiere, und die vorhandenen konnte ein kleiner Arbeiter mit 18 000 Francs Monatsverdienst in der Regel nicht bezahlen. Wohnungsbaudarlehen gab es bloß für Leute, die bereits ein Grundstück besaßen und – im Pariser Umland – mindestens 300 000 Francs Barvermögen nachweisen konnten. Deshalb blieb unzähligen jungen Ehepaaren nichts anderes übrig, als bei den Schwiegereltern oder begüterten Freunden unterzukriechen oder in billigen Hotels zu nächtigen. Die Ehe ging unter solchen Verhältnissen oft genug in die Brüche, oder die ganze Familie landete auf der Straße.

Ein Arbeiter, der müde in ein Zimmer heimkehrt, wo zwei oder noch mehr Familien einander auf die Füße treten und ein halbes Dutzend Kinder durcheinander schreien und toben, verliert leicht die Nerven, schlägt Frau und Kinder, fängt zu trinken an. Und wer will den Stab über die junge Gattin brechen, die vor den ständigen Demütigungen davonläuft, die Kinder weggibt und am Ende auf den Strich geht, um die Pflegeeltern bezahlen zu können?

Vorübergehender, weißt du . . .
Daß mitten im 20. Jahrhundert, mitten in einem Land der Wissenschaft und des Fortschritts, mitten in einem sogenannten christlichen Land . . .
dein Nachbar morgen kein Dach über dem Kopf haben oder daß ein einziges Zimmer seinen gesamten Lohn verschlingen wird . . .
Weißt du, daß in deiner allernächsten Nähe heute abend ein kleines Kind sterben muß, weil sein Vater kein Geld hat . . .

Abbé Pierre   297

Was für einen Sinn hat für diese Tausende von Menschen das Leben noch?
Während andere, du selbst vielleicht, von ihren Dividenden und einträglichen Pöstchen in Saus und Braus leben, an einem einzigen Abend Zehntausende verjubeln . . .
Und was bist du inmitten all dieser Narrheit und Verzweiflung?
Was hast du getan?

Aus einem Flugblatt von Abbé Pierre, 1951

Abbé Pierre erinnert sich an drei Familien, die zu neunt in einem einzigen kleinen Zimmer lebten. Nicht mal für ein Tischchen war Platz da. Um die Tür aufzumachen, mußte man erst die Kisten mit den Babys wegschieben . . .

In Scharen strömten diese Ausgepowerten nach Emmaus, wo man bald auch nicht mehr wußte, wohin mit all dem Elend. Eine junge Frau fand man mit ihren kleinen Kindern durchnäßt und halbverhungert am Ufer der Marne; sie wollte gerade ins Wasser gehen, weil man sie auf die Straße gesetzt hatte und weit und breit keine Unterkunft in Sicht war. Eine Schicksalsgenossin kam weinend zum Abbé: Ihr Mann hatte bereits zum zweiten Mal den Gashahn aufgedreht. Von seinen 22 000 Francs Lohn gingen 10 000 für ein tristes Hotelzimmer drauf. Ihren drei Kindern konnten sie kaum noch etwas zu essen kaufen, und der Mann hatte Angst, auch noch diese elende Bleibe zu verlieren.

Noch schlimmer war es der Familie ergangen, die seit 13 Monaten in einem aufgelassenen Steinbruch unter einer Lastwagenplane hauste. Für die Mahlzeiten benutzten sie einen Spirituskocher, sie schliefen auf Stroh, aber als es Winter wurde und der Schnee durch die Plane drang, erfror ihr erst vor wenigen Wochen geborenes Kind in der Seifenkiste, die ihm als Bettchen diente.

Ein junger Vater hatte seine Kinder zum Glück noch, voller Verzweiflung brachte er sie zum Abbé: Die Mutter hatte man am selben Morgen ins Irrenhaus schaffen müssen, nachdem sie drei Jahre lang mit zwei anderen Familien in einem 12 Quadratmeter großen Zimmer gelebt hatten.

Dieses Schicksal zitierte der Priester einmal in einer Rede, um es empört mit den peniblen Bauvorschriften für Friedhofsgrüfte zu vergleichen. Für ein normales Familiengrab mit sechs Särgen seien 30 Quadratmeter vorgeschrieben. „Wenn man es sich einfallen ließe", bemerkte Abbé Pierre, „in einem 12 Quadratmeter großen Raum wie in jenem Zimmer sechs Erwachsene und zwei kleine Kinder zu bestatten, käme man sofort mit dem Gesetz in Konflikt. Die Polizei würde unverzüglich die Leichen wieder ausgraben und ihnen einen wesentlich größeren Raum zuweisen ... Aber niemandem fiele es ein, für lebendige Menschen, die in Not und Elend ihr Dasein fristen, auch nur den kleinen Finger zu rühren!"

Paradies ohne Baugenehmigung

Wer das Glück hatte, in Emmaus unterzukommen, mußte sich wie im Paradies fühlen. Zum ersten Mal in seinem Leben besitze er ein eigenes Zuhause, vertraute ein junger Arbeiter dem Abbé an, zum ersten Mal seit der Hochzeit könne er mit seiner Frau allein sein.

Längst ist die Gemeinschaft nicht mehr auf das Haus angewiesen, das dem Priester gehört. Auf abenteuerliche Weise ist er an ein Grundstück gekommen, von

Trödlern und Altwarenhändlern beschafft er sich Abbruchmaterial, auf Pump natürlich, und damit werden Häuser gebaut, zwei, drei, fünf, schließlich 19 Häuser, einfach, aber solide: Schlafzimmer mit Wohnküche, zusammen 21 Quadratmeter, verschalte Holzwände auf Steinfundament.

Man wird das Grundstück in den nächsten zehn Jahren in monatlichen Raten abstottern. Woher das Geld kommen und ob man gleich in solchen Dimensionen anfangen soll, wagen die skeptischen Mitarbeiter zu fragen – und erhalten vom Abbé die lachende Antwort: „Ihr Dummköpfe! Wenn wir schon kein Geld haben zum Bezahlen, dann muß das Grundstück wenigstens so groß wie möglich sein!"

So verwegen das Gottvertrauen des Abbé, so unbefangen ist das Verhältnis des Abgeordneten Henri Groués zum Gesetz: Weil das Unternehmen illegal ist – es gibt keine Baugenehmigung, keine Straße nach Vorschrift, keinen Wasseranschluß, keine Kanalisation –, schuften die erfinderischen Kerle hektisch drauf los, auch noch spät nachts beim Scheinwerferlicht eines Lastwagens, um vollendete Tatsachen zu schaffen. Auf das Grundstück haben sie ein großes buntes Schild gestellt mit der unverdächtigen Aufschrift „Campingclub". Als dann doch die Kontrolleure von der Baubehörde aufmarschieren und mit einem Gerichtsverfahren drohen, beißen sie beim Abbé auf Granit: „O ja, nichts lieber als ein Prozeß, sie sollen ihn nur vor Gericht bringen! „An dem Tag", verspricht er empört, „lege ich alle meine vaterländischen Orden, meine Abgeordnetenschärpe und, wenn es sein muß, auch noch meine Priesterstola an, um vor Gericht auszusagen, wie dieses Gesetz, das wir übertreten haben, sich in der Praxis auswirkt!"

Lumpensammler, Hausbesetzer, Straßenpriester

O ja, die kleine Jeanne, die wenige Tage nach der Fertigstellung des ersten Häuschens geboren wurde, ist zwar in behaglicher Wärme, aber illegal zur Welt gekommen, während man die erfrorenen Kinder der Wohnungslosen streng nach den Gesetzen begraben hat! Wenn sich ihre Väter aus Verzweiflung vor die Metro geworfen hätten, wären sie ganz gewiß den Vorschriften entsprechend ins Leichenschauhaus gebracht worden. „Ein Gesetz ohne Gerechtigkeit", entrüstet sich der Priester, „muß man im Namen des Evangeliums notfalls bis zum Jüngsten Tag übertreten", damit es endlich verändert wird!

Und dann bietet er den Beamten höflich an, sie möchten ihm nur ein Quartier nennen, wo die Bewohner seiner Siedlung legal wohnen können, er wird sie sofort reumütig per Lastwagen hinschaffen. Die Herren verlassen wortlos das Grundstück. Wenig später kommt vom zuständigen Minister ein Erlaß, der die Baumaßnahme nachträglich und ausnahmsweise legalisiert; weitere Baustellen dürfe es freilich nicht geben. Der Abbé freut sich und nimmt unverzüglich eine neue Siedlung in Angriff.

Doch obwohl die Spenden aus nah und fern immer reichlicher fließen, genügt das Geld hinten und vorn nicht – vor allem seit Abbé Pierre auf eine erneute Parlamentskandidatur verzichtet hat, um sich voll und ganz der Gemeinschaft von Emmaus widmen zu können. Der Strom von Verzweifelten schwillt immer mehr an. In dieser beängstigenden Lage hat einer der ehemaligen Landstreicher eine fantastische Idee: Warum nicht zu Geld machen, was in den zahllosen Mülltonnen von Paris und auf den Abfallhalden vor sich hin gammelt?

Ab sofort rückt die Hälfte der Kameraden von Em-

maus regelmäßig aus, zuerst mit Kinder- und Leiter-
wägen, dann mit Lastautos, um auf Dachböden, Müll-
plätzen, Dreckhalden die verwertbaren Reste der
Konsumgesellschaft zu sammeln. Die stinkenden
Schmutzhaufen erweisen sich als wahre Schatzkam-
mern: Lumpen, Papier, Glas, Gummi, Metall werden
sorgfältig sortiert, aufgestapelt, kilo-, später tonnen-
weise an Großhändler und Fabriken verkauft. Geschickte Tüftler reparieren achtlos weggeworfene
Gebrauchsgegenstände, zerbrochenes Spielzeug, aus-
gediente Uhren – für den Flohmarkt oder für die Bedürfnisse von Emmaus.

„Das Feld war nichts als stinkender Schlamm",
berichtet der mit dem Abbé gut befreundete Schriftsteller Boris Simon über eine solche Aktion auf einem
vom Regen aufgeweichten Schuttabladeplatz. „Darin
mußte man herumwaten, den Dreck wegkratzen, um
die Abfälle, die der Frost noch zusammenschweißte,
freilegen zu können. Tiefer unten begann das Reich
der Verwesung und der Maden . . . Diese widerlichen
Lumpen würden heute abend gewaschen, morgen
verkauft werden und Nahrung für Emmaus schaffen."

Denn mit dem Geld erhalten die emsigen Lumpensammler die andere Hälfte der Gemeinschaft, die Arbeiter auf den Baustellen – und machen es damit möglich, daß immer neue Unterkünfte für die Unterbemit-
telten entstehen. Später einmal wird Abbé Pierre stolz
ausrechnen, daß seine Lumpensammler in lediglich
zwei Jahren mit den Überschüssen ihrer Tätigkeit und
unter Verzicht auf jeden persönlichen Profit exakt 141
Arbeiterfamilien aus dem Elend gerettet haben.

Voilá, benehmen sich seine Clochards und Haftent-
lassenen nicht oft großherziger, sensibler als viele

Lumpensammler, Hausbesetzer, Straßenpriester

„gute Christen", die verächtlich auf sie herabschauen? Auf Kredit kaufen die Emmaus–Leute ein neues, zwei Hektar großes Grundstück im Departement Seine-et-Marne, roden das Gelände, nehmen die Kanalisierung in Angriff, legen Wasser- und Stromleitungen. Der Abbé faßt 33 Familien zu einer Baugenossenschaft zusammen, liegt einer Bodenkreditbank so hartnäckig in den Ohren, bis er das gewünschte Darlehen bekommt, und beginnt mit dem Bau von soliden Landhäuschen: Keine holzverschalten Behelfswohnungen mehr, sondern schöne Gebäude aus Stein. Die Familien haben 25 Jahre Zeit, die Kredite zurückzuzahlen.

Natürlich gibt es Rückschläge, Enttäuschungen, Katastrophen: Einer der altersschwachen, aber kostbaren Lastwägen brennt aufgrund eines technischen Defektes aus, verlassen am Straßenrand stehend, während sich die Besatzung in einem nahegelegenen Café betrunken und eine Prügelei angefangen hat. Ein Ehepaar sucht mitten in der Nacht das Weite und läßt in einem heimlich organisierten Lieferwagen den ganzen Hausrat vom Ofen bis zur Bettwäsche mitgehen. Rabiate Linke beschuldigen den einstigen Abgeordneten, an den Symptomen einer kranken Gesellschaft herumzuflicken und dadurch von der notwendigen Revolution abzulenken. Zu allem Überfluß erleidet der Abbé einen Zusammenbruch – die Quittung für sein selbstmörderisches Schuften – und bleibt fünf Monate ans Bett gefesselt.

Doch dann erlebt er wieder eines der ganz alltäglichen Wunder von Emmaus: Ein Team von Müllsammlern hat 80 000 Francs sparen können, die jedem der Männer nach jahrelanger Plackerei einen zehntägigen Urlaub ermöglicht hätten. Doch sie bringen es nicht fertig, sich zu erholen, während daheim alles drunter und

drüber geht: Sie legen dem Abbé die 80 000 Francs auf
den Tisch, er soll sie für den Kauf des nächsten Grund-
stücks verwenden.

„Der Floh, der die Herrschaften zwickt"

Gemessen am allgegenwärtigen gesellschaftlichen
Chaos, sind die Erfolge der Gemeinschaft nicht mehr
als der berühmte Tropfen auf den heißen Stein. Der Er-
finder von Emmaus ist Realist genug, das zu wissen.
Mittlerweile hat die – chronisch verschuldete, von der
Hand in den Mund lebende – Gemeinschaft auch noch
die *sans-abri*, die Obdachlosen von Paris, zu ihren
Schützlingen erklärt.

Im Winter 1953/54 hat sie ein gnadenloser Frostein-
bruch aus ihren Schlupfwinkeln getrieben, aus den
baufälligen Schuppen und feuchten Kellern, wo sie für
gewöhnlich Zuflucht fanden. Zu Hunderten kauerten
sie bei zehn Grad unter Null auf den Luftschächten der
Metro und vor den Schaufenstern, um ein wenig
Wärme zu erhaschen. Emmaus organisierte einen Not-
dienst, brachte den Frierenden nachts mit einem Lastwagen Suppe, Brot, Wein und Decken. Aber was war
das schon, ein paar Löffel warmes Essen für so viele
und für eine endlos lange Nacht?

Als ihm seine Leute entsetzt berichten, weitaus die
meisten dieser halbverhungerten Obdachlosen seien ja
gar keine Streuner und Trunkenbolde, sondern ganz
normale junge Menschen auf der verzweifelten Suche
nach Arbeit und Wohnung, als schließlich eine wegen
Mietschulden aus ihrer Mansarde vertriebene Frau
mitten in Paris auf der Straße stirbt, da platzt dem Abbé
endgültig der Kragen.

Am 1. Februar 1954 verfaßt er einen flammenden Aufruf und bringt die Direktoren des französischen Rundfunks und von Radio Luxemburg dazu, ihre Programme zu unterbrechen und ihn zur Nation sprechen zu lassen, ein wenig pathetisch, wie das damals üblich war: „Zu Hilfe, meine Freunde! Heute nacht um drei Uhr ist auf dem Boulevard Sébastopol eine Frau gestorben; sie hatte nur ein einziges Papier bei sich, den ihr vorgestern zugestellten Räumungsbefehl. Jede Nacht kauern so wie sie über 2000 Menschen im strengen Frost auf der Straße, ohne ein Dach über dem Kopf, ohne ein Stück Brot . . .

Hört, was ich sage! Noch heute abend müssen in sämtlichen Städten Frankreichs, in jedem Viertel von Paris, unter einem Licht vor dem Eingang zu den Unterkünften, wo es Decken, Stroh und Suppe gibt, Schilder hängen mit der Überschrift ‚Notunterkunft für unsere Brüder‘, und darunter muß stehen: ‚Notleidender, wer du auch seist, tritt ein, schlaf dich aus, iß dich satt, faß wieder Mut! Hier wirst du geliebt.‘

Angesichts ihrer elend zugrunde gehenden Brüder darf es unter den Menschen nur noch einen einzigen Willen geben: diesem unerhörten Elend auf den Straßen ein Ende zu bereiten.“

Der Appell hat eine fantastische Wirkung. Eine Viertelstunde nach der Ausstrahlung im Rundfunk stapeln sich in dem Luxushotel, das der Abbé einer plötzlichen Eingebung folgend als Spendenadresse genannt hat, bereits Wolldecken und Kleidungsstücke, Geld und Schmuck. Die Hotelchefin hatte ihm kürzlich geschrieben und zwölf ihrer Zimmer für obdachlose Arbeiterfamilien freigemacht. Jetzt sind die Straßen um das Gebäude schwarz vor Menschen, die Mäntel, Bettdecken, Lebensmittel für ihre frierenden Landsleute bringen.

Kinder schleppen ihre Sparschweine an, alte Leute trennen sich von Eheringen und erinnerungsschwangeren Perlenketten. Die Polizei muß den Verkehr umleiten, die Post legt 16 zusätzliche Telefonleitungen in das Hotel. Zwei Wochen nach dem Rundfunkaufruf hat Frankreich 250 Millionen Francs für die Habenichtse gespendet.

Es handelte sich nicht um ein schnell aufflackerndes und bald wieder verglimmendes Strohfeuer von Hilfsbereitschaft, wie man vermuten könnte. Überall im Land gründeten sich Hilfskomitees, wurden Behelfsunterkünfte und kleine Siedlungen errichtet. Die erfahrenen Bauleute von Emmaus stellten mit dem Geld in zehn Wochen 48 Häuser in die Landschaft.

Die Dynamik der Bewegung revolutionierte die ganze Bauwirtschaft: Statt Luxuswohnungen wurden jetzt Arbeitersiedlungen im großen Stil aus dem Boden gestampft, und die Baukosten sanken durch neue Planungs- und Produktionsmethoden um ein Viertel. Natürlich gab es auch diesmal Fehlschläge und politische Querschüsse. Im Kabinett verlangte ein Minister energisch die Überwachung dieses gefährlichen kleinen Abbé: Der Ruhm könnte ihm zu Kopf steigen und seine Popularität zu Störungen der öffentlichen Ordnung führen!

Abbé Pierre blieb ebenso gelassen wie hartnäckig. Er platzte in eine Besprechung des Pariser Oberbürgermeisters mit dem Polizeipräsidenten hinein und ließ die beunruhigten Herren wissen, in der Tat hege die Gemeinschaft von Emmaus hochfliegende Pläne: „Wir haben den Ehrgeiz, der Floh zu sein, der von der Mülltonne des Lumpensammlers bis auf den Schreibtisch des Ministers springt und den hohen Herrn zwickt, das heißt ihn mahnt: ‚Tu, was deines Amtes ist! Wach auf aus deinem Schlaf!' . . . Wir sind fest entschlossen, der Floh zu sein, der die Herrschaften zwickt, um sie an das Elend der Notleidenden zu erinnern."

Der Floh hat scharfe Augen und fordert klare politische Akzentsetzungen: Kein einziges Luxusapartment dürfe mehr errichtet werden, solange der soziale Wohnungsbau nicht verwirklicht sei, mahnte der Abbé damals in seinen Vorträgen überall in Frankreich und rechnete vor, jede dem Wohnungsbau verweigerte Milliarde bedeute in den kommenden Jahren zehn Milliarden für die Betreuung von Alkoholikern, Tbc-Kranken, Selbstmordkandidaten, jugendlichen Kriminellen und ausgesetzten Kindern.

Verrückt: 1953 wurden in Frankreich exakt 162 Milliarden Francs für den Kampf gegen den Alkoholmißbrauch ausgegeben und 40 Milliarden Subventionen für Zuckerrübenprodukte gezahlt, aus denen man ausschließlich Alkohol gewonnen hat. „Sollen wir noch länger einen solchen Wahnsinn dulden", erregte sich Abbé Pierre, „wenn uns auf unsere Bitte um eine Milliarde für Behelfsbauten geantwortet wird, das sei eine hirnverbrannte Idee, man dürfe nichts überstürzen, in drei Jahren werde es zu viele Wohnungen geben?"

Taugenichtse als Propheten

Den Erfolg seiner Aktion erklärte sich der gegen schwärmerische Bewunderung allergische Priester nicht mit dem eigenen Charisma, sondern mit der Überzeugungskraft von Emmaus: Eine verschworene Gemeinschaft von Underdogs, die sich nicht im Elend verkriecht, sondern den noch unglücklicheren Menschengeschwistern zu helfen beschließt und mit ge-

ringsten Mitteln eine solche Mustersiedlung zaubert –
eine solche Geschichte reißt mit, steckt an.

Diese Männer, die im Herbst 1951 zuerst fünf, dann acht-
zehn und im Januar 1954 zweihundertfünfzig zählten, die
aus einem Abgrund der Verzweiflung und des Elends . . .
emporgestiegen waren, haben während der zwei Jahre vor
dem 1. Februar 1954, ganz allein und nur durch ihre Tä-
tigkeit als Lumpensammler, mit dem Überschuß aus ihrer
Arbeit und unter Verzicht auf jede Gewinnbeteiligung 141
Arbeiterfamilien gerettet, eine Leistung, auf die sie mit
vollem Recht stolz sein können.
Und als sich dann in ihrem Namen eine Stimme erhob, da
hatte sie ein neues, ein ganz besonderes Gewicht. Es war
die Stimme von armen Schluckern, die weiter nichts sag-
ten als: „Seht euch doch an, was wir, die Taugenichtse, ge-
leistet haben, ganz allein und mit nichts anderem als mit
zusammengescharrtem Müll! Nur weil wir ein bißchen
echte Liebe aufgebracht haben! So begreift doch endlich!
Was könnte man nicht alles leisten, wenn ihr, die ihr euch
für so tüchtig haltet, ein für allemal mit uns zusammen-
gehen wolltet!"
Und weil dieser Schrei aus einem Abgrund von Elend und
Leiden emporstieg, hat er alle Welt aufgewühlt . . .
Dies ist, meiner Meinung nach, die einzig mögliche und
wahre Erklärung dieses Wunders, von dem so viel gespro-
chen wird.

ABBÉ PIERRE IN EINEM VORTRAG 1954

Immer schon hat der Abbé von einer Art Prophetenor-
den geträumt, von einer Bruderschaft entschlossener
Leute, die das Elend der Ärmsten teilt und den satten,
blinden Bürgern sagt, was die Stunde geschlagen hat:
„eine Gemeinschaft von Männern, die ihrer Berufung

zufolge ins Herz des Elends vorstoßen, befähigt, um die Not zu wissen, weil sie selbst Not leiden, und auch imstande, sich Gehör zu verschaffen, weil sie aus ihrer Gemeinschaft heraus wirken".

Ein Stück weit ist sein Traum Wirklichkeit geworden in der Emmaus-Bruderschaft, die sich heute in 50 Staaten der Erde für die an den Rand Gedrängten einsetzt – immer noch eine Selbsthilfeorganisation mit einer stark sozial geprägten christlichen Spiritualität: Auch in Alkoholikern, straffällig Gewordenen, „Asozialen" steckt ein besseres Ich, das durch eigene Schuld, oft aber auch durch die Schuld einer brutalen Umwelt verschüttet worden ist und wieder freigelegt werden kann. Hoffnung und Kreativität müssen geweckt werden, und Menschenwürde ist nicht nur etwas für jene, die es „geschafft" haben und nie abgerutscht sind – vielleicht bloß deshalb, weil sie keine so trostlosen Startbedingungen hatten wie die Menschen am Rand der Gesellschaft, die den Tugendhaften gerade noch als Sündenböcke taugen.

Denn für Abbé Pierre entscheiden die Wahrnehmung der Not und der Entschluß, gegen sie zu kämpfen, darüber, ob jemand wirklich ein Mensch ist oder bloß ein hochgezüchtetes Tier, das sich damit zufriedengibt, die eigenen Bedürfnisse zu befriedigen: „Wer nicht versteht oder gar nicht einsehen will, daß der Notleidende ein Recht darauf hat, daß ihm geholfen werde, der kann keinen Anspruch darauf erheben, ein Mensch zu sein."

Das Elend darf nicht dezent unsichtbar bleiben (wie es sich wohl viele gewünscht hätten, die es dem Abbé verübelten, daß er die Gestrandeten und Kaputten in das Licht der Öffentlichkeit stellte), es muß uns stören! Die Augen aufmachen, die Not sehen und zupacken, das sei wichtiger als das selbstverliebte Herummodeln an der eigenen Seele. Es sei „nicht nötig zu warten, bis wir selbst vollkommen geworden sind", heißt es in der Lebensregel der Gefährten von Emmaus. „Es genügt, das Gute erkannt zu haben und darauf dann unser ganzes Leben zu gründen; es genügt, begriffen zu haben, daß zuerst und in allem dem gedient werden muß, der die größte Not leidet."

Abbé Pierres Motiv ist der leidenschaftliche Glaube an einen verwundbaren, solidarischen Gott, der aus Liebe zum Menschen arm und elend geworden ist, geboren auf dem Stroh einer Futterkrippe, verurteilt von den Mächtigen und gestorben zwischen Verbrechern: „Er wußte, daß man selbst arm sein muß wie die Armen, daß man ihre Leiden teilen muß, damit sie einem Glauben schenken, und daß, wer von den Reichen ernstgenommen werden will, nicht sein darf wie sie!"

„Gott ist nicht im Himmel", stellt er kühn fest, „er ist in dem armen Teufel, der eben zu dir spricht." Der Sozialrevolutionär Abbé Pierre, der sämtliche französischen Politiker links überholt hat und eine radikale Umverteilung der gesellschaftlichen Güter fordert, dieser Extremist glaubt wie ein Kind: an einen Gott, der grenzenlos verliebt ist in seine Menschen und der seine Geschöpfe am Jüngsten Tag danach beurteilen wird, ob sie einander ausgebeutet oder geholfen haben.

Abbé Pierre, ein Urgestein des Glaubens mitten im skeptischen Paris, so radikal in der Nähe Jesu lebend, daß er gar nicht auf die Idee kommt, auch noch Bekehrungspredigten halten zu müssen. Zu leben, wie Jesus es will, das genügt doch! Ob er seinen Pennern und leichten Mädchen von Gott erzählt, wollte ein Reporter von Abbé Pierre wissen. Seine Antwort kam zögernd, mit einem Lächeln: „*Sie* sind es, die mir von ihm sprechen – wenn sie ein bißchen betrunken sind."

Ein strahlender Held ist er ganz gewiß nicht. Angst und Verzweiflung haben ihn sein Leben lang begleitet, das mutlose Starren auf den nächsten Tag und die lähmende Frage, welchen Sinn es macht, ein paar Menschen zu helfen und der Not von tausend anderen tatenlos zusehen zu müssen. Vor naiven Hoffnungen bewahrt ihn allein schon der Blick auf die sonderbare Andenkengalerie, die er auf einem Brett in seinem Arbeitszimmer gesammelt hat: lauter Messer. Etliche hat er den rauhen Kerlen in Emmaus abgenommen, wenn sie aufeinander losgegangen sind, eines wollte man ihm selbst zwischen die Rippen rammen, und ein anderes, an dem noch verkrustetes Blut klebt, hat er einem Selbstmordkandidaten aus der Brust gezogen.

Wahrscheinlich hätte er längst aufgegeben, sagt er selbst, hätte er nicht in der Bindung an Gott so starke Energien in sich aufgespeichert. Und dann beherrscht er die Kunst der Geduld: Wenn einer seiner Freunde in Zorn gerät, weil die Ungerechtigkeit so zählebig ist und Veränderungsprozesse so mühsam in Gang kommen, zitiert der Abbé todsicher sein Lieblingssprichwort: „Alter Junge", pflegt er dann zu sagen, „du weißt doch, das Korn wächst nicht schneller, wenn man auf die Halme schießt!"

Das Elend teilen, das ist sein Lebensinhalt. Die Gescheiterten ermutigen, die Würde der Ausgegrenzten verteidigen, die selbstzufriedenen Besitzenden mit den unbequemen Realitäten konfrontieren: „Wißt ihr, daß über die Hälfte der Erdbewohner keine Behausung haben?" fragte er in seinen Vorträgen 1954. „Wißt ihr, daß es auf der Erde riesige Gebiete gibt, wo von vier Kindern drei Hungers sterben, bevor sie das Jugendalter erreicht haben? . . . Allein in Paris gibt es über 10 000 Familien, das heißt an die 100 000 Personen, die nicht wissen, wo sie schlafen sollen."

Wer angesichts des ganzen Elends in der Welt bloß religiös und fromm „glaubt", ohne aktiv für die Leidenden einzutreten, glaubt eigentlich noch gar nicht. Wer dagegen weiß, daß alle Hilfe zwar nicht mehr ist als ein Tropfen auf den heißen Stein, jedoch trotzdem weitermacht und hilft und sich um andere sorgt, der glaubt im Sinne der Bibel. Der Geist Gottes spricht zu uns vor allem durch das Leiden unserer Brüder.
Jeder, der solidarisch handelt, ist auf dem Weg zu Gott, wird erlöst werden . . .

AUS DEM THEATERSTÜCK „DAS MYSTERIUM DER FREUDE",
DAS ABBÉ PIERRE 1985 ALS SEIN GEISTLICHES TESTAMENT SCHRIEB

In diesen Reden und Zeitungsartikeln kritisiert der Abbé vehement die Luxusverliebtheit der Großbürger und das träge Vertrauen auf die Gesetze. Er fordert Gerechtigkeit statt Almosen. Und – er tritt auch der eigenen kirchlichen Obrigkeit kräftig auf die Füße, wenn es sein muß: Gotteslästerung sei nicht die militante Religionskritik der Enttäuschten, sondern viel eher das gleichgültige Verharren frommer Christen in ihrer Herzenshärte, während neben ihnen die Ebenbilder Gottes elend zugrundegingen.

Ein Priester, der einen Obdachlosen nicht in sein Zimmer nehme, sei mit all seinen schönen Reden bloß ein Scharlatan. Und im kanadischen Montréal redete er 20 000 Katholiken auf dem Platz vor ihrer prächtigen Kathedrale ins Gewissen: „Sicher, es muß Kirchen geben, aber ich flehe euch an: Solange es in eurer Stadt noch Elendsquartiere gibt, begnügt euch damit, die vier

Mauern und das Dach zu errichten, und verschiebt die Ausschmückung eures Heiligtums auf später. Begreift doch endlich, daß es Jesus in seinem Tabernakel nicht friert!"

Abbé Pierre bei der Generalversammlung der Emmanus-Bewegung 1992 in Köln

Jetzt ist er alt und grau geworden, der Prophet, und immer „politischer" in seinen Aussagen, immer kompromißloser in der Kritik an Profithaien, Militärstrategen und gekauften Politikern. Er gilt als das soziale Gewissen seines Landes, man hat ihn den einzigen wahren Sozialisten Frankreichs genannt wegen seiner klaren Vorstellungen von Umverteilung: Die Zweiklassengesellschaft, davon ist er überzeugt, nähert sich einem neuen Faschismus.

„Heute sind Arbeitsplatz und ökonomische Sicherheit zu einem Privileg geworden", stellt der Abbé klar. „Dieses Privileg muß aufgeteilt werden: Man muß eine Senkung des Einkommens akzeptieren. Wenn Ihr euch nicht darauf einlaßt, Ihr Beamten und Manager, Ihr neuen Reichen, die Ihr von den neuen Armen profitiert und die ökonomische Krise ausnutzt, werdet Ihr wohl eines Tages zum Verzicht gezwungen werden!"

Denn: „Die neuen Reichen und alle Arbeitsplatzbesitzer klammern sich an ein System, das schon gar nicht mehr funktioniert. Auch ohne den atomaren Holocaust könnte es bald zu einem ‚Dritten Weltkrieg' kommen, wenn nämlich die Habenichtse, die Ausgehungerten ihr Lebensrecht einfordern, nicht nur in der Dritten Welt, sondern auch bei uns. Man muß also unpopuläre Maßnahmen akzeptieren, man muß verzichten lernen, sonst wird der rechtsradikale Führer Le Pen immer stärker, oder es kommt ein zweiter Hitler."

Die Bewegung um Emmaus hat zwar dazu beigetragen, daß die tristen Blechstädte rund um Paris verschwunden sind und daß es weniger Obdachlose gibt. Aber Anfang der 80er Jahre machte sich eine erschreckende „neue Armut" in Frankreich bemerkbar: Angesichts einer schweren Wirtschaftskrise kürzte die linke Regierung das Arbeitslosengeld. Bald lebten zwölf Prozent der Franzosen an der Grenze des Existenzminimums. Allein in Paris nahmen 160 000 Menschen Sozialhilfe in Anspruch.

Da tauchte 1984 der 72jährige Abbé Pierre aus dem Benediktinerkloster auf, in das er sich seiner angeschlagenen Gesundheit wegen zurückgezogen hatte, und startete mit dem alten Elan eine Aktion für die neuen Obdachlosen. Eine Lebensmittelbank nach US-Vorbild wurde geschaffen; die Kommunen fanden Wege, Mietkosten für Bedürftige zu übernehmen.

Die Wohnungsnot ist wieder erdrückend geworden in Frankreich, aber sie zeigt ein neues Gesicht: Während beispielsweise 1992 in Paris 65 000 Familien dringend eine menschenwürdige Bleibe suchten, standen 117 000 Wohnungen leer – als Spekulationsobjekte oder weil kein Mensch die unverschämt hohen Mieten zahlen konnte! Gleichzeitig riß man überall brauchbare Altbauten nieder, um teure neue Häuser zu errichten.

In dieser Situation wurde der alte Priester, dem die französischen Grünen gerade vergeblich die Spitzenkandidatur für das Europa-Parlament angetragen hatten, noch einmal zum Rebellen: Er ermutigte alle, die nicht wüßten, wo sie ihr Haupt hinlegen sollten, leerstehende Gebäude zu besetzen, und beteiligte sich selbst mehrfach an derartigen Aktionen. Mit einem vierstündigen Sitzstreik auf dem Bürgersteig, das Kreuz der Ehrenlegion sichtbar am abgeschabten Revers tragend, zwang der 81jährige die Stadt Paris, 19 obdachlose Familien unterzubringen.

Er machte sich zum Wortführer des Protests gegen die international bekannte Wüstenrallye Paris-Dakar: Es sei eine unerträgliche „Provokation der Armen", wenn eine Kolonne von 500 mit allen Finessen der Technik ausgerüsteten Autos durch Landstriche rolle, in denen Menschen von Dürre und Hunger bedrängt um ihr Überleben kämpften. Ganz abgesehen von den Schäden, welche die Rallye an der zerbrechlichen Infrastruktur der afrikanischen Länder anrichte.

Auch innerkirchlich hat der greise Abbé in den letzten Jahren unüberhörbar seine kritische Stimme erhoben. Dem Papst empfahl er – freilich im Widerspruch zu seiner eigenen Vitalität –, wie jeder andere Bischof mit 75 in Rente zu gehen.

Nach einem Besuch bei Johannes Paul II. berichtete er grimmig: „Ich habe ihm gesagt: ‚Wenn Sie Ihre Rundreisen um den ganzen Planeten beendet haben, müssen Sie sich eine andere, bescheidenere Methode suchen, damit Sie nicht von Politikern mißbraucht werden.'" Und gegenüber einer Reporterin vom *Nouvel Observateur* meinte er traurig, der Papst sei „vergiftet" von den vielen Ehrungen und Militärparaden.

Der ganz private Skandal, der sich neuerdings in Abbé Pierres Umgebung abspielt, wirft ein strahlendes Licht auf die souveräne Menschenfreundlichkeit dieses Priesters: Konservative Pariser Kirchenkreise nehmen Anstoß an seiner Freundschaft mit Abbé Jacques Perotti, der sich offen zu seiner Homosexualität bekennt. Perotti kämpft gegen die Diskriminierung schwuler Menschen in der Kirche und für AIDS-Opfer; er war Vizepräsident einer Vereinigung katholischer Homosexueller mit dem schönen Namen *David und Jonathan*; er wird von sittenstrengen Amtskollegen in Paris geschnitten, und traditionalistisch eingestellte Benediktinermönche haben ihn beim Papst angezeigt.

Für Abbé Pierre ist der wenig brüderliche Umgang mit einem Abweichler wieder einmal eine Herausfor-

derung: Er hat Jacques Perotti zu seinem Sekretär gemacht. Bevor er sich jüngst aus gesundheitlichen Gründen in die Normandie zurückzog, teilte er mit dem
„Enfant terrible" demonstrativ eine Hochhauswoh-
nung in Charenton bei Paris, und wenn immer Abbé
Pierre neuerdings einen Bischof trifft, spricht er ihn auf
die Probleme schwuler Christen an.

Was sagte vor vielen Jahren ein militant kirchen-
feindlicher Arbeiter erschüttert zum Abbé, als er sich
mit ihm über Gott und die Welt unterhalten hatte, vor
allem aber natürlich über den Bau von Notwohnungen
und die soliden Zementplatten, die er ihm liefern
sollte?

„Vater, wenn es Gott vielleicht doch gibt – dann ist er
das, was Sie tun!"

Haß besiegt den Tod nicht

Philomena Franz
(geboren 1922),
Sängerin und Tänzerin in einer Sinti-Bühnengruppe,
überlebte mehrere KZs
und wirbt heute mit Märchen und
Vorträgen für Versöhnung und Gerechtigkeit

„Wenn wir hassen, verlieren wir.
Wenn wir lieben, werden wir reich"
PHILOMENA FRANZ

„Vor langer Zeit lebten einmal zwei Zigeuner, Pepe
und Galina. Weil sie einander so gern hatten, beschlossen sie zu heiraten und wurden sehr glücklich. Einst
nun, als Galina Geburtstag hatte, wollte der Pepe ihr
eine besondere Freude machen, und weil er ein wenig
Geld gespart hatte, beschloß er, ihr in der Stadt etwas
Schönes zu kaufen. Er machte sich in aller Frühe auf
den Weg, als Galina mit den anderen Frauen am Fluß-
ufer die Wäsche wusch. Die Sonne schien, die Vögel
sangen, und Pepe war frohen Herzens . . ."

Wenn Philomena Franz in Schulen und Bildungszen-
tren die alten Zigeunermärchen erzählt, hängen die
Kinder an ihren Lippen. Sie sieht ja auch selbst aus wie
eine wilde Königin aus dem Reich ihrer Sagen: Pech-
schwarze, ungebärdige Haare, markante Gesichtszüge,
ein willensstarker Mund. In den großen, dunklen
Augen wohnen Leid und Güte. Mit lebhaften Gesten, in
denen sich Anmut und Energie verbinden, illustriert
sie ihre Märchen. Es sind fast immer Überlebensge-
schichten, von verhaltener Traurigkeit und doch voller
Hoffnung.

Der arme Pepe zum Beispiel ist ausgerechnet an
einem Tag in die Stadt gegangen, an dem Räuber das
Schloß des Königs heimgesucht haben. Als dessen
Knechte den Zigeuner nachts durch den Wald heim-
wärts eilen sehen, rufen sie hocherfreut: „Das ist der
Dieb!", und weil er das Versteck der gestohlenen
Schätze nicht nennen kann, wird er in den finsteren
Kerker geworfen. Galina sitzt währenddessen weinend

Haß besiegt den Tod nicht

in ihrem Wohnwagen, stellt nachts ein Licht ins Fenster und wartet auf ihren Pepe – viele Nächte lang. Man berichtet ihr, daß er ein Dieb sein soll und im Gefängnis sitzt, aber sie weiß, daß er unschuldig ist. Als ihre Sippe weiterzieht, gibt sie ihnen die Kinder mit und bleibt allein mit dem Wohnwagen zurück, weil Pepe doch jeden Augenblick zurückkommen kann.

Sieben Jahre später verirrt sich der König beim Jagen im Wald, sieht Galinas Licht flackern und findet unerkannt ein Obdach im Wohnwagen. Er hört, wie Galina von ihrem geliebten Pepe träumt und im Schlaf schreit: „Laß mich frei, ich bin unschuldig!" Am anderen Morgen läßt sich der König ihre Geschichte erzählen. Auf dem Schloß erinnert man sich an einen im Kerker vergessenen Gefangenen, der wirkliche Dieb ist längst ergriffen worden. Beschämt schickt der Herrscher den Zigeuner heim zu seiner treuen Frau, mit reichen Schätzen beladen.

„Galina sah Pepe lange an und antwortete: ,Glaubt der König, er könne mit Gold und Geld das Unrecht an dir und all dein Leid wiedergutmachen?' Pepe aber sagte: ,Warum denn immer nur Rache? Es gibt auch einen Sieg der Menschlichkeit.'"

Menschlichkeit haben die Sinti und Roma, die Kalderna und Gitanos selten erfahren in ihrer Geschichte. (Souverän und unbefangen, wie sie ist, verwendet Philomena Franz die von der Bevölkerungsmehrheit für die verachtete Minderheit geprägte Bezeichnung *Zigeuner*, die für die Betroffenen ähnlich verletzend klingt wie *Polacken* oder *Nigger* für Polen und Schwarze.) Schon vor viereinhalb Jahrhunderten tat sie ein deutscher Geograph als ein „schwarz, wüst und unflätig Volk" ab, „zieht müßig im Lande umher, ernährt sich mit Stehlen, lebt wie ein Hund, ist keine Religion bei ihnen . . ."

An dieser Einschätzung hat sich bis heute kaum etwas geändert. Abergläubisches Mißtrauen, Fremdenangst, Konkurrenzneid mischten sich zu einer gefährlichen Lynchmentalität. Staatliche Zwangsmaßnahmen gegen die vermeintlich anarchistischen Nichtseßhaften und die von den wachsamen Handwerkerzünften erwirkten Einschränkungen ihrer Gewerbefreiheit trieben die Sinti und Roma tatsächlich nicht selten in die Kleinkriminalität. Sie galten als vogelfrei. In manchen Ländern stand auf das Verbrechen, ein Zigeuner zu sein, die Todesstrafe. In harten Wintern erfroren ihre Kinder und Greise, weil ihnen nicht einmal ein Stall geöffnet wurde.

Der systematischen Ausrottungspolitik der Nazis fielen mehr als eine halbe Million Sinti und Roma zum Opfer. Ähnlich wie den Juden unterstellte ihnen die verschrobene braune Rassentheorie minderwertiges Blut, das aus dem „deutschen Volkskörper" auszumerzen sei. Philomena Franz gehörte zu denen, die den Holocaust überlebten. Gezeichnet hat er sie für immer.

Die „Nachtigall" tanzt Csardas

Philomena, in ihrem Volk bedeutet das „Nachtigall", kam am 21. Juli 1922 im baden-württembergischen „Oberland" zur Welt, in der hügeligen Landschaft um Sigmaringen. Die Familie besaß dort ein Haus, reiste aber mit Pferd und Wagen durch das Land, um Theater zu spielen und Musik zu machen. Davon lebten sie, und darin waren sie Meister; schon der Großvater hatte mit seiner Musikkapelle einen Wettstreit gewonnen und von König Wilhelm eine goldene Rose als

Preis überreicht bekommen. Der Vater, ein begnadeter Cellist, konnte fast jedes Instrument spielen.

Mit ihren Eltern und sieben Geschwistern – in der Nazi-Zeit kamen alle bis auf einen Bruder in den Gaskammern um – spielte Philomena Operetten und dramatische Stücke. Sie erinnert sich, wie sie als Siebenjährige über die Bühne wirbelte, Csardas tanzend, in einem ungarischen Kostüm und roten Stiefelchen, weiße Blüten im Haar, bejubelt vom Publikum. Ihr Großvater nannte sie zärtlich „Hexe", er improvisierte eine Gitarrenmelodie, und sie sang dazu wie ein fröhlicher Vogel.

An die Schule hat sie keine unangenehmen Erinnerungen. Weil die Familie von Ort zu Ort zog, mußten die Geschwister zwar alle paar Wochen das Schulhaus wechseln. Aber sie lernten schnell. Schreiben und Lesen war ja wichtig, um die Theaterrollen studieren zu können! Sie kannten sich in Heimat- und Naturkunde hervorragend aus, und wenn sie sich auch anfangs manchmal vorkamen „wie ein Affe in einem Käfig", fanden sie schnell Kontakt zu den anderen Kindern. „Meine Schwester und ich lehrten die Mädchen unsere Spiele, und wir lernten ihre." Mancherorts freuten sich die Kinder schon, wenn die Familie Franz wieder ankam in ihrem Wohnwagen!

Keine Diskriminierung, keine schiefen Blicke. Auf den Pferdemärkten rissen sich die Leute um die schönen Tiere der Sinti, denn man wußte, wie sie ihre Pferde schonten. Philomena: „Nie haben wir sie mißhandelt. Sie haben nie die Peitsche gespürt." Sinti haben eine starke Liebe zu allem Lebendigen, fühlen sich solidarisch mit aller Kreatur. Sie finden es ganz normal, mit Hunden und Vögeln zu sprechen. Philomena weiß noch, wie sie angehalten wurde, sorgsam mit den kleinsten Pflanzen umzugehen, und wie sie die ersten Blätter und Sprossen im Frühjahr jedesmal als eine Art Auferstehung erlebt hat.

Doch dann änderte sich das Verhalten der Mitbürger
schlagartig. Die seßhafte Herrenrasse besann sich auf
die alten Vorurteile. Dazu kam die amtlich verordnete
Menschenverachtung. „Sie haben uns die Nasen gemessen", erinnert sie sich an das Jahr 1933, „die Stärke
der Haare, die Hautfarbe vermerkt . . . Dann hat man
uns die Pässe abgenommen." Die Sinti durften die
Städte nicht mehr verlassen, mußten Pferde und Wagen verschleudern.

Die Kinder unter ihren Freunden, zu ihrer Ehre sei es
gesagt, blieben am längsten standhaft. Die Mädchen
aus ihrer Schulklasse, erzählt Philomena, hätten mit ihr
geweint. Daheim gab der Großvater, den alle Sinti wie
einen Fürsten verehrten, düstere Prophezeiungen von
sich: „Dieses Hitlerzeichen, das Hakenkreuz, es heißt
nicht umsonst Kreuz. Daran bleibt jeder hängen, der
nicht für dieses Zeichen ist. Es wird über die Welt das
Chaos bringen."

Eine Zeitlang bekam die Truppe noch Engagements,
trat in der Stuttgarter Liederhalle, im Berliner Wintergarten, im Pariser Lido auf. Dann war auch das vorbei.
Philomena mußte die Mittelschule verlassen, wurde in
einer Fabrik für Sterilisationsgeräte zwangsverpflichtet. „Ich habe einen wahnsinnigen Job gehabt. Mußte
den ganzen Tag gebeugt über einem großen Topf stehen, aus dem giftige Dämpfe kamen." Schlimmer jedoch als die Stirnhöhlenvereiterung, die sie sich zuzieht, ist die quälende Angst: Was wird morgen sein?
Kommt die Gestapo, bringt sie mich in ein Lager?

1942 transportierte man ihre Eltern und Geschwister
nach und nach in die KZs; der Vater wurde bald darauf

Haß besiegt den Tod nicht

in Mauthausen erschlagen. Schließlich wurde auch Philomena deportiert, in einem Viehwaggon, auf den riesengroß mit Kreide der Zielort „Auschwitz" geschrieben war. „Dort gibt es einen schönen großen Ofen für euch Zigeuner!" hatte sie ein Gestapo-Mann angeschrien.

Auf den Bahnhöfen liefen die Leute vorbei, sahen die wie Vieh zusammengetriebenen Menschen, grinsten die SS-Bewacher an, grüßten „Heil Hitler". Waren es dieselben, die heute bestürzt versichern, nie etwas bemerkt zu haben von der Todesmaschinerie und vom Rauch der Vernichtungslager?

Es dauert Monate, bis der Zug in Auschwitz ankommt. Immer wieder Aufenthalte in Gefängnissen. Wie ein Vogel mit gestutzten Flügeln habe sie sich gefühlt, sagt Philomena heute. Einmal will sie auf dem Gefängnisflur mit einer Schicksalsgenossin ein Wort wechseln; der vorbeikommende SS-Arzt schlägt sie dafür halbtot. Sie knallt gegen die Wand, Blut spritzt, er zerrt sie vom Boden hoch, schlägt wieder und wieder mit der Faust auf sie ein . . . „Lieber Gott, was hast du bloß geschaffen, irgend etwas ist da falsch gelaufen", denkt sie, mehr verwundert als haßerfüllt, bevor sie ohnmächtig wird. „Was haben wir denn getan, daß diese Unmenschen so mit uns umgehen?"

Doch das war nur der Vorhof zur Hölle. Die betritt sie erst, als sie in Auschwitz eintrifft. Ein Lastwagen nähert sich, der anscheinend Schweine geladen hat, „es schwabbelte alles so". Sie freut sich, hier gibt es wenigstens Fleischrationen! Dann sieht sie die Gesichter der toten Menschen auf der Ladefläche. „Im Tod noch diese Erniedrigung! Ich habe Köpfe gesehen, die zwischen Frauenbeinen lagen. So hat man sie einfach kreuz und quer draufgeschmissen, verladen."

SS-Männer, mit Ochsenziemern bewaffnet, schleppen das neu angekommene Menschenmaterial in die Baracken. Die exotische Schönheit mit den langen schwarzen Haaren fällt auf. „Die sieht ja aus wie eine Dschungelprinzessin!" sagt einer, prüft ihre Zähne. Eine deutsche Frau neben ihr flüstert: „Mensch, du hast es gut, du kommst rüber in das Lagerbordell . . ."

Philomena beginnt wie eine Wahnsinnige zu schreien, reißt sich das Kleid auf, brüllt die Wachmänner an: „Nein, in den Puff gehe ich nicht, erschießt mich doch gleich! Ich will nicht eure Dirne sein, ich will sterben wie meine Geschwister!" Doch nicht einmal über den eigenen Tod darf ein KZ-Häftling entscheiden. Philomena bekommt eine Tracht Prügel und ein Kreuz in die Haarpracht geschnitten, von einem Ohr zum anderen, dann läßt man sie gehen.

Allein im speziellen „Zigeunerlager" von Auschwitz waren 21 000 Sinti und Roma interniert. Die Baracken hatten Löcher statt Türen, ein halbes Dutzend Menschen teilte sich eine Holzkiste als Bett. Im Krankenbau tropfte Wasser von der Decke auf die mit Holzwolle gefüllten Papiersäcke, auf denen die Sterbenden lagen. Diesen Lebensbedingungen fielen 1943 innerhalb von sechs Monaten 7000 Häftlinge zum Opfer.

Philomena sieht heute noch die wohlgefüllte Tonne mit Hundekuchen vor sich, im Lager gab es ja Hunderte gut abgerichteter Schäferhunde, und die sehnsüchtigen Blicke der vorbeimarschierenden Arbeitskolonnen. Eines Tages konnte ein zum Skelett abgemagerter kleiner Junge seinen Hunger nicht bezähmen: Er sprang aus der Reihe, griff in die Tonne hinein. „Der Posten schoß sofort, und das Kind fiel von den Schüssen zerfetzt hin."

Flucht aus dem Todeslager

Nach einigen Monaten wird Philomena Franz in das Frauen-KZ Ravensbrück verlegt, wo Zehntausende Sinti und Roma zwangssterilisiert oder mörderischen medizinischen Experimenten unterzogen werden. 14 Stunden am Tag arbeitet sie mit ihrer Schwester in einer unterirdischen Munitionsfabrik, gießt ohne Schutzmaske Sprengbomben, wird todkrank – und wagt die wahnwitzige Flucht, in Sträflingskleidern, mit ihrem mittlerweile kahlgeschorenen Kopf.

Leute vom Volkssturm und ein paar Pimpfe aus der Hitler-Jugend fassen sie nach wenigen Nächten. Als sie nach Ravensbrück zurückgebracht wird, findet sie dort ihre Schwester am Galgen hängend, noch lebend. Man hat aus ihr herausfoltern wollen, in welche Richtung Philomena geflohen ist . . .

Die nächste Station: das Lager Oranienburg. Dunkelzelle, Prügel bis zum Umfallen, Verhöre: Ob sie irgendwelche Informationen aus Ravensbrück herausgeschmuggelt hat? Nach acht Tagen und acht Nächten in der engen Dunkelzelle ist ihr Lebenswille gebrochen. „Da wollte ich nicht mehr. Ich wollte sterben."

Plötzlich raschelt es an der Tür. Durch einen winzigen Schlitz wird etwas hereingeschoben. Philomena fühlt eine Zigarette, ein Streichholz, ein Stückchen Reibefläche und eine hauchdünne Scheibe Brot. Eine Stimme flüstert ihr Mut zu. Es ist der jüdische Lagerarzt. Doch die wiederaufgeflammte Hoffnung scheint sich als böses Trugbild zu entpuppen, als Philomena Franz zum zweiten Mal nach Auschwitz überführt wird – mit einem Krankentransport. Das bedeutet die Gaskammer. In Oranienburg hat die Vernichtungskapazität wohl nicht mehr ausgereicht.

Zum zweiten Mal die Rampe, an der die Todeskandidaten von den Arbeitsfähigen getrennt werden. Und dann, wie erwartet, der Weg ins Gas. Vor ihr schleppt sich eine polnische Mutter mit zwei Kindern dahin. Die SS-Wachmannschaften, betrunken, nach Schnaps stinkend, prügeln die Menschen mit Knüppeln in die Todeskammern. Plötzlich, im angstvollen Gedränge, ist die Frau verschwunden, und Philomena spürt eines ihrer Kinder zwischen den Beinen.

„Ich decke es mit meinem Rock zu und sage ihm, obwohl es nichts versteht, bleib so stehen. Ich will es nicht mehr loslassen. Und es klammert sich fest an mich. Ich dachte, dieses Kind muß überleben! Es braucht einen Schutz."

Und als ob ihre Gedanken den Himmel überzeugt hätten, taucht in diesem Moment ein SS-Oberscharführer auf, der das vor der Gaskammer verbliebene Häuflein anherrscht: „Seid ihr Deutsche?"

„Ja, wir sind deutsche Zigeuner", antwortet Philomena Franz, „und mein Bruder ist Wehrmachtsangehöriger. Der ist noch draußen und dient noch."

Die Frauen dürfen weiterleben. Manchmal verlieren sogar diese Henker die Lust am Töten. Außerdem haben sie Arbeit für die Geretteten: Sie sollen die Asche aus den Krematorien auf Lastautos laden. Wortlos erledigen sie ihr schreckliches Geschäft. Das kleine Mädchen, das Philomena jetzt als *ihr* Kind betrachtet, will mithelfen. Mit seinen Händchen scharrt es die schwarze Asche zusammen.

Fünf oder sechs Jahre ist es alt. Mit angsterstarrten, großen Augen blickt es seine neue Verbündete an, der das Herz stehenbleibt: Vielleicht sind es die staubgewordenen Überreste seiner Mutter, die ihr das Kind emsig auf die Schaufel lädt. Die Asche eines Menschen, der gestern noch mit ihm gespielt hat, ihm zärtlich über den Kopf streichelte und leise ein Märchen erzählte.

Den Kreislauf von Haß und Gewalt durchbrechen

Mehr als vier Wochen kann Philomena Franz das Mädchen bei sich behalten. Es schläft in ihren Armen auf der Pritsche, sie lernen sich zu verständigen, kochen sich in der Phantasie die herrlichsten Mahlzeiten. Dann geht es von einem Augenblick auf den andern wieder auf Transport. Die russischen Truppen sind auf dem Vormarsch, man beginnt die Lager zu räumen. Der SS-Oberscharführer reißt ihr das Kind weg. Später erfährt sie, daß es in Auschwitz vergast worden ist.

Die Liebe ist . . . Weisheit und Wahrheit, denn sie kommt von Gottes Güte und Gerechtigkeit. Liebe fordert immer wieder zum Verzeihen heraus. Wenn wir die Liebe nicht haben, zerstört die Menschheit sich selbst, sind wir Menschen verloren. Wenn wir die Liebe nicht haben, geben wir die Gottheit in uns auf, die Unsterblichkeit . . .
Ich möchte anderen ein Lebenszeichen geben. Wenn ich einiges über die Liebe niederschreiben darf, was für manche vielleicht schlicht klingt, dann deshalb, weil ich das System des Nationalsozialismus in krassem Gegensatz dazu erlebte. Die Wahrheit ist schmerzlich, aber nur mit ihr können wir unser Glück aufbauen.
Wir Zigeuner sind nicht rachsüchtig. Doch auch wir haben ein Recht, daß unsere Leiden einen Platz in der Geschichte finden. Und wir haben die Hoffnung, daß Friede auf Erden wird.

PHILOMENA FRANZ IN IHREN AUTOBIOGRAPHISCHEN NOTIZEN „ZWISCHEN LIEBE UND HASS"

Im Lager Wittenberge an der Elbe wird Philomena zwei Tage lang mit einem Ochsenziemer verdroschen, weil sie sich ein paar Kartoffelschalen aus dem Küchenabfall geholt hat. Doch auch hier lebt ein Schutzengel. Der Vorarbeiter, der ihr beibringt, Flugzeugteile zusammenzulöten, steckt ihr Brot zu, besorgt ihr die Isolierzange, um die sie gebeten hat, und findet heraus, daß der elektrische Strom im Stacheldrahtzaun nach Mitternacht abgeschaltet wird. Damit riskiert er immer wieder sein Leben. „Auch in der Hölle gibt es wirkliche Menschen", wird sich Philomena später erinnern.

Bald darauf schneidet sie zusammen mit einigen anderen tollkühnen Frauen ein Loch in den Drahtzaun, rennt zum Elbufer hinunter, in die Richtung, aus der bereits das Feuer der sowjetischen Geschütze zu hören ist. Während im Lager Alarm ausgelöst wird und ein Suchtrupp mit Maschinengewehren in das Ufergebüsch und in den Fluß hinein schießt, taucht sie im eiskalten Wasser unter, hält sich an den Zweigen einer Trauerweide fest. Als das MG-Geknatter verstummt, kriecht sie ans Ufer, läuft stundenlang um ihr Leben, durch Wälder, auf Bahngleisen. Wieder rennt sie einem Volkssturmmann in die Arme. Doch der versteckt sie bei sich zu Hause, bis die Russen kommen. Der Krieg ist zu Ende, auch für Philomena.

Dem Gott, der zusah, als das Kind die Asche mit seinen kleinen Händen zusammenschaufelte, möchte man auch als gläubiger Mensch am liebsten an die Gurgel fahren. Und hätte man als Überlebender dieser Hölle einen Deutschen jemals anders anblicken können als mit glühendem Haß?

Philomena Franz konnte es.

Haß besiegt den Tod nicht

„Ich glaube noch an den Menschen"

Mühsam körperlich wiederhergestellt, schließt sie sich einer Sinti-Musikergruppe an, die für die US-Besatzer spielt („für sie waren wir eine Art europäischer Wilder Westen"). Sie heiratet, bekommt fünf Kinder: Romani, Roska, Peter, Rinaldi, Toska. An sie verschwendet sie alle Zärtlichkeit, die sie den getöteten Eltern und Geschwistern nicht mehr schenken kann. Doch in den Nächten kommen die Alpträume. Die Fratzen der SS-Männer, die Salven der Erschießungskommandos, das Blut der Gefolterten, die Gaskammern. Jede Nacht, jahrelang. Schweißgebadet, unter gellenden Schreien wacht sie auf, rennt in panischer Angst aus dem Haus. „Die Mama ist weg", weinen die Kinder. Von den Fenstern hat sie sämtliche Gardinen weggerissen, weil sie in ihren Angstzuständen die Vorhänge für Gitter hält.

Drei Monate liegt sie mit schweren Depressionen im Krankenhaus. Die erste Woche kann sie nur weinen, dann brechen die Erinnerungen wie ein Wasserfall aus ihr heraus. Als ihr Mann stirbt, muß sie erneut in die Klinik. Dazu der zermürbende Kampf um Rente und Wiedergutmachungsleistungen: demütigende Verhöre auf den Amtsstuben, psychiatrische Untersuchungen, Formulare mit tausend Fragen. War es wirklich so schlimm in den KZs? Die „Zigeuner" seien gar keine rassisch Verfolgten gewesen, behauptet das Oberlandesgericht München allen Ernstes noch 1961. Man habe sie lediglich interniert, „weil sie ziel- und planlos umherzogen" oder sich „über ihre Person nicht ausweisen konnten".

Und die Bremer Kriminalpolizei warnt davor, den Überlebenden ihre KZ-Schilderungen abzunehmen: „Die Glaubwürdigkeit der Zigeuner entspricht der eines chronisch verlogenen Kindes ... Zäh, wie die Zigeuner sind, genügten auch die zwölf Jahre NS-Herrschaft nicht, um sie auszuradieren."

Mit dem Überlebenswillen der Verfolgten haben die rassistischen Staatsschützer sogar ein Stück Wahrheit getroffen. Philomena Franz, die als angstgeschütteltes Wrack aus den Lagern gekommen ist, schafft es, die Alpträume in Bewußtseinsarbeit zu verwandeln. Sie beginnt damit, in die Schulen zu gehen und dort über ihre Erfahrungen zu sprechen. In Klassenzimmern und Gemeindesälen liest sie aus dem Märchenschatz der Sinti vor, weil Leid und Lebensmut ihres Volkes nirgendwo so greifbar werden wie in diesen uralten Geschichten.

Und weil Märchen den lähmenden Zwang der Wirklichkeit durchbrechen. Märchen sprengen die gewohnten Erwartungshaltungen auf. Sie laden dazu ein, sich überraschen und verwandeln zu lassen. Schicksalhafte Festlegungen erscheinen plötzlich als veränderbar. Man übersieht gern, daß das Gute in den Märchen selten von selbst siegt. Meist muß gekämpft werden, müssen Opfer gebracht werden, damit das Böse entwurzelt wird. Das Märchen ist kein Ersatz für das Handeln, und die tapferen Königssöhne und schlauen Müllersburschen dürfen sich keineswegs auf das bloße Wünschen und Träumen verlassen, wollen sie die gar nicht heile Welt dieser Geschichten verändern. Viel Mut und List und die Kraft des Herzens sind nötig, um die verwunschenen Opfer von Haß und böser Macht zu erlösen.

Immerhin, Erlösung ist möglich, und vielleicht liebt die KZ-Überlebende Franz deshalb die Märchen so: weil sie Kraft geben, sich mit den dunklen Seiten des Lebens auseinanderzusetzen. Weil sie Mut machen, sich Widerständen und Gefahren zu stellen. Und weil

Haß besiegt den Tod nicht

sie zeigen, daß Liebe die einzige Kraft ist, welche die ewig gleiche Kettenreaktion aus Gewalt und Haß aufbrechen kann. In dem Augenblick, in dem er um seiner selbst willen geliebt wird, verwandelt sich der häßliche Frosch in einen strahlenden Prinzen. Und als das bettelarme kleine Mädchen in den „Sterntalern" sein Brot und Gewand an noch traurigere Elendsgestalten weggeschenkt hat, „da fielen auf einmal die Sterne vom Himmel und waren lauter harte blanke Taler".

„Vergessen kann ich auch nicht", sagt sie ihren Zuhörern. Aber eine andere Antwort auf die entsetzliche Vergangenheit will sie finden als den Schrei nach Rache, der so gut tut und so wenig an den Gewaltstrukturen ändert. Haß, sagt Philomena Franz heute, kann immer nur zerstören. Die einzige Chance liegt im Verzeihen – nicht im Vergessen! –, in einem neuen Anfang für Täter *und* Opfer. „Liebe fordert immer wieder zum Verzeihen heraus. Wenn wir die Liebe nicht haben, zerstört die Menschheit sich selbst, sind wir Menschen verloren."

„Wir Überlebenden sind gezeichnet", wiederholt sie in allen ihren Vorträgen. „Aber eines hat mich mein Leben gelehrt: Wenn wir hassen, verlieren wir. Wenn wir lieben, werden wir reich." Und: „Ich glaube noch an den Menschen!"

Denn zu ihren Erinnerungen gehören nicht nur die Schläger in den SS-Uniformen, die eiskalten Mörder hinter den Schreibtischen und die grinsenden Zuschauer auf den Bahnhöfen. Auch ihre Schulfreundin gehört dazu, die vom Vater in die Uniform des *Bundes Deutscher Mädel* gezwungen wurde und dennoch bis zur Deportation eisern zu ihr hielt. Der junge SS-Mann gehört dazu, der ihr vor dem Transport nach Auschwitz die Hand gab und murmelte: „Ich bin mitschuldig geworden." Die französischen Kriegsgefangenen hat sie nicht vergessen, die Zigaretten und Brot mit ihr teilten, und die Frau des Dorfbürgermeisters, bei dem sie auf ihrem Rücktransport nach Ravensbrück eingesperrt war; jeden Morgen brachte sie ihr frische Kuhmilch und flüsterte: „Kindchen, nimm schnell, trink aus!" Auch in der Hölle habe es Menschen gegeben.

Menschen trifft sie auch bei ihren Lesungen, brennend interessierte Schüler, sensible Erwachsene, die sich mit ihr fragen, wie das damals möglich war und wie eine Wiederholung verhindert werden kann. „Wäre ich Frau Franz nicht begegnet, mein Leben wäre ärmer", sagt einer von ihnen dankbar. „Sie hat der Bitterkeit keine Macht eingeräumt in ihrem Leben. Sie hat dem Haß keinen Platz gegeben. Sie hat nach vorn geschaut, nachdem sie in den Abgrund sah."

Zur Bitterkeit hätte die KZ-Überlebende weiß Gott Anlaß genug gehabt, auch als der Holocaust vorüber war. Nach jahrelangem Kampf billigte man ihr eine fünfzigprozentige Berufsunfähigkeit aufgrund der Behandlung in den Lagern zu, eine Rente von schäbigen 700 Mark monatlich und eine einmalige Wiedergutmachungsleistung von 15 000 Mark – die das Sozialamt postwendend wieder kassierte!

Zur selben Zeit rückten jene Richter und Staatsanwälte, die für die reibungslose Durchführung des Völkermordes an Juden, Slawen und „Zigeunern" gesorgt und im Fließbandverfahren Todesurteile wegen „Rassenschande" und „Wehrkraftzersetzung" produziert hatten, wieder in gut dotierte Stellungen in Justizpalästen und Oberlandesgerichten ein. Im Bundesbeamtengesetz von 1953 wurde jenen von deutschen Gerichten verurteilten Beamten, die wegen ihrer Verbrechen im

Dritten Reich ihren Pensionsanspruch verloren hatten, ausdrücklich eine Nachversicherung zugebilligt, die ihnen eine steuerfreie Rente weit über der Höhe der ursprünglich vorgesehenen Pension ermöglichte!

Mit den Opfern verfuhr man erheblich weniger großzügig: Das im selben Jahr 1953 in Kraft getretene Bundesentschädigungsgesetz zog enge Grenzen für Wiedergutmachungszahlungen; für die 350000 in den Lagern Zwangssterilisierten und für die Hinterbliebenen der Euthanasieopfer gab es keinen Pfennig, weil die Sterilisation ja „keine Verfolgungsmaßnahme" gewesen, sondern „allein aus erbbiologischen Gründen vorgenommen" worden sei und weil das „Gesetz zur Verhütung erbkranken Nachwuchses" als solches nicht rechtswidrig gewesen sei (so ein Bescheid der Oberfinanzdirektion Bremen).

Drei Jahre später orakelte der Bundesgerichtshof, die vor dem 1. März 1943 verfolgten Sinti und Roma hätten keinen Anspruch auf Entschädigung, weil „trotz des Hervortretens rassenideologischer Gesichtspunkte nicht die Rasse als solche den Grund für getroffene Maßnahmen bildete, sondern die asozialen Eigenschaften der Zigeuner". Wen wundert es da noch, daß die Wiedergutmachungsbeträge – wenn überhaupt welche gezahlt worden sind – nie angehoben wurden, während die Gehälter und Pensionen der beamteten NS-Täter seit 1953 auf das Zehnfache gestiegen sind?

„Gott verlangt gar nicht so viel von uns", sagt die offenbar wegen ihrer „asozialen Eigenschaften" halbtot geprügelte und ihrer Familie beraubte KZ-Gefangene Franz dazu. „Er verlangt doch nur, daß wir sehen, hören, fühlen und empfinden."

„Die Freiheit beginnt in dir"

Tenzin Gyatso, der XIV. Dalai Lama
(geboren 1935),
verteidigt die Menschenrechte der Tibeter
und wirbt für ein friedliches Miteinander
auf dem Planeten Erde,
damit die Menschheit überleben kann

*„Jeder von uns trägt für die ganze Menschheit
Verantwortung"*   DALAI LAMA

Als man ihn auf den von acht Löwen getragenen und
mit Juwelen übersäten goldenen Thron setzte, war er
noch nicht einmal fünf Jahre alt – und hatte schon Anspruch auf klingende Titel wie *Kostbarer Meister, Sieg-
reiches Kleinod, Alle Wünsche erfüllendes Juwel.*

Westliche Journalisten, mit Religion und Kultur der
Tibeter wenig vertraut, nennen ihn irrigerweise einen
Gottkönig – obwohl der in ihm wiederauferstandene
Buddha der Barmherzigkeit nur ein wunderbarer Mensch
gewesen ist und später ein himmlischer Helfer wurde,
aber kein Gott. Während die Tibeter ihren Lehrer und
Repräsentanten eher nüchtern verehren und schlicht-
vielsagend *Kundün* betiteln, „Gegenwart", überbieten
sich westliche Biographen gegenseitig in devoten Flos-
keln. „Der Ozean der Weisheit findet Zeit, Audienzen
zu gewähren", schwärmte eine französische Journalistin.

Tenzin Gyatso („der große Vierzehnte"), wie die der-
zeitige Inkarnation des Dalai Lama ganz prosaisch in
den Annalen des Landes heißt, mag sich über seine ekstatischen Bewunderer amüsieren, wenn er sich beim
Frühstück in der wellblechgedeckten Exilresidenz den
Tee kocht und das geliebte *Tsampa* aus Gerstenmehl mit
Milch und Joghurt knetet: Dabei liest er nämlich die
ausländischen Zeitungen und schaut sich die Nachrichten des britischen Fernsehens an. Gottkönige füt-
tern auch keine Katzen, die sie selbst großgezogen haben, sie reparieren keine Uhren – eine Leidenschaft des
Dalai Lama – und erzählen kaum mit glucksendem Lachen Witze wie den vom Lieblingshund Sangye, der in

seinem früheren Leben wohl ein Mönch gewesen sein müsse, „denn er hat nie ein Interesse für das andere Geschlecht gezeigt, sondern immer nur begeistert gefressen".

Ein schlichter Mönch will er sein, nicht mehr, aber auch nicht weniger (bei den Ansprüchen, die der Buddhismus an einen guten Mönch stellt, ein hohes Ziel). „Der Dalai Lama ist ein Mönch", stellt er klar, „ein Schüler, dem es zufällt, der Dalai Lama zu sein; auch er muß sich dem System unterordnen und Sitten und Gewohnheiten respektieren. Das ist auch gut so." Und noch härter: „Der Dalai Lama existiert nicht, das ist nur ein künstlicher Titel."

Quecksilbriger Gefangener im goldenen Käfig

Tibet, das Schneeland hinter den Gletschergipfeln des Himalaya, ein fremder Kosmos auf dem Dach der Welt. In der schneidenden Luft der gezackten Bergketten bringt eine gnadenlos brennende Sonne die nackten Felsen zum Glühen. Unterhalb des schroffen Gebirgsmassivs erstrecken sich unermeßliche, baumlose Hochlandsteppen, in fruchtbare Täler übergehend, durch die kaum Straßen führen. Die Menschen in den Bergen leben wie Eremiten.

Aber in den weit verstreuten Siedlungen gab es, bevor die Chinesen kamen, frisch gekalkte Bauernhäuser und goldstrahlende Tempel, fröhliche Dorffeste und prunkvolle religiöse Zeremonien. Die Tibeter sind immer ein unbefangen gläubiges Volk gewesen; schon die kleinen Kinder bauten Tempelchen aus Lehm, und in den ärmsten Hütten brannten die Butterlämpchen vor einem Altar mit der Statue Buddhas, des Trösters. Anfang des 20. Jahrhunderts lebten in dem Fünf-Millionen-Volk knapp 500 000 Mönche und Nonnen, und die *Gompas*, riesige Klosterbastionen, beherrschten das Land.

Tibet, ein verzaubertes Reich. „Die Sterne in Tibet", erinnert sich der Dalai Lama im indischen Exil wehmütig, „leuchten heller, als ich es je sonstwo auf der Erde gesehen habe". Am 18. Dezember 1933 herrscht Trauer im Schneeland. Thupten Gyatso, der XIII. Dalai Lama, ist tot, ein Kraftmensch mit Weitblick, der Korruption und Machtmißbrauch im Land bekämpft und die Elektrizität nach Tibet geholt hat. Zwei Jahre später machen sich die erfahrensten Lamas der Hauptstadt Lhasa auf den Weg nach Nordosten, um nach altem Brauch den Nachfolger zu suchen – denn das Haupt des einbalsamiert in seinem Sarg sitzenden Thupten Gyatso hat sich nach Nordosten geneigt und nordöstlich von Lhasa ist ein gewaltiger Regenbogen erschienen.

Am 5000 Meter hoch gelegenen heiligen See Lhamo Latso versinken die Mönche Tag um Tag ins Meditieren, und in der intensiven Konzentration, die sie durch jahrelange Übung erreicht haben, beginnen sie auf der vibrierenden Seeoberfläche Buchstaben des tibetischen Alphabets zu erkennen, die verschwommenen Bilder eines Klosters mit Dächern aus Gold und Jade, eines Landhauses mit türkisenen Ziegeln und einer merkwürdig geformten Dachrinne, eines Jungen, der träumerisch in die Ferne schaut und mit einem kleinen Hund spielt . . .

Denn der Dalai Lama kommt immer wieder. Die Menschen, in denen sich der *Bodhisattva Chenresi*, der Buddha des Mitleids, inkarniert, sterben und vergehen, aber Tibets Schutzpatron bleibt in ihnen präsent – wie auch all die anderen großen Lamas und Weisen, die in

„Die Freiheit beginnt in dir"

ganz normalen Kindern ständig wiedergeboren werden, neuerdings sogar außerhalb Tibets in indischen, amerikanischen, europäischen Exilgemeinden.

„Sie werden wiedergeboren, um anderen Wesen zu helfen", erklärt der Dalai Lama den Sinn dieser Reinkarnation. „Buddhas werden einzig und allein deshalb wiedergeboren, damit sie anderen beistehen, da sie selbst schon die höchste aller Stufen erreicht haben." Er vergleicht ihre tröstende Gegenwart mit dem Mond, der sich überall im stillen Wasser von Seen und Meeren widerspiegelt, während er selbst unbeirrbar seine Bahn am Himmel zieht.

Die Delegation aus Lhasa, die ihren Zeichen und Träumen folgt wie die Weisen aus dem Morgenland damals dem Stern und dem Engel, findet das jadegedeckte Kloster, das Bauernhaus mit der eigenartigen Dachrinne und das Kind, das unter hochgezogenen Brauen mit träumenden, aber sehr aufmerksamen Augen in die Welt blickt, in dem Dörfchen Takster („leuchtender Tiger"). Seine Eltern bauen Gerste, Kartoffeln und Gemüse an, halten Pferde und Yaks – die klassischen Lasttiere der Hochebenen –, Schafe, Ziegen, Hühner.

Der etwas über zwei Jahre alte Lhamo Thöndup ist ein quecksilbriges Kind wie tausend andere auch. Es macht ihm Spaß, den sanftmütigen älteren Bruder zu drangsalieren und sich im Hühnerstall zu verstecken. Mehr Sorgen bereiten der Mutter seine sonderbaren Anwandlungen: Ständig packt er irgendwelche Habseligkeiten in einen Sack, beginnt wie wild auf einem Besen zu galoppieren und erklärt ganz ernsthaft, er müsse nach Lhasa reiten, in sein Haus mit den goldenen Dächern und tausend Zimmern.

Der Abt des berühmten Klosters Sera hat sich als Diener verkleidet, als die Abgesandten das Bauernhaus betreten. Aber der kleine Lhamo hüpft sofort auf seinen Schoß, spricht ihn im Dialekt der weitentfernten Hauptstadt als Abt von Sera an, schlägt auf einer Trommel einen kultischen Rhythmus, den nur die ältesten Mönche kennen, und identifiziert unter einer Menge mitgebrachter Gegenstände mühelos jene, die dem verstorbenen XIII. Dalai Lama gehörten.

Nach weiteren komplizierten Prüfungen und mühsamen Verhandlungen mit dem chinesischen Gouverneur – der Nordosten Tibets steht zu dieser Zeit unter chinesischer Oberhoheit –, der 92000 US-Dollar Lösegeld für das kostbare Kind fordert, wird Lhamo Thöndup in den *Potala* gebracht, den Palast in Lhasa, von dem er immer phantasiert hat.

Der Potala, der die ganze Kuppe des *Roten Hügels* bedeckt, ist eine Stadt für sich, ein Komplex ineinander verschachtelter Tempel, Klöster, Mönchsschulen, Regierungsgebäude und Grabgewölbe, Bibliotheken und Lagerhallen. Hier sind die goldenen Insignien der ersten Könige Tibets aufbewahrt, und in den Büchersälen finden sich schwere Folianten, Zeile für Zeile mit einer anderen Tinte geschrieben und mit Gold, Silber, Türkis und Korallen illuminiert.

Besser als die tausend Prunkgemächer gefallen dem kleinen Dalai Lama aber die düsteren Speicher, in denen jahrhundertealte Rüstungen lagern, Säbel und verrostete Gewehre. Er entdeckt stapelweise britische Bildbände mit aufregenden Fotos aus dem Ersten Weltkrieg – und ein verstaubtes Fernrohr, das er sofort auf das Dach des Palastes schleppt. Besonders fasziniert ihn der Blick auf den Innenhof des nahegelegenen Gefängnisses; er betrachtet die dort ihren Rundgang absolvierenden Häftlinge als seine Freunde und kontrol-

„Die Freiheit beginnt in dir"

liert regelmäßig die im Hof aufgeschichteten Brennholzvorräte. Als er Jahre später eine Generalamnestie erläßt, mischt sich in die Befriedigung, ein gutes Werk getan zu haben, leise Trauer, hat er sich doch des vertrauten Anblicks seiner Schützlinge beraubt.

Wahrscheinlich hat er sich selbst oft genug als Gefangener im goldenen Käfig gefühlt. „Meist war ich gezwungen, versteckt wie eine Eule zu leben", erinnert er sich und erzählt von den fröhlich herumtobenden Kuhhirten, die er voller Neid beobachtete. Ihm bleiben nur die Besuche bei seiner Familie, die man in der Nähe untergebracht hat, die vielen Tiere im Park der Sommerresidenz und die in Ehren ergrauten Diener und Lehrer, die alle ganz vernarrt in ihren kleinen Herrscher sind und sich aus Liebe gern in grimassenschneidende Clowns und willige Reitpferde verwandeln.

Doch den Tagesablauf im Potala bestimmen zu seinem Leidwesen die ausgedehnten Studien, zu denen die buddhistische Hochachtung vor Wissen und Geistestraining den künftigen Mönch und Lama verpflichtet. Auf dem Stundenplan stehen Grammatik, Logik und Dialektik, Poesie und Musik, Astrologie und Medizin, die Klosterregeln und die altindische Wissenschaftssprache *Sanskrit*. Was der Schüler gelernt hat, zeigt sich bei den öffentlichen Debatten über verzwickte theologische und philosophische Fragen, bei denen sich die Kontrahenten vor Hunderten sachkundiger Zuhörer ein brillantes Wortgefecht liefern, unterstrichen von blitzschnellen Armbewegungen und rhythmischem Händeklatschen bei jedem neuen Argument, wie es seit Jahrhunderten festgelegt ist, wohl um Konzentration und Reaktionsvermögen zu fördern.

Nach so einem langen Arbeitstag mit Disputationen, Versenkungsübungen und religiösen Zeremonien, die der junge Dalai Lama mit selbstverständlicher, ruhiger Würde zu leiten pflegt, entspannt er sich am liebsten in seiner Reparaturwerkstatt. Das *Alle Wünsche erfüllende Juwel* ist der einzige Mensch in Lhasa, der mit dem nur sporadisch funktionierenden Stromgenerator der Residenz umgehen kann und die von seinem Vorgänger angeschafften amerikanischen Autos – die einzigen in ganz Tibet – wieder in Gang bringt, zusammen mit einem geschickten Inder. Der Dalai Lama: „Wir bastelten beide an den Wagen herum, bis es uns endlich gelang, einen der beiden *Austins* zum Funktionieren zu bringen, indem wir den anderen ausschlachteten." Als er bei einer Spritztour an einem Baum landet, ersetzt er den zerbrochenen Scheinwerfer mit einer geschickt zugeschnittenen Glasscheibe, bestreicht sie mit Zuckersirup und modelliert die klebrige Masse mit einem Zahnstocher so täuschend echt, daß lange Zeit niemand den Schwindel bemerkt.

„Befreiung" mit Bomben und Folter

Dieses friedliche Leben nimmt ein jähes Ende, als am 7. Oktober 1950 die Chinesen in Tibet einmarschieren. Jahrhundertelang hat das zähe Bergvolk selbstgenügsam in einer fast kompletten Isolation gelebt, durch die meist unter Schnee- und Eismassen begrabenen Himalaya-Pässe von den Nachbarnationen getrennt und hochgradig mißtrauisch gegenüber Ausländern. „Uns selbst vollständig von der Welt fernzuhalten, war nach unserer Meinung der beste Weg, den Frieden zu sichern", erläutert der Dalai Lama und gibt sofort zu, daß das ein schlimmer Fehler gewesen sei.

Als sich in Tibet nämlich der buddhistische Einfluß

durchsetzte, rückte das einstige Kriegervolk nach blutigen Streitigkeiten zwischen Mönchsklerus und Adel
vom Vertrauen auf die Macht der Waffen ab und redu-
zierte seine Armee auf eine kleine Grenzschutztruppe.
Die Tibeter versäumten es aber, ihren Status als unabhängige Nation genau zu definieren und durch internationale Verträge garantieren zu lassen. In den Schar-
mützeln mit den chinesischen Nachbarn hatte mal
Tibet, mal China die Oberhand, man besetzte feindli-
ches Territorium und gab es wieder frei. Die Mand-
schu-Kaiser unterwarfen sich gern der religiösen Führung der Dalai Lamas und übten dafür eine ziemlich
lockere Schutzherrschaft über Tibet aus. Die politische
Grundlinie lieferte jener Vertrag von 823, der in einem
Pfeiler von Lhasas schönstem Tempel eingraviert ist:
„Die Tibeter werden in ihrem großen Land Tibet glücklich leben, und die Chinesen werden in ihrem großen
Land China glücklich leben."

Daß nach neuen Zwistigkeiten zwischen Chinesen,
Tibetern und Briten 1914 auf der Konferenz von Simla
ein Teil Osttibets China zugesprochen wurde, machte
die Autonomie der weit größeren Landeshälfte erst
recht deutlich. Die *Internationale Juristenkommission* ließ
1959 in einem der UNO vorgelegten Gutachten jedenfalls keinen Zweifel daran, daß Tibet seit damals als
„voll souveräner Staat" zu gelten habe, „de facto und
de jure unabhängig von chinesischer Herrschaft".

Um eine solche Klärung hätte sich das Land freilich
früher bemühen müssen. Als jetzt eine 80000 Mann
starke chinesische Streitmacht die 8500 schlecht bewaffneten Soldaten der tibetischen Armee überrennt,
rächt es sich bitter, daß Tibet keine Mitgliedschaft im
Völkerbund oder bei den Vereinten Nationen beantragt
oder irgendwo eine diplomatische Vertretung errichtet

hat. Denn den um Hilfe gebetenen Indern, Briten und Amerikanern fällt es leicht, die vor der Weltöffentlichkeit so schlecht dokumentierte Souveränität des überfallenen Volkes mit juristischen Spitzfindigkeiten anzuzweifeln.

Die chinesische Propagandamaschinerie müßte eigentlich gar nicht mehr in Aktion treten. Ihre an den Haaren herbeigezogene Begründung, die frischgebakkene Volksrepublik China habe Tibet „aus den Händen der ausländischen Imperialisten befreien" müssen, glaubt ohnehin niemand, denn außer ein paar britischen Telefonspezialisten und Journalisten gibt es zu der Zeit keinen einzigen Ausländer in Tibet.

Das Volk will von seinen „Befreiern" von Anfang an nichts wissen. Weil die Besatzer verpflegt werden müssen, kommt es zu Hungersnöten und Inflation. Antichinesische Flugblätter tauchen auf, Kinder werfen Steine, alte Frauen spucken vor den Soldaten aus. Die Besatzungsbehörden reagieren mit honigsüßen Worten – man wolle ja nur helfen und werde gern warten, bis das Volk für den Fortschritt reif sei – und mit brutaler Gewalt: Die ersten Widerständler wandern ins Gefängnis, die ersten Dörfer werden bombardiert, Tempel und Klöster in Ruinen verwandelt.

Den Dalai Lama hat man in aller Eile für mündig erklärt, damit er nun auch die politische Führung Tibets übernehmen kann. „Mich überkam Angst", bekennt er später. „Ich war doch erst fünfzehn Jahre alt. Meine religiöse Ausbildung war bei weitem nicht abgeschlossen, ich wußte nichts von der Welt und hatte keinerlei Erfahrung in politischen Dingen. Aber . . . ich als Dalai Lama war der einzige Mensch, dem das ganze Land einhellig Gefolgschaft leisten würde."

Und so unerfahren ist er nicht. Tenzin Gyatso hat sich

immer schon, so gut er es in seinem goldenen Käfig konnte, für die Nöte der kleinen Leute interessiert. Jetzt nimmt er eine ganze Reihe gut durchdachter Reformvorhaben in Angriff. Er schafft das uralte Feudalsystem ab, verstaatlicht den Großgrundbesitz, verteilt das Land an die Bauern und humanisiert die Steuergesetze. Doch die Besatzer können keine Konkurrenz bei ihrem Befreiungswerk brauchen. Sie sabotieren die Reformprojekte, schaffen immer neue Truppen ins Land, bringen Tausende tibetischer Kinder zur Umerziehung nach China.

Nur folgerichtig, daß die Wut im Volk wächst. Freischärler, mit altertümlichen Vorderladern ausgerüstet, fügen der Besatzungsarmee empfindliche Verluste zu. Die rächt sich, als hätte es nie eine Entwicklung der Menschheit zur Zivilisation gegeben: Friedliche Dorfbewohner werden gekreuzigt, in Bottichen mit siedendem Wasser gekocht, zerstückelt, geviertelt, von Kampfhunden zerrissen, kopfüber aufgehängt, lebendig begraben. Mönche und Nonnen – denen die Soldaten mit Vorliebe die Brüste abschneiden und elektrisch geladene Schlagstöcke in die Vagina stoßen – werden mit Gewalt zum öffentlichen Geschlechtsverkehr gezwungen, Kinder müssen ihre Eltern erschießen.

Und immer noch verbreiten die chinesischen Generäle lächelnden Angesichts, man wolle nur das Beste für die rückständigen Gebirgler und werde sich schon einigen. Eine nach Peking geschickte Delegation wird gezwungen, ein Abkommen zu unterzeichnen, in dem die „Rückkehr" Tibets in die Volksrepublik China bestätigt und den Tibetern volle Religionsfreiheit garantiert wird – während die Besatzungstruppen überall im Land Tempel und Klöster dem Erdboden gleichmachen.

Deprimiert kehrt der Dalai Lama 1954 von einem Besuch bei Mao Tse Tung zurück, dem charismatischen Herren über alle Chinesen, der ihn durch Charme und Entschlossenheit beeindruckt, zugleich aber auch mit seiner Intoleranz („Religion ist Gift") erschreckt hat. Seither verfolgt der Dalai Lama beharrlich das Ziel, buddhistische und marxistische Überzeugungen zu einem humanen politischen Programm zusammenzuschweißen. Den freundlichen Absichtserklärungen der chinesischen Führung jedoch traut er nicht mehr.

Währenddessen ergießen sich immer neue Ströme von Invasionstruppen – insgesamt 40 000 Mann – nach Tibet. Die leidenschaftlichen Anhänger buddhistischer Gewaltlosigkeit sind in einer verzweifelten Lage: Sie sind davon überzeugt, daß es keinen anderen Weg zu dauerhaftem Frieden gibt, aber sie verstehen den wütenden Widerstand gegen die Eroberer, die den Tibetern alles nehmen wollen, was ihnen heilig ist: Riten und Feste, Märchen und Lieder, Nomadenleben und Dorfgemeinschaft.

Die aufgezwungenen Kollektivierungsmaßnahmen in der Landwirtschaft fordern zahllose Hungertote, weil der von den Chinesen propagierte Reis und Weizen in den extremen Höhenlagen des Himalaya nicht gedeiht.

Längst ist jedem klar, worum es den „Befreiern" mit ihren Maschinengewehren und Fliegerstaffeln wirklich geht: Das riesige Land, fast so groß wie die ganze *Europäische Gemeinschaft*, aber mit sechs Millionen Menschen verschwindend dünn besiedelt, lockt die stets vom Hunger bedrohten 600 Millionen (heute 1,2 Milliarden) Chinesen als zusätzlicher Lebensraum. Dazu kommen die reichen Bodenschätze, für die sich die an geistigen Werten ausgerichteten Tibeter nie sonderlich

„Die Freiheit beginnt in dir"

interessiert haben. Und schließlich kann man von der Gebirgsfestung Tibet aus Indien, Pakistan, Burma und die östlichen Republiken der ehemaligen Sowjetunion beherrschen; nicht umsonst bauen die Chinesen überall in den Hochebenen Militärstraßen, Flugplätze und Atombasen.

> *„Was für eine Art von Befreiung ist das, die den Menschen ihre Freiheit und ihr Recht auf Selbstbestimmung raubt? . . . Wir haben das Recht, unseren eigenen Weg zu gehen, den Normen unserer Kultur und unserer Identität entsprechend zu leben. Alle Völker haben dieses Recht, und niemand kann sich das Recht anmaßen, die anderen zu kolonisieren.*
>
> *. . . Die Chinesen haben bereits einen großen Teil unserer Wälder zerstört und genutzt, sie haben auch die meisten wilden Tiere ausgerottet. Die Bewahrung dieses kulturellen Erbes liegt nicht bloß in der Verantwortung der Tibeter allein, ist doch unsere Kultur eine der ältesten der Welt und Teil des Erbes der Menschheit . . .*
>
> *Wird sie zerstört, dann ist das nicht bloß ein schwerer Verlust für Zentralasien, sondern für die Weltkultur insgesamt.*
>
> *. . . In materieller Hinsicht sind wir rückständig, aber auf spirituellem Gebiet, das heißt in der Entwicklung des Bewußtseins, sind wir reich . . . Die sechs Millionen Tibeter sind Menschen, ob sie materiell rückständig sind oder nicht, ist dabei uninteressant. Wir sind sechs Millionen menschliche Seelen mit dem Recht, als Menschen leben zu können."* AUS APPELLEN DES DALAI LAMA

„Sie hatten keine andere Wahl mehr, als zu kämpfen", sagt der Dalai Lama von den todesmutigen *Khampas*, den tibetischen Guerillas. Wenn es gar keine Alterna-

Tenzin Gyatso, der XIV. Dalai Lama 349

tive mehr gibt, dann hält auch er Gewalt für erlaubt – der strikt Gewaltlose, der sich mit Bogenschießen fit hält und für die technische Seite von Waffen durchaus zu interessieren vermag. Aber im Falle Tibets sei bewaffneter Widerstand „reiner Selbstmord": Das Riesenvolk der Chinesen könne immer neue Heerscharen über die Grenze schicken und die ganze tibetische Rasse austilgen.

Flucht über Gletscher und Sandhänge

Während die Besatzungsmacht greise Mönche zur Arbeit auf die Kolchosen schickt und sogar die Benutzung von Gebetsmühlen in den Häusern unter Strafe stellt, erwirbt der 23jährige Dalai Lama mit einem furiosen Abschlußexamen den Titel eines *Geshe Lharampa*, eines Doktors der buddhistischen Metaphysik. Einen ganzen Tag lang, von der Morgendämmerung bis in die Nacht, stellt er sich vor 20 000 kritischen Zuhörern den Fragen von 80 gelehrten Lamas.

„Es fiel mir schwer, mich auf meine Arbeit zu konzentrieren", notiert er später. Ständig erreichen ihn Berichte von neuen Ausschreitungen und Massakern. Die chinesischen Militärs sind dazu übergegangen, ihren gefolterten Opfern mit Fleischerhaken die Zunge herauszureißen, damit sie auf dem Weg zur Hinrichtung nicht „Lang lebe der Dalai Lama!" rufen können.

Der einsame Mönch auf dem Löwenthron weint vor Verzweiflung und ohnmächtiger Wut, weil niemand auf der Welt seinem sterbenden Volk helfen will. „Was mich am Leben erhielt, waren meine Verantwortung für die sechs Millionen Tibeter und mein Glaube. Je-

„Die Freiheit beginnt in dir"

den Tag, wenn ich im Morgengrauen vor meinem Altar betete, auf dem eine Reihe von Statuetten stand, die in der Stille ihren Segen ausstrahlten, konzentrierte ich mich darauf, Mitgefühl für alle lebenden und fühlenden Wesen zu entwickeln. Ich rief mir ständig Buddhas Aussage ins Gedächtnis, daß unser Feind in gewisser Hinsicht unser größter Lehrmeister ist. Manchmal fiel mir das sehr schwer ..."

Aus dem quecksilbrigen Klosterschüler ist längst ein reifer Mensch geworden, dem das Leben früh schon Narben geschlagen hat und der daraus eine ungeheure innere Stärke entwickelt.

Weil die Besatzer auf den Dörfern immer brutaler gegen jeden Hauch von Widerstand vorgehen, strömen Tausende von Flüchtlingen in die Hauptstadt Lhasa, wo sie sich im Angesicht des Potala ein wenig sicherer fühlen. Doch da verbreitet sich plötzlich wie ein Lauffeuer das Gerücht, die Chinesen wollten den Dalai Lama entführen. Tatsächlich haben ihn zwei Offiziere unter Verzicht auf alle sonst übliche Etikette aufgefordert, ohne Begleitung zu einer Theateraufführung in einem Militärlager vor den Toren von Lhasa zu kommen und die Sache streng geheimzuhalten.

Eine merkwürdige Einladung, die zu den schlimmsten Befürchtungen Anlaß gibt! Am nächsten Tag bilden 30 000 Tibeter eine lebende Mauer um den Palast, um das letzte Symbol ihrer Würde zu schützen, und die Menschenmenge schwillt ständig an. Die Chinesen ziehen Artillerie um den Potala zusammen; Sprechchöre werden laut: „Tibet den Tibetern!" und „Fort mit den Chinesen!"

Aber was wollen die mit Knüppeln, Messern, Spaten bewaffneten Bauern und die paar *Khampas*, die sich mit ihren Maschinengewehren unter die Menge gemischt haben, gegen die Panzer und Granatwerfer der Besatzungsarmee ausrichten?

Der Dalai Lama begreift, daß er keine Wahl mehr hat: Bleibt er in Lhasa, so wird ihn die Menschenmenge wildentschlossen gegen den chinesischen Kriegskoloß verteidigen und ein Blutbad nie gekannten Ausmaßes provozieren. Läßt er sich gefangennehmen oder im Kampf töten, „so bedeutete das für mein Volk, daß es auch mit dem Leben Tibets zu Ende sein würde". Eine einzige Möglichkeit bleibt ihm noch: die Flucht.

Als Soldat verkleidet, in Uniformhosen und langem Mantel, eine unförmige Pelzmütze auf dem Kopf, begleitet von einigen wenigen Leibwächtern, stiehlt sich Tibets oberster Mönch im Schutz der Dunkelheit aus dem Palast, bahnt sich einen Weg durch die Menschenmassen, erreicht – ohne die gewohnte Brille unsicher vorwärtsstolpernd – einen Flußübergang, wo seine Familienmitglieder und die engsten Vertrauten warten.

Es wird ein mörderisches Abenteuer: Über Gebirgsgletscher und gefährliche Sandhänge, behindert durch eisige Schneeorkane, wolkenbruchartige Regengüsse und endlose Sandstürme, über schroffe Felsen kletternd und auf ausgemergelten Ponys schlammige Pfade entlangreitend, ständig auf der Hut vor feindlichen Truppen und Flugzeugen, sucht sich das frierende Häuflein seinen Weg nach Indien. Drei Wochen, die Tenzin Gyatsos alte Lehrer an den Rand des Grabes bringen. Doch es gibt kein Halten: Die Guerillas, die auf den unwegsamen Gebirgspässen den Schutz der kleinen Reisegesellschaft übernehmen, bringen schreckliche Nachrichten aus Lhasa.

Die chinesische Armee hat mit Maschinengewehren in die Menge gefeuert, Teile der Residenz, etliche Klöster und eine medizinische Hochschule in Schutt und

Asche gelegt. In drei Tagen sterben in Lhasa 10 000 Menschen, von denen die meisten nicht mal ein Messer bei sich tragen.

Kaum in Indien angekommen, setzt der Dalai Lama eine Exilregierung ein und schlägt im Gespräch mit Journalisten eine internationale Expertenrunde vor, die Chinas Ansprüche prüfen soll. Zusammen mit Zehntausenden seiner Landsleute, die vor den chinesischen Panzern und Folterkellern fliehen, läßt er sich im nordindischen Dharamsala nieder, einem himmelstürmenden Gebirgsdorf am Ende der Welt. Die Lebensbedingungen sind zunächst katastrophal; der Wechsel aus dem eisigen, trockenen tibetischen Hochland in die feuchte Landschaft der Subtropen kostet viele das Leben. Epidemien breiten sich aus; die unerwartet in die wirtschaftlich unterentwickelte Grenzregion strömenden Massen können zunächst nur im Straßenbau Arbeit finden, bei sengender Hitze.

Doch die elenden Anfänge haben auch ihr Gutes. „Es war sehr nützlich für mich, ein Flüchtling zu sein", gesteht der Dalai Lama, der bei Regen eine ganze Batterie Eimer neben seinem Bett aufstellen muß, weil das Schlafzimmerdach undicht ist. „Man ist der Wirklichkeit viel näher." Und mit den starren Förmlichkeiten des Hofzeremoniells sei jetzt endlich Schluß.

Indien glaubt es sich mit Rücksicht auf die chinesischen Nachbarn zwar nicht leisten zu können, die Exilregierung der Gäste anzuerkennen. Aber das Land, das selbst mit erdrückender Armut und Hungersnöten zu kämpfen hat, stellt den mittlerweile 100 000 Tibetern große Anbauflächen zur Verfügung, hilft bei der Schaffung erfolgreicher landwirtschaftlicher Kooperative in bäuerlicher Selbstverwaltung, baut eine Unzahl Schulen für die Flüchtlingskinder.

Und immer mehr zerlumpte Elendsgestalten kommen über die Grenze, erzählen von zu Tode gefolterten Angehörigen, von mit Glasscherben gespickten oder von Ratten wimmelnden Gefängniszellen, von Zwangssterilisationen und Vivisektionen. Von den 6000 tibetischen Klöstern überleben diese höllischen Jahre ganze acht. Nüchterne Chronisten kommen auf die astronomische Zahl von 1,2 Millionen Todesopfern – ein Sechstel des tibetischen Volkes. Die Internationale Juristenkommission spricht von Völkermord, und endlich ringen sich die Vereinten Nationen zu etlichen – wirkungslosen – Resolutionen durch, in denen die Achtung vor den fundamentalen Menschenrechten der Tibeter gefordert wird. Seit China der UNO angehört und einen ständigen Vertreter im Weltsicherheitsrat sitzen hat, wird dort über Tibet selbstredend nicht mehr gesprochen.

Buddhismus: Befreiung aus dem Ichwahn

Der Dalai Lama leidet mit den geflohenen Gebirgsnomaden und Bauersfrauen, die ihm haltlos weinend ihr Schicksal vortragen; „dank meiner niedrigen Geburt", sagt er, könne er diese Menschen so gut verstehen. Es gibt Tage, da scheint der Himmel über ihm einzustürzen vor all der schreienden Not.

Wie kommt es, daß dieser machtlose Repräsentant eines sterbenden Volkes, dieses Relikt vergangener Größe und Symbol einer brutal ausgerotteten Weisheit, heute in aller Welt als Hoffnungsfigur gilt? Daß müde Atheisten und leidenschaftlich Glaubende an allen Ekken des Globus von ihm die Kraft beziehen, hartnäckig an eine bessere Zukunft zu glauben?

„Die Freiheit beginnt in dir"

Die abgewirtschafteten Betonköpfe in der Pekinger Führung mögen als Handelspartner interessant und als Atomwaffenbesitzer zu fürchten sein – nach Ideen und Visionen fragt sie keiner mehr, während der schlichte tibetische Mönch mit seinem ehrlichen Lachen einen Traum verkörpert, für den es sich zu leben und zu kämpfen lohnt.

Was so viele Zeitgenossen am Dalai Lama fasziniert, kann doch nicht nur der Reiz einer verlöschenden Kultur sein. Exotische Riten und Mythen vermögen nur kurzfristig zu fesseln, und Tenzin Gyatso tritt im Westen keineswegs wie ein geheimnisvoller Zauberpriester auf, eher wie ein ziemlich nüchterner Psychologe, der Regeln für eine vernünftige Lebensführung anbietet.

Es ist die nie aufdringlich präsentierte (der Dalai Lama predigt nicht, er argumentiert und lädt zum Denken ein), aber deutlich spürbare geistige Kraft hinter diesem Menschen, die seine Zuhörer in einen dauerhaften Bann zieht. Es ist der spirituelle Nährboden dieser Existenz – und das Kunststück, so eindeutig in einem geschichtlich gewordenen Glauben zu wurzeln und darin Antworten zu finden, die Menschen aus *allen* Kulturkreisen und Religionen unmittelbar anzusprechen vermögen.

Oder ist es gar kein Kunststück? Anhänger wie Kritiker des Buddhismus verweisen gern auf seine verblüffende Elastizität: Man kann Buddhist werden, ohne seinen bisherigen Glauben zu verleugnen. Als offenes religiöses System ohne Dogmen, ohne verbindliche Gottesvorstellung bietet der Buddhismus Bereicherung und Tiefenschärfe, fordert keinen Bruch.

Wohl aber eine Bekehrung wie jedes andere Bekenntnis auch! Wer sich Buddhist nennt, kann keineswegs so lasch und egozentrisch weiterleben wie bisher, mit einer dünnen Tünche Reue und Nirvana-Sehnsucht auf den alten schlechten Gewohnheiten. Er verpflichtet sich vielmehr zu entschlossener Arbeit am eigenen Ich, zu lebenslanger Selbstdisziplin. Barmherziges Verständnis für den Menschen, so wie er ist, und der harte Anspruch auf stufenweise Höherentwicklung – beides ist charakteristisch für den Buddhismus, der die Lotusblüte als Symbol hat: Die bezaubernd schöne Blume blüht im Schlamm – und leuchtet in strahlendem Weiß. „Daraus entwächst eine Kraft", sagt der Dalai Lama, „die widerstandsfähig gegen die Wirrungen des Werdens und Vergehens macht."

Vergehen, das ist so ein Zentralwort. Alles Leben ist vergänglich, „wir sind hier auf Erden nur Besucher" (Tenzin Gyatso). Das Leben ist Leid. Aber es ist möglich, sich aus dem Kreislauf von Leiden und Vergehen, Wiedergeborenwerden und neuem Leiden zu befreien, wenn man seine Ursachen erkennt – und die liegen, modern ausgedrückt, im Ichwahn, im Habenwollen, im Sichklammern an Besitz und egozentrischen Lustgewinn, an die falsche Sicherheit, die Dogmen und Riten spenden, im „Ergreifen und Haften", wie die alten buddhistischen Texte sagen.

Nicht das Ich soll ausgelöscht werden, wie fälschlicherweise immer vom Buddhismus behauptet wird, sondern das wahnhaft um sich selbst kreisende, von den anderen Kreaturen getrennte Ich soll sich in ein erleuchtetes Ich verwandeln, offen gegenüber anderen und unabhängig von den äußeren Lebensbedingungen. Und noch ein Lieblingsvorwurf gegen den Buddhismus: Es gehe ihm um egoistische Selbsterlösung, ungerührt von der Not des Mitmenschen. Das Gegenteil ist richtig, wenigstens im neueren *Mahayana*-

„Die Freiheit beginnt in dir"

Buddhismus: Mit dem „Großen Gebet für das Glück aller Wesen" beginnt nicht nur der Dalai Lama seinen Tageslauf. Nicht nur die tibetischen Lamas lehren als Gipfel meditativer Praxis den Entschluß, alle dabei gewonnenen Erkenntnisse und Tugenden für die anderen Lebewesen hinzugeben.

Ein deutscher Theologe schilderte einer Gruppe tibetischer Mönche, wie sich Christen das Leben nach dem Tod vorstellen: als ewige Gemeinschaft mit Gott. Betroffen und sehr leise fragte ein Lama nach langem Zögern: „Ja, wie könnt ihr dann aber den zahllosen Wesen helfen, die auf der Erde leidend umherirren?" Es sind die schon erwähnten Bodhisattvas und Buddhas, die auf die eigene Glückseligkeit im Nirvana verzichten, um ihren schmerzgeprüften Menschengeschwistern beizustehen – in einem „Universum voller Gnade", wie derselbe Theologe, Michael von Brück, die Religion der Tibeter nennt.

Wer mag da noch bezweifeln, daß spirituelle Kräfte Welt und Gesellschaft verändern können? Vermutlich wissen es sogar die Gewaltmenschen in Peking – würden sie sonst so fanatisch auf alles losschlagen, was nach Religion und geistiger Sehnsucht riecht? „Alle Lust und alles Leid haben ihre Ursachen im Geist", sagt der XIV. Dalai Lama, und ohne festen Halt in der Religion lasse sich weder der Geist beherrschen noch der innere Friede erreichen.

Sicher, die materiellen Lebensbedingungen und gesellschaftlichen Strukturen seien wichtig. „Aber viele Konflikte und Störungen, unter denen die Welt leidet, hängen direkt mit der menschlichen Natur zusammen." Zum Beispiel die menschliche Aggressivität; ohne eine tief in den Menschen verwurzelte feindselige Haltung würden nicht ständig neue Kriege ausbrechen. Und so eine Haltung könne man nicht mit politischen Strategien allein verändern, sondern nur durch die Umwandlung des einzelnen. „Die Freiheit beginnt in dir", gibt der Dalai Lama zu bedenken. Wer selbst keinen inneren Frieden kenne, werde auch das Zusammenleben mit anderen Menschen oder Völkern kaum friedlich gestalten können.

Wobei er gar nicht großspurig von einem „neuen Menschen" redet: Es genüge schon das Bemühen, die eigenen guten Eigenschaften zu stärken und die schlechten zu vermindern, die Einstellung zum Leben Schritt für Schritt zu verändern, den letzten Sinn der Wirklichkeit jeden Tag ein wenig mehr zu entdecken.

Wenn wir einander begegnen, vergegenwärtige ich mir immer, daß wir gleich sind, insofern wir alle Menschen sind . . . Und mit dieser Empfindung wünsche ich Glück und nicht Leid.

. . . Aufgrund dieser Einstellung habe ich keine Vorurteile, es fällt kein Vorhang, wenn ich neuen Menschen an neuen Orten begegne. Ich kann zu Ihnen sprechen, als würde ich mit alten Freunden reden, selbst wenn wir einander zum ersten Mal begegnen. Für mich sind Sie als Menschen meine Brüder und Schwestern, denn im Wesen gibt es zwischen uns keinen Unterschied. So kann ich ohne Zögern ausdrücken, was auch immer ich empfinde, wie zu einem alten Freund. Unter dieser Voraussetzung können wir ohne jede Schwierigkeit miteinander umgehen, und zwar von Herz zu Herz, nicht bloß mit ein paar netten Worten, sondern tatsächlich auf der Herzensebene.

DER DALAI LAMA IN EINEM INTERVIEW

Um ein humanes Gleichgewicht von Hirn und Herz geht es, um die innere Gelassenheit, ohne die das gesellschaftliche Engagement verbissen und unmenschlich zu werden droht. Damit habe der Westen wohl seine Schwierigkeiten, schreibt der Dalai Lama seinen europäischen und amerikanischen Fans ins Stammbuch: Hier denke man gern in Schwarz-Weiß-Kategorien – Intellekt oder Gefühle, Wissen oder Herzensbildung – und sei außerdem viel zu ausschließlich mit der materiellen Seite beschäftigt.

Menschliche Güte gebe es aber nicht im Supermarkt zu kaufen, und ein gestiegener Lebensstandard mache niemanden glücklich.

Schlimm, daß so viele Zeitgenossen einander mit Konkurrenzangst und Mißtrauen begegneten und ihre wahren Gefühle bloß noch ihren Haustieren gegenüber ausdrücken könnten.

Das ist nicht einfach die übliche Kritik eines asketischen Aussteigers an der Industriegesellschaft. Der Dalai Lama weiß sehr wohl, daß der technische Fortschritt für die armen Länder überlebenswichtig ist und daß die Befriedigung der materiellen Grundbedürfnisse zu den Menschenrechten gehört. Er macht lediglich darauf aufmerksam, daß ein gutes Leben eher mit ethischer Verantwortung als mit äußeren Annehmlichkeiten zu tun hat und der Mensch ohne seine innere Dimension nur unvollständig wahrgenommen wird.

Ein Weiser, kein Guru

Für die von westlicher Konsumgesellschaft und Bürgerkirche Enttäuschten ist der Mönch aus dem Schneeland ein Glücksfall: Der autoritär vorgetragenen Dogmengebäude sind sie genauso überdrüssig wie der leise-

treterischen Anpassung an geltende Trends und Mehr-
heitsmeinungen.

Da begegnen sie einem ausgesprochen kontaktfreu-
digen Individualisten, der klare Standpunkte vertritt,
ohne konträren Überzeugungen seinen Respekt zu ver-
sagen. Einem fröhlichen Menschenfreund, der allein
durch seine Person Glaubwürdigkeit beansprucht.
Einem unaufdringlichen Pädagogen, der aus der Kraft
und Erfahrung einer jahrtausendealten geistigen Welt
lebt, ohne daraus ein starres Lehrgerüst oder ein Pa-
tentrezept für alle zu machen. Seine Welt ist Weisheit,
Leben, eine Schule des Denkens und eine Einladung
zum Suchen.

Er ist das genaue Gegenteil eines Guru, wie sie die
westlichen Hauptstädte überschwemmen: Er schart
keine blind ergebene Gefolgschaft um sich, sondern erinnert an Buddhas Forderung, alle seine Lehren nach-
zuprüfen. Zur Wahrheitssuche gehöre eine große Portion Skepsis, sagt der XIV. Dalai Lama und bittet, man
möge von seinen Ideen nur akzeptieren, „was Ihnen
vernünftig erscheint und Ihrem geistigen Leben zu-
träglich ist".

Er gesteht freimütig seine Fehler, die auch eine jahr-
zehntelange Selbstdisziplin und Meditationspraxis
noch nicht auszumerzen vermochten: Faulheit, Zer-
streutheit, Zorn („den aber nur für kurze Zeit"). Er ist
ein Tiefstapler, was seine geistige Weite betrifft: Sehr
schlicht, manchmal fast schon banal klingt es, was er
vor großem Publikum und in Interviews zu Themen
wie Weltfrieden, Menschheitsfamilie, Leben im Einklang mit der Natur von sich gibt. Welche Überraschung, wenn er dann plötzlich kenntnisreich über die
Parallelen zwischen moderner Molekularphysik und
Quantentheorie und ehrwürdiger fernöstlicher Philo-

sophie plaudert oder in einer Vorlesungsreihe an der *Harvard University* die komplette buddhistische Tradition von den 26 menschlichen Leidenschaften bis zu den 37 der Erleuchtung förderlichen Eigenschaften aufblättert!

Aber warum soll er sich auch gleich in die Karten schauen lassen? Wie alle großen Kinder liebt er es, mit den Erwartungen seiner Umwelt zu spielen. Von den religiösen Führern der Erde kann keiner vor der Fernsehkamera so herzlich lachen wie der Dalai Lama. Es ist kein würdevoll gebremstes Lächeln, schon eher ein lustvolles Gelächter, es kommt in Kaskaden, steckt an, wischt all den vergrämten Weltschmerz seiner kulturkritischen Diskussionspartner einfach weg und verführt zur Freude am Leben, die offensichtlich sogar vor der tiefschwarzen Folie der tibetischen Tragödie ihr Recht hat.

Als man ihn zum tausendsten Mal fragt, wie man denn die Bevölkerungsexplosion stoppen könne, zwinkert er mit den Augen und flüstert: „Mehr Mönche! Mehr Nonnen!" Und wenn er nachdenklich feststellt, vielleicht liebten ihn die Tibeter deshalb so sehr, weil er fern von ihnen sei, spürt man, wieviel Humor mit Weisheit zu tun hat – und versteht jene Journalistin, die das Lachen des Dalai Lama auf ihrem Tonbandgerät wie einen kostbaren Schatz gespeichert hat, um es sich in verzagten Stunden immer wieder anhören zu können.

Jede devote Vergötzung seiner Person ist ihm unangenehm; gern zitiert er ein altes tibetisches Sprichwort: „Alle erleuchteten Wesen sind voll des Wissens, aber sie haben von nichts eine Ahnung!" Er kritisiert unbefangen die eigene Religionsgemeinschaft; mit sieben Jahren ein Mönchsgelübde abzulegen sei sicher ein Fehler, von den Christen könne man die praktische

Umsetzung des für Buddhisten so wichtigen „Mitgefühls" in Hilfsorganisationen lernen, und es sei Heu-
chelei, die Tötung von Tieren für Sünde zu erklären
und das Fleisch dann einfach von muslimischen
Schlachtern zu beziehen.

Und er warnt vehement vor einer kurzschlüssigen
Übertragung buddhistischer Konzepte auf westliche
Lebenszusammenhänge: Religiöse Erleuchtung funk-
tioniere nicht auf Knopfdruck. Besser sei es, am einmal
eingeschlagenen Glaubensweg festzuhalten, als aus
„schwärmerischer Begeisterung für das Fremde" unge-
duldig von einer Religion in die andere zu wechseln.
Ganz zu schweigen von dem „aus Neugierde und Spie-
lerei" (der Dalai Lama) zusammengerührten esoteri-
schen Religions- und Kulturmix. Der Irrglaube, komplizierte Meditations- und Yogatechniken seien be-
quem im Schnellverfahren zu erlernen, könne sogar zu
seelischen Störungen führen.

Tenzin Gyatso beherrscht die Kunst, druckreife
Statements abzugeben; er spricht sicher, mit fester, voller Stimme (und im Westen in einem grammatikalisch
überaus korrekten, jedoch sehr eigenwillig akzentuier-
ten Englisch); aber er denkt beim Sprechen, sprudelt
nichts unbedacht heraus, überlegt manchmal erst eine
Minute, bevor er einem Interviewer (auffallend oft sind
es Frauen) antwortet.

Auch wenn er scheinbar desinteressiert mit den
Knöpfen eines Tonbandgeräts spielt oder während des
Interviews mit seinem Sekretär beratschlagt (ein
schrecklich steifer und humorloser Mensch, der an
einen englischen Butler erinnert) – die stärksten Eindrücke bei so einem Gespräch sind Wachheit, Konzentration, eine unerhörte physische und geistige Präsenz.
Betritt er einen Raum, mit federnden, schnellen Schrit-

„Die Freiheit beginnt in dir"

ten, in seinem granatroten und safrangelben Mönchsgewand (es sind die Farben des Mitgefühls und der Weisheit), so beherrscht seine athletische Gestalt die Szene, er mag sich noch so bescheiden und liebenswürdig geben. Hinter funkelnden Brillengläsern ein fesselnder, aber guter, sofort Vertrauen einflößender Blick.

Und diese fast zärtlichen Gesten der Aufmerksamkeit: Als der Dalai Lama 1988 zu Gast beim Weltkirchenrat in Genf ist, erwarten ihn zahlreiche junge tibetische Mönche, die hier in der Schweiz ausgebildet werden, und werfen sich in begeisterter Ergebenheit flach auf den Boden. Behende bückt sich der so Begrüßte, hilft den Novizen beim Aufstehen, also ob ihm soviel Ehrerbietung peinlich wäre, umarmt sie brüderlich.

Was in seinem Gesprächspartner vorgeht, erfaßt er auch ohne Worte. In den Niederlanden traf er einen

Der Dalai Lama mit Papst Johannes Paul II. 1986 in Neu-Delhi

Rabbi, der kein Englisch sprach und mit dem er sich kaum verständigen konnte, „aber das war auch nicht nötig. In seinen Augen konnte ich all das Leid seines Volkes deutlich erkennen und mußte weinen".

„Oh, das Nirvana kann warten!"

Der Brückenbauer aus Fernost hat keine andere Kraftquelle als jeder einfache buddhistische Mönch: Gebet, Studium, meditative Versenkung, fünfeinhalb Stunden jeden Tag oder noch länger. Ganz gleich, ob er sich in Dharamsala aufhält oder auf Reisen ist, gegen vier Uhr früh steht er auf, „der Geist ist dann am klarsten und schärfsten", trinkt ein Glas heißes Wasser und beginnt mit seinen religiösen Übungen.

Bei diesen Meditationen geht es nicht um Betäubung aller Emotionen oder Flucht vor den Wirrnissen der Welt, sondern um klareres Denken und bewußteres Handeln. Durch geistiges Training will der Meditierende ein waches, schöpferisches Bewußtsein entwikkeln, sein eigenes Selbst und die tieferen Schichten der Wirklichkeit erfahren, Besitzdenken, Aggression, selbstzerstörerische Wünsche überwinden.

Wenn der Dalai Lama über die wechselseitige Abhängigkeit aller Lebewesen voneinander nachdenkt und sich in intensiver Konzentration ihnen allen zuwendet, übt er jene Toleranz und unbedingte Liebe ein, die sein Charisma ausmacht – und tut doch nichts anderes als jeder tibetische Buddhist, der mehrmals am Tag diese *tonglen* (Geben und Nehmen) genannte Übung absolviert: Man übereignet zunächst einem nahestehenden Menschen, dann – möglichst plastisch vorgestellten – Fremden und schließlich denen, die man nicht ausstehen kann, alles Gute und Schöne, was man in sich findet, und nimmt umgekehrt alle Schmerzen, Schwächen und Unvollkommenheiten der anderen auf sich, indem man sie sich ganz konkret und bildlich vergegenwärtigt.

Sich den ständigen Wandel und die Vergänglichkeit aller Dinge vor Augen zu halten, ist für den Dalai Lama die Voraussetzung, *bodhicitta*, ein gütiges Herz, zu entfalten: „Ich denke zum Beispiel daran, daß es die Taten von Menschen sind, die sie mir als Feinde erscheinen lassen, und nicht die Menschen selbst. Wenn sie ihr Verhalten ändern würden, könnten diese Menschen genausogut zu meinen Freunden werden."

Der Kern des Buddhismus sei Güte, pflegt er zu sagen, und von daher erscheint es nicht mehr so völlig verrückt, sondern eigentlich ganz folgerichtig, was er vom Abt eines großen tibetischen Klosters berichtet: Als der alte Mönch, gebrochen an Leib und Seele, nach jahrelanger Haft von den Chinesen freigelassen wurde, erklärte er, das Schlimmste seien nicht die Folterknechte gewesen, „sondern die Angst, ich könnte mein Mitgefühl mit ihnen verlieren".

Eine bestialisch vergewaltigte und gefolterte buddhistische Nonne hat Fernsehleuten kürzlich etwas ganz ähnliches erzählt. Nicht den Peinigern gebe sie die Schuld; „hätten sie sich geweigert, dann wären sie selbst gefoltert worden". Die Schuld liege in einem größeren Zusammenhang. Was sie jetzt machen wolle? Sich ausruhen. „Und wenn ich meine Kräfte zurückgewonnen habe, gehe ich zurück nach Tibet und demonstriere wieder."

Der Schlüssel zu dieser einzigartigen Verbindung von Ichstärke und Leidensfähigkeit liegt möglicherweise dort, wo man es am allerwenigsten vermutet: in der Überzeugung von der Wiedergeburt. Denn wenn ich davon ausgehen muß, daß irgendein unsympathischer Zeitgenosse oder sogar ein haßerfüllter Feind in einem seiner zahllosen Leben mein Vater oder Bruder, mein Kind oder Freund gewesen ist, dann kann ich ihm nicht mehr mit kalter Distanz begegnen. Wenn der Krieg sozusagen in der eigenen Familie ausgetragen wird, dann sind sogar gegenüber den schwärzesten Schafen nachsichtiges Verständnis, Mitleid und die Bereitschaft zu einem neuen Anfang angebrachter als wütendes Zurückschlagen und unauslöschliche Feindschaft.

Zumal sich vom Feind ungleich mehr lernen läßt als von den Freunden – ist er doch der Prüfstein meiner inneren Stärke und Toleranz. „Äußere Feindschaften gehen vorüber", gibt der Dalai Lama zu bedenken. „Die inneren Feinde wie Wut, Haß, Begierde aber bleiben . . . Ich bin mir selbst der größte Feind, mit meiner Abhängigkeit, meinem Verlangen, meinem Haß."

Deshalb ist es keine leere Floskel, wenn der Repräsentant eines gedemütigten, ausgeplünderten, massakrierten Volkes bekundet, er hege keinen Haß gegen China. „Ich kenne viele bewundernswerte Chinesen . . . Unsere Feinde sind nicht der Kommunismus oder China; unsere einzigen Feinde sind einige chinesische Kommunisten . . . Die meisten Chinesen würden sich bitterlich schämen, wenn sie von diesen Handlungen wüßten . . ."

Und die Peiniger selbst? „Sie sind in Gefahr, ihre nächsten Leben auf tiefer Stufe und im Elend führen zu müssen"; deshalb verdienen sie Mitgefühl und Hilfe, nicht Haß und Rachegedanken. Kann einer, der so denkt, jemals besiegt werden?

Deshalb entwirft der Dalai Lama, wenn er den Ab-

„Die Freiheit beginnt in dir"

zug der chinesischen Besatzer fordert, im selben Atemzug Modelle einer künftigen guten Nachbarschaft. Und deshalb ist er souverän genug, den menschenverachtenden Allmachtsanspruch der Pekinger Kommunisten zu kritisieren und ihr Engagement für die armen Bevölkerungsschichten zu bewundern. Die Vergötzung der Materie und die Vernachlässigung des Bewußtseins gefallen ihm nicht am Marxismus, wohl aber seine konsequente gesellschaftspolitische Haltung, von der unbedingt etwas auch in die Verfassung eines freien Tibet eingehen müsse.

„Keinem Lebewesen ein Leid zu tun und mich zu bemühen, die Bedürfnisse aller zu erfüllen", das sei der Kern buddhistischer Ethik, daran müsse der Mensch täglich neu arbeiten.

Wo bleibe da aber das Streben nach dem *Nirvana*, der endgültigen Befreiung von Leid und Abhängigkeit und der Kette der Wiedergeburten, wollte ein Interviewpartner von Tenzin Gyatso wissen.

„Oh, das Nirvana kann warten, es eilt ja nicht!" antwortete der mit dem gewohnten Schalk in den Augen. Er vergaß zu erklären, daß eben dieses tägliche Bemühen um Mitgefühl und Einswerden mit der ganzen Welt der Weg in das Nirvana, in die Vollkommenheit ist.

Warum planetarische Ethik überlebenswichtig ist

Ein anderes Mal sinnierte er über die fünftausend Jahre alte Gletschermumie aus den Ötztaler Alpen nach und meinte, wenn „Ötzi" sprechen könnte, dann hätte er wohl keine Schwierigkeiten, sich in unsere heutigen Lebensprobleme einzufühlen.

Denn trotz aller politischen und kulturellen Umwälzungen: In seinen tiefsten Sehnsüchten und Bedürfnissen habe sich der Mensch kaum verändert. „Wir sind doch alle Kinder der einen Menschheit. Wir alle tragen die gleiche Sehnsucht nach Glück, nach Liebe in uns. Wir alle wollen das Leiden vermindern. Wir alle wissen, wie wichtig ein gutes Herz ist."

In diesem Blick auf die Menschheit als eine große – wenn auch bisweilen zerstrittene und von Beziehungsneurosen geplagte – Familie liegt der Ansatz für die planetarische Ethik, die den Mönch aus Tibet zum gesuchten Gesprächspartner für Theologen und Philosophen aller Schattierungen macht: „Weil wir alle diesen kleinen Planeten Erde miteinander teilen, müssen wir lernen, miteinander und mit der Natur in Einklang und Frieden zu leben."

So einfach ist das (wobei die schlichte Formulierung und der kleinste gemeinsame Nenner unerläßlich sind, damit so eine Ethik von Menschen ganz verschiedener Weltanschauungen angenommen werden kann) – und so furchtbar schwer. Denn das Hemd ist einem allemal näher als der Rock, und das Wissen, daß der Planet Erde zerstört werden kann, wenn sich nicht alle zusammen einschränken und vernünftig benehmen, verblaßt so schnell vor den tatsächlichen oder eingebildeten Bedürfnissen der eigenen Nation.

Gerade deshalb wird der Dalai Lama nicht müde, Alarm zu schlagen, denn es ist fünf vor zwölf auf der Weltenuhr: „In unserer Zeit sind Gedanken über Moral und Ethik ganz gewiß keine intellektuellen Spielereien. Heute geht es um das Überleben . . . Wir können nicht mehr rücksichtslos und selbstbezogen nur an unseren eigenen Vorteil denken. Dieser Planet ist unser Heim. Niemand würde auf die Idee kommen, sein eigenes

„Die Freiheit beginnt in dir"

Haus anzuzünden, um sich am Feuer wärmen zu können. Wohin sollten wir umziehen, wenn unser Planet zerstört ist? Auf den Mond vielleicht?"

Eine Vorreiterrolle auf dem langen Weg zu einem planetarischen Bewußtsein können seiner Meinung nach die Religionen spielen: Statt Glaubensbekenntnisse zur Munition gegen Andersdenkende und zur Stärkung des eigenen Selbstbewußtseins zu mißbrauchen, solle man sich lieber um den Austausch religiöser Erfahrungen bemühen, voneinander lernen und gemeinsam Verantwortung für die Zukunft der Menschheit übernehmen.

So selbstverständlich, wie das klingt, ist es noch lange nicht: Als der Dalai Lama 1993 auf dem *Deutschen Evangelischen Kirchentag* ebendiese Thesen vertrat und dafür begeisterte Zustimmung erntete, rächte sich die evangelikale *Arbeitsgemeinschaft für Gemeindeaufbau* im württembergischen Giengen, ein Sprachrohr der eher rückwärtsgewandten Fraktion im deutschen Protestantismus, indem sie den Veranstaltern einen Spottpreis verlieh. Mit der Einladung an den „Chefbuddhisten" sei der Kirchentag zur „Sektenveranstaltung" verkommen; das sei genauso, wie wenn ein Metzger auf einem Vegetarierkongreß rede.

Peinlich aggressive Töne gegenüber einem, der den Christen das strikte Festhalten an der Gewaltlosigkeit vorlebt. „Den Krieg verlieren immer alle", lautet sein stärkstes Argument. Konflikte könne man dauerhaft nicht mit Waffen lösen, sondern nur durch Verständnis für die Probleme und Ängste des anderen und durch Konzentration auf gemeinsame Ziele.

Fromme Utopien? Immerhin kann der eigensinnige Optimist neuerdings auf eine ganze Reihe verblüffender Erfolge gewaltfreier Widerstandsbewegungen verweisen – in Afghanistan, Namibia, auf den Philippinen, in der DDR. Auf die Dauer werde sich auch die Pekinger Führung diesem Veränderungsprozeß nicht entziehen können, prophezeit er unbeirrt: „Auf lange Sicht wird das Mitgefühl China entwaffnen." Und gibt ihm die Geschichte nicht recht? Konnte sich jemals ein Unterdrückungssystem über längere Zeit hinweg halten, wenn es einmal den Anschein des Rechts und der Notwendigkeit verloren hatte?

Als überaus pragmatischer Träumer hat der Dalai Lama die Vision einer „Friedenszone Tibet" entwickelt: Das ganze Schneeland als entmilitarisiertes Territorium, wo nukleare (und andere) Waffen weder produziert noch erprobt und gelagert werden dürfen. Umwandlung der tibetischen Hochebene in den größten Naturschutzpark der Welt (mit vernünftigen Entwicklungsmaßnahmen in den bevölkerten Landstrichen). Verbot der Herstellung und Benutzung von Atomkraft und von anderen Technologien, die gefährlichen Abfall produzieren. Einladung an internationale Organisationen, die sich dem Schutz des Lebens und der Menschenrechte widmen, sich in Tibet niederzulassen.

Als er 1989 den Friedensnobelpreis erhielt, präzisierte er diesen Plan in seiner Dankesrede: „Durch Tibets Höhenlage und seine Größe wie auch durch seine einzigartige Geschichte und sein umfassendes spirituelles Erbe eignet sich das Land in idealer Weise dafür, im strategischen Zentrum Asiens ein Hort des Friedens zu sein. Das würde auch Tibets historischer Rolle einer friedlichen buddhistischen Nation und einer Pufferzone zwischen den starken und oft rivalisierenden Mächten des asiatischen Kontinents entsprechen."

Tenzin Gyatso verspricht sich von so einem Pilotprojekt natürlich eine verführerische Signalwirkung auf

„Die Freiheit beginnt in dir"

die internationalen Beziehungen überhaupt – und er steht mit seinem Traum keineswegs allein: Die Regierung von Nepal hat ebenfalls die Umwandlung der Himalaya-Region an der tibetisch-nepalesischen Grenze zur Friedenszone angeregt (allerdings ohne Entmilitarisierung), und auch Gorbatschow stellte eine solche Idee für die sowjetisch-chinesische Grenze zur Diskussion, als er noch Staatspräsident war.

„Der nützlichste, aber auch der traurigste aller Dalai Lamas"

Und die angesprochenen Besatzer? Sie haben 1965 eine „Autonome Region Tibet" erfunden (knapp die Hälfte des bisherigen Siedlungsgebiets umfassend). Sie haben nach Maos Tod 1976 ein paar Lockerungen eingeführt, einige wenige dilettantisch restaurierte Tempel für Touristen geöffnet, in der Landwirtschaft private Initiativen zugelassen, die Lebensmittelversorgung verbessert. Die Religionsfreiheit ist offiziell wieder gewährleistet. Aber nach wie vor stehen 600 000 fremde Soldaten im Land. Mit Gewalt, Versprechungen und handfesten Vorteilen sind außerdem sieben Millionen Kolonisten angesiedelt worden, so daß hier jetzt siebeneinhalb Millionen Rotchinesen neben sechs Millionen Tibetern leben, die eine Minderheit im eigenen Land geworden sind.

Die Siedler werden mit „Höhenzulagen", Steuervergünstigungen, Arbeitszeitverkürzung und Lohnerhöhung geködert (ein chinesischer Lehrer vermag in Tibet fünfmal soviel zu verdienen wie daheim). Für die Tibeter bleiben oft genug lediglich schlechtbezahlte Hilfsarbeiterjobs, und ihre Kinder werden ab der Mittelschule fast nur noch auf Chinesisch unterrichtet. Dies alles – im Verein mit den zahllosen erzwungenen Sterilisierungen und Abtreibungen bei tibetischen Frauen – bringt sogar einen sonst so besonnenen Diplomaten wie den Dalai Lama dazu, 1990 bei einem Frankreichbesuch von der angestrebten „Endlösung" für sein Volk zu sprechen.

Kultur und Lebensraum dieses Volkes hat die Besatzungsmacht ohnehin bereits systematisch zerstört. Als endlich Beobachtungsdelegationen ins Land gelassen wurden, berichteten sie entsetzt, die Bevölkerung sei aufgrund der ständigen Unterernährung kleinwüchsig geworden. Die unsachgemäße Bodenbewirtschaftung hat zu Erosionsprozessen geführt und weite, einst fruchtbare Landstriche in Wüsten verwandelt – zumal die Eroberer rund 50 Millionen Bäume abgeholzt haben. Die neuerdings forcierte Tierzucht hat komplette Ökosysteme zusammenbrechen lassen. Beim Abbau des begehrten Urans fällt massenweise Atommüll an, und weil es darauf auch nicht mehr ankommt, erlauben die Chinesen ihren Handelspartnern – darunter Deutschland –, gegen gute Devisen ihre nuklearen Abfälle in dem Land zu verscharren, das noch vor wenigen Jahren die letzte archaische Hochkultur der Erde beherbergte.

Die Machthaber in Peking haben sich verrannt, aus lauter Angst, ihr Gesicht zu verlieren – für den Dalai Lama gibt es keine andere Erklärung: „Mir kommt es manchmal vor, als hätten sie ein schlechtes Gewissen." Er erinnert daran, daß der chinesische Kommunismus noch kein halbes Jahrhundert alt ist, der Glaube im Hochland aber 2500 Jahre überdauert hat, und fügt selbstbewußt hinzu: „Die Chinesen mögen Tibet verschlungen haben – verdaut haben sie es nicht!"

„Die Freiheit beginnt in dir"

„Es ist nicht meine eigene Person, die mich beschäftigt", versichert er. „Ich bin ein einfacher buddhistischer Mönch, ich kann mich überall durchschlagen." Aber die sechs Millionen Landsleute, die man unterdrückt und zum Schweigen gebracht hat, die brauchen seine Stimme und haben ihn zum „Politiker wider Willen" gemacht, wie er das nennt. Mittlerweile ist er das halbe Jahr auf Reisen, informiert, klagt an, macht Vorschläge, wirbt in Vorträgen, Interviews, Büchern um Bundesgenossen. Bis nach Lappland ist er gekommen, und als ihn die Kinder in seinem roten Mönchsgewand, mit gleichfarbiger warmer Mütze und dicken Purpurhandschuhen, auf einem Schlitten heranbrausen sahen, hielten sie ihn für den Weihnachtsmann – was ihm natürlich wieder gewaltigen Spaß bereitete.

Sonst sieht er seine Rolle erheblich weniger rosig: Er müsse den Chinesen wohl dafür danken, sagt er einmal bitter, daß sie ihn zum populärsten aller Dalai Lamas gemacht hätten, „dem ersten, der dem *BBC* Interviews gibt, dem nützlichsten, aber auch dem traurigsten".

Denn während westliche Kommentatoren über eine Liberalisierung in Peking spekulieren, werden fern der Welt, in Lhasa, immer noch Mönche und Nonnen ins Gefängnis geworfen, weil sie irgendeine verbotene religiöse Handlung ausgeübt oder mit einem Touristen gesprochen haben (sieben bis zwölf Jahre Haft stehen auf die Vorbereitung einer Demonstration, und dennoch gibt es immer mehr davon). Den moderaten Friedensplan, den der Dalai Lama 1987 vor dem Menschenrechtsausschuß der Vereinten Nationen vorgelegt hat (Rotchina könnte für Tibets Außenpolitik verantwortlich bleiben und dem Land im Gegenzug kulturelle, religiöse und wirtschaftliche Autonomie zugestehen), beantwortet Peking mit brutalen Massakern; zuvor haben sämtliche Ausländer Tibet binnen 24 Stunden verlassen müssen. Als die Hinterbliebenen um die Leichen der Zusammengeschossenen bitten, um sie anständig beisetzen zu können, erlauben die Behörden das nur gegen die Herausgabe der tödlichen Gewehrkugeln . . .

Wieder einmal horcht der Dalai Lama vergeblich auf den Aufschrei der Welt, der das Blutbad nicht verborgen geblieben sein kann – aber China ist ein mächtiges Land, und es hat seine Handelsgrenzen geöffnet. Als freilich Bundeskanzler Helmut Kohl wenige Monate vor den Straßenschlachten als erster westlicher Regierungschef nach Tibet reiste und jedem, der es hören wollte, verkündete, alle Welt betrachte Tibet als Teil Chinas, da fragte sogar die regierungsfreundliche *Frankfurter Allgemeine Zeitung* angeekelt: „Darf man so Bedrängte in ihrer Not besichtigen?"

An der allgemeinen Gleichgültigkeit hat sich erst etwas (aber nicht viel) geändert, seit der Dalai Lama 1989 den Friedensnobelpreis verliehen bekam. In mehreren europäischen Ländern erklären jetzt Parlamentariergruppen ihre Unterstützung für seinen Friedensplan. Nach dem gewaltfreien Umsturz in der Tschechoslowakei lud ihn deren Präsident Václav Havel, der selbst als Dissident im Gefängnis gesessen hatte, ungeachtet aller chinesischen Proteste nach Prag ein. Havels Kollegen Weizsäcker in Bonn und Bush in Washington taten es ihm beschämt nach (ohne daß sich in der Tibet-Politik ihrer Länder irgendwelche Konsequenzen zeigten). Zum ersten Mal seit 25 Jahren verurteilte wenigstens ein Unterausschuß der Vereinten Nationen Chinas Umgang mit dem besetzten Nachbarn. In 35 Ländern bildeten sich Hilfsorganisationen.

Wenn Peking zum hundertsten Mal ein Lügentheater veranstaltet wie 1994, als der nicht ganz stilgerecht re-

„Die Freiheit beginnt in dir"

staurierte Potala-Palast in Lhasa als Touristenattraktion und uraltes *chinesisches* Kulturdenkmal wiedereröffnet wird, dann berührt das den zähen Mönch, der dort einmal gelernt, gebetet und regiert hat, wenig. Aber von den kleinen und großen Siegen, die Vernunft und Menschlichkeit über Tyrannengewalt erringen wie 1989 in Berlin, von solchen wahr gewordenen Friedensträumen lebt er.

Damals weilte der Dalai Lama zufällig in der von Stacheldraht und Todesstreifen zerschnittenen Stadt, als im November das Politbüro der *SED* zurücktreten mußte und die Mauer fiel. Es gelang ihm, auf das symbolträchtige Bollwerk der Unterwerfung zu steigen: „Als ich dort oben stand, dicht vor einem noch bemannten Wachturm, reichte mir eine alte Frau wortlos eine rote Kerze. Bewegt zündete ich sie an und hielt sie empor. Einen Augenblick lang drohte die kleine flakkernde Flamme zu erlöschen, wurde dann aber wieder größer. Und während sich die Menschen um mich herumscharten und meine Hände berührten, betete ich, daß das Licht des Mitgefühls und des Bewußtseins die Welt erfüllen und die Finsternis der Angst und Unterdrückung vertreiben möge."

Ob die Studenten und jungen Intellektuellen in China und die wenigen Nachdenklichen am Rande der politischen Führungszirkel, auf die er seine Erwartungen setzt, in Peking und Lhasa auch einmal solche Hoffnungslichter anzünden werden?

Dann wird der Dalai Lama, das hat er fest zugesichert, sein politisches Leitungsamt niederlegen. Er wird ruhig zusehen, was sein Volk mit dem ganz auf Demokratisierung ausgerichteten Verfassungsentwurf anfängt, den er schon 1963 als Provisorium verkündet hat, und ob es dann noch einen Dalai Lama geben wird, ist eine offene Frage – aber auch nicht so wichtig. „Tibet ist durchaus ohne Dalai Lama vorstellbar", sagt er, „die menschlichen Institutionen vergehen ... Die Inkarnation eines Buddha oder Bodhisattva wird sich auch weiterhin manifestieren ... Ob nun der Titel einem ganz bestimmten Wesen verliehen wird oder nicht, alles hängt davon ab, ob es unter den gegebenen Umständen wohltätig ist oder nicht."

Er jedenfalls, Tenzin Gyatso, möchte in einem befreiten Tibet bloß noch der einfache Mönch sein, als der er sich immer verstanden hat.

Tips zum Weiterlesen

Für die einzelnen Portraits dieses Bandes, vor allem für die historischen Details, wurde eine Fülle zum Teil sehr spezieller Literatur verwendet, neben Presse- und Filmdokumenten und umfangreichem Archivmaterial. Für die folgende Übersicht habe ich dagegen nur leicht erreichbare Titel ausgewählt, die ein Gesamtbild der betreffenden Person vermitteln bzw. einen Einblick in ihre Schriften geben. Von *Abbé Pierre* und *Aleksandr Men* existieren zur Zeit leider keine Texte auf dem deutschsprachigen Buchmarkt.

Mohandas Karamchand Gandhi

Sigrid Grabner: Mahatma Gandhi. Politiker, Pilger und Prophet. Ullstein-Taschenbuch 34941, 334 Seiten.
Sigrid Grabner: Mahatma Gandhi. Gestalt – Begegnung – Gebet. Verlag Herder (Reihe „Meister des Weges"), 128 Seiten (Textauswahl mit Einführung).
Mahatma Gandhi: Aus der Stille steigt die Kraft zum Kampf. Von der Macht des Gebetes. Auswahl und Übersetzung von Henrike Rick. Herderbücherei Band 1385, 128 Seiten.

Rigoberta Menchú

Elisabeth Burgos: Rigoberta Menchú. Leben in Guatemala. Lamuv-Taschenbuch 33, 244 Seiten.

Elie Wiesel

Elie Wiesel: Die Nacht zu begraben, Elischa. Verlag R. Bechtle, 400 Seiten; auch als Ullstein-Taschenbuch 20823

(autobiographische Trilogie mit den Romanen „Nacht",
„Morgengrauen", „Tag").
Elie Wiesel: Adam oder das Geheimnis des Anfangs. Legen-
den und Portraits. Herder Spektrum Band 4249, 232 Seiten.

Ruth Pfau
Ruth Pfau: Wohin die Liebe führt. Afghanisches Abenteuer. Verlag Herder, 208 Seiten.

Martin Buber
Gerhard Wehr: Martin Buber. rororo monographien
Band 147, 154 Seiten mit zahlreichen Fotos.
Eugen Biser: Buber für Christen. Eine Herausforderung.
Herderbücherei Band 1527, 144 Seiten.
Martin Buber: Begegnung. Autobiographische Frag-
mente. Verlag Lambert Schneider, 120 Seiten.
Martin Buber: Ich führe ein Gespräch. Ein Lesebuch,
hrsg. v. Eleonore Beck und Gabriele Miller. Gemein-
schaftsverlag Bernward / Morus, 128 Seiten.
Martin Buber. Bilanz seines Denkens, hrsg. v. Jochanan
Bloch und Haim Gordon. Aus d. Hebr. v. Yehoshua
Amir, Verlag Herder, 528 Seiten.

Karl Rahner
Karl Rahner: Grundkurs des Glaubens. Einführung in
den Begriff des Christentums. Verlag Herder, Sonder-
ausgabe, 448 Seiten (für theologisch oder philosophisch
nicht vorgebildete Leser keine leichte Kost).
Karl Rahner: Praxis des Glaubens. Geistliches Lesebuch,
hrsg. v. Karl Lehmann und Albert Raffelt. Gemein-
schaftsverlag Benziger / Herder, 480 Seiten (eine umfassende Auswahl mehr spiritueller Texte).
Karl Rahner: Gebete des Lebens, hrsg. v. Albert Raffelt.
Herderbücherei Band 1797, 220 Seiten.

Karl Rahner: Was heißt Jesus lieben? Verlag Herder, 96 Seiten.

Karl Rahner: Worte gläubiger Erfahrung, ausgew. u. hrsg. v. Alice Scherer. Verlag Herder, 128 Seiten.

Ignacio Ellacuría und die anderen ermordeten Jesuiten von San Salvador

Jon Sobrino: Sterben muß, wer an Götzen rührt. Das Zeugnis der ermordeten Jesuiten in San Salvador: Fakten und Überlegungen. Edition Exodus, 128 Seiten.

Der Christus der Armen. Das Christuszeugnis der lateinamerikanischen Befreiungstheologen, hsrg. v. Giancarlo Collet. Verlag Herder, 232 Seiten (enthält einige Texte Ellacurías).

Philomena Franz

Philomena Franz: Zwischen Liebe und Haß. Ein Zigeunerleben. Herder Spektrum Band 4088, 128 Seiten.

Der XIV. Dalai Lama

Dalai Lama: Das Buch der Freiheit. Die Autobiographie des Friedensnobelpreisträgers. Verlag Gustav Lübbe, 336 Seiten mit Abbildungen; auch als Bastei-Lübbe-Taschenbuch 61239.

Dalai Lama: Mitgefühl und Weisheit. Ein großer Mensch im Gespräch mit Felizitas von Schönborn. Herder Spektrum Band 4288, 160 Seiten.

Verena Reichle: Die Grundgedanken des Buddhismus. Fischer-Taschenbuch 12146, 136 Seiten.